서른살엔
미처
몰랐던 것들

서른 살엔 미처 몰랐던 것들

● 죽어라 결심과 후회만 반복하는
● 그럼에도 한 발 한 발 내딛어 보려는
● 소심하고 서툰 청춘들에게

김선경 지음

걷는나무
walking tree

prologue

다시 이력서를 준비하며

정말 느닷없이 마흔이 되었다. 마흔 도착 기념으로 나는 나에게 거울을 선물했다. 언제나 자기 자신을 잃어버리지 말라는 뜻에서 퇴사하거나 이직하는 후배들에게 거울을 선물하곤 했는데, 그 거울이 나에게도 필요한 때라는 생각이 들었던 것이다.

 나이가 드는 것은 계단을 오르는 일과 비슷하다. 높은 층으로 올라갈 때마다 조금씩 다른 풍경이 펼쳐지듯, 한 살 두 살 나이를 먹을수록 이전과는 다른 눈으로 나 자신과 세상을 바라보게 된다. 40층을 넘어선 나는 아쉬움과 안도의 숨을 쉬고 있다. 한참 뙤약볕 아래를 걷다가 서늘한 그늘에 들어선 느낌이랄까. 바랐지만 이루어지지 않는 일들이 아쉽기만 하고, 한편으론 이제 할 수 없는 일, 불가능한 바람에 대한 기대를 하나둘 내려놓을 수 있어 편안하기도 하다.

스물에서 서른, 그때는 왜 그리 암담하고 힘들고 외롭고 화가 났는지 모르겠다. 인정받고 싶고 하고 싶은 일은 많은데 세상이 나를 모른 척하고 받아 주지 않는 것만 같았다. 돌아보면 부끄럽다. 그 시절의 나는 어수룩했다. 하고 싶은 일이 뭔지 잘 몰랐으며, 이걸 해봐야지 하는 결정적인 꿈도 없었다. 젊음이 막막한 것은 무엇이든 가능하지만 뭘 해야 할지 모르기 때문이 아닐까. 막연히 책과 관계된 일을 하면 좋을 것 같다는 바람이 나를 출판계로 이끌었지만, 영세한 잡지사에서 받는 대우는 막막함을 더할 뿐이었다. 박봉에 야근과 밤샘까지 일은 고됐다. 그때 나는 내 처지가 불만스러워 자주 화를 내곤 했다. 단지 몸이 힘들어서가 아니었다. 내가 고작 이런(?) 일을 하고 있어야 하는지 마뜩찮았다. 사람들에게 인정받고 주목받고 팡팡 잘 나가고 싶은데 내가 하는 일은 너무 하찮고 초라하게만 느껴진다.

그러나 그 시절의 젊음은 누구나 설익고 불완전하고 빈틈이 많기 마련이다. 세상 어느 곳에서도 인생의 초보들에게 호의적이지 않은 법. 그러니 젊은이들은 무슨 일을 하든 힘들고 불만스러운 게 당연하다. 사실, 자기가 원하는 일과 잘할 수 있는 일이 무언지 정확하게 아는 사람은 채 10퍼센트도 되지 않는다고 한다. 그러니 지금 하는 일에 대한 확신이 없다면 더더욱 치열하게 덤벼야 한다. 잘 될까? 재능이 있을까? 그런 염려는 접고 망설이지 말고.

내 인생을 바꿀 만한 완벽한 순간을 기다리며, 환경을 탓하고, 사회를 원망하고, 부족한 재능을 아쉬워하고……. 물론 그게 정당한 이유더라도 지금 당장 내 힘으로 바꿀 수 없는 상황이라면 부딪쳐 봐야 하지 않을까. 또 이 길이 맞을까 의심하지만, 사실 그 길이 맞는지 안 맞는지는 가 봐야 아는 거다. 가 봐서 아니라면? 또 다른 길을 찾으면 된다. 아니 길의 끝은 언제나 다른 길로 이어지게 되어 있다.

"죽느냐, 사느냐 이것이 문제로다"라고 한 햄릿의 말은 청춘이 새겨들어야 할 독백이다. '죽느냐, 사느냐'의 치열함으로 젊음을 통과해야 마흔을 지나 오십, 육십에 이르렀을 때 후회하지 않는 인생을 살게 되는 것이다. 어쩌면 인생을 살아가는 가장 쉬운 방법은 치열함에 있는지도 모른다.

이런 이야기는 너무 많이 들어 식상하다고 할지 모르겠다. 하지만 알면서도 이렇게 살고 있는 사람은 많지 않다. 잡지기자로 일하면서 내가 만난 이들은 자기 분야에서 확실한 영역을 차지하고 있었다. 그들의 공통점은 젊은 시절 방황하고 헤매면서도 자신에게 너그럽지 않았다는 것이다. 고졸 출신으로 우리나라 박제 분야에서 최고로 인정받는 유영남 박제사, 시인이 되고 싶었지만 2지망으로 지원한 동물학과에 합격하면서 동물행동학자의 길을 걷게 된 최재천 교수, 제지회사 가구회사 독서실 노점상 카센터를 전전하며 46세에 노래를 시작한 장사익 소리꾼……. 그들은 현실을 받아들이면서 차근차근 삶을 발전시켰다.

내가 서른 즈음에 만났던 마라토너 이봉주 선수(그도 서른이었다)는 날마다 새벽 5시에 일어나 2~3시간씩 조깅을 하는데 단 하루도 거르지 않았다. 비 오는 날도 트랙으로 나갔다. 비 온다고 안 나가면 그 하루가 버릇이 될까봐서다. 그처럼 세계적인 마라토너도 일상의 사소한 유혹과 싸우고 있었다. 더 자고 싶고, 놀고 싶은 마음을 누르고, 잘할 수 있을지 의심하고 긴장하며 한 발 한 발 내딛었던 것이다. 나는 그들을 취재하면서 자꾸 나 자신을 돌아보게 되었다. 그들의 갈등과 고민은 나와 크게 다르지 않았다. 그렇다고 그들이 남보다 강한 의지력을 타고난 것도 아니었다. 오히려 더 약하고 부드러운 면도 있었다. 다른 점이라면 용기가 조금 더 있었을 뿐이다. 그들은 세상에서 가장 센 힘, 마음에서 솟는 자발적인 힘을 갖고 있었다.

프랑스의 문호 미셸 투르니에는 "인간의 불행은 사는 법을 충분히 배울 만큼의 인생을 갖지 못하는 데 있다"고 말했다. 나는 그들을 통해 '사는 법'을 조금 빨리 눈치챈 셈이니 운이 좋다. 그들에게서 나는 '하지 않으면 아무 일도 일어나지 않는다'는 것을 배웠다.

「좋은생각」이 국민 잡지로 성장했을 무렵, 이제 나를 위한 좋은 생각을 해보자는 생각으로 직장 생활을 접었다. 마음속의 좋은 생각마저 내려놓게 하는 그런 편안한 잡지를 만들고 싶었다. 그렇게 잡지를 창간했지만 실패했다. 소심하고 상처 잘 받는 내 성격에 회사 운영은 어울리지 않았나 보다. 마이너스 통장과 잡지 스물다섯 권. 3년 동안 모든 것을 쏟아 부은 나에게 남은 것들이다. 그러고 나니 마흔 살이었다. 무언가를 거두어야 할 시기에 나는 다 잃었다고 생각했다. 잃은 것만 세어보며 막막해하던 어느 날 어린 딸이 나에게 "엄마, 그래도 잘했어. 엄마가 해보고 싶은 일이었잖아!"라고 말해 주었다. 그 순간 머릿속에 스위치가 올려지듯 환해졌다. 잃음으로써 오히려 얻는다는 역설을 깨닫기 시작하면서 나는 다시 카운터를 세기 시작했다. 마흔한 살, 마흔두 살. 그리고 최고의 편집자라는 칭찬을 듣다가 실패한 잡지사 사장이 된 지금, 아무 것도 없으니 무슨 일이든 할 수 있을 것 같다. 말석이라도 좋으니 이력서를 내 볼까 기특한 궁리를 하는 중이다.

마흔, 많은 시간이 흘렀지만 또 살아갈 날도 많다. 실패를 계기로 돌아보니 아직 인생이 많이 남았을 때 돌아볼 수 있어 다행이다 싶다. 참 적절할 때 실패했구나 하는 생각마저 든다.

그런 의미에서 이 책은 성공해서 화려한 박수를 받고 싶은 사람에겐 아무런 도움이 되지 않을 책이다. 실패를 미연에 방지하기 위해 이 책을 본다면 분명 실망할 것이 틀림없기 때문이다. 다만 수없이 엎어지고 넘어지면서, 자신의 미욱함을 부끄러워하면서 조금씩 조금씩 나아가는 것. 과거의 자신보다 조금씩 좋아지고 변화하는 모습 속에 성공이 있다고 믿는다면 이 책이 조금은 도움이 되지 않을까 싶다.

왜 이렇게 사는지 모르겠다고 자책하는 이들, 자주 실망에 빠지고 이 길이 맞나 의심하는 이들, 잘하고 싶지만 선뜻 행동으로 옮기기에는 겁이 나는 서른의 청춘들에게 이 책이 삶의 작은 힌트가 되었으면 좋겠다. 그래서 어느 날 마흔에 도착했을 때 갑작스럽게 들이닥친 낯선 손님을 맞이하듯 당혹스러워하지 않기를 바란다.

얼마 전 맛집 탐방기사에 소개된 중국요릿집을 물어물어 찾아갔다. 갖은 해물로 우린 국물이 먹음직스러워 보였지만 직접 맛본 짬뽕은 대

실망이었다. 엄청 매워서 한 그릇을 다 비우지 못했다. 화려한 화보와 맛깔스럽게 쓴 기사를 보고 군침을 흘렸지만 내 입맛에 맞지 않았다. 이 책이 그럴 듯해 보이는 짬뽕은 아닌지 걱정이다. 물론 현명하고 눈치 빠른 독자라면, 인생에서 정말 중요한 경험은 책보다 두 발에 있음을, 자신만의 경험과 관찰, 고민이 인생을 더 나아지게 한다는 것을 알 것이다. 지혜로운 독자를 믿으며 서툰 글에 대한 부끄러움을 조금이나마 덜고자 한다.

2010년 11월

김선경

c o n t e n t s

prologue 다시 이력서를 준비하며 ● 5

하나 모든 일을 반드시, 끝까지 할 필요는 없다 ● 15
둘 살바도르 달리의 꿈은 살바도르 달리가 되는 것이었다 ● 21
셋 안전한 길은 죽은 자의 길이다 ● 26
넷 실패해 본 적 없는 사람은 이제 곧 실패할 사람이다 ● 34
다섯 인간관계가 넓지 않다고 인생을 잘못 사는 건 아니다 ● 40
여섯 다른 사람의 눈치 따위 보지 않아도 된다 ● 45

살아 보니 엄마 말이 맞더라
살아 보니 엄마 말이 틀리더라 ● 51

일곱 연봉이 적다고 불평할 시간에 최대한 많은 경험을 했어야 했다 ● 57
여덟 결혼하든 혼자 살든 행복하면 그만이다 ● 63
아홉 겸손도 지나치면 독이 된다 ● 70
열 부모의 삶을 공부하면 나의 인생길이 보인다 ● 76
열하나 꼭 한비야처럼 살아야 좋은 삶이 아니다 ● 82
열둘 웃지 않으면 웃을 일도 생기지 않는다 ● 88
열셋 뻔히 알면서도 어리석은 선택을 할 때가 있다 ● 96

시간이 지나 보니 사소했던 일
시간이 지나 보니 중요했던 일 ● 101

열넷	돈이 있든 없든 세워야 할 원칙이 하나 있다 • 107
열다섯	애인이 없는 건 반드시 이유가 있다 • 113
열여섯	가족 간의 비밀은 서로를 나쁜 사람으로 만든다 • 119
열일곱	나는 아무것도 선택하지 않을 자유도 가지고 있다 • 128
열여덟	세상에 하찮은 일이란 없다, 하찮게 보는 바보들이 있을 뿐 • 134
열아홉	잊고 싶은 기억이 많다는 건 치열하게 살았다는 증거다 • 140
스물	가질 수 없으면 즐기면 된다 • 147

사랑을 하면서 잃은 것들
사랑을 하면서 얻은 것들 • 153

스물하나	'누구나 다 그렇게 산다'는 말 뒤로 숨지 마라 • 159
스물둘	도망치고 싶을 때일수록 당당하게 맞서야 한다 • 165
스물셋	내 이름으로 된 집이 없어도 된다 • 171
스물넷	상처는 누구도 대신 치료해 주지 않는다 • 178
스물다섯	진짜 '나'를 알면 비겁하지 않게 살 수 있다 • 185
스물여섯	늙지 않으려는 필사적인 노력은 허무할 뿐이다 • 191

살아갈수록 힘들어지는 것
살아갈수록 쉬워지는 것 • 197

스물일곱	나의 단점과 열등감은 남에게 없는 나만의 재산이다 • 203
스물여덟	성공은 혼자 있는 시간을 어떻게 보내느냐에 달려 있다 • 209
스물아홉	걱정은 절실하게 고민하지 않았다는 반증이다 • 217
서른	가족은 기대는 존재가 아니다 • 223
서른하나	직장인으로 끝까지 남는 것도 의미 있는 일이다 • 230
서른둘	인격이야말로 나를 살리는 밥줄이다 • 236
서른셋	삶은 원래 힘든 것이다, 엄살떨지 마라 • 243

기다려서 잘된 일
포기해서 좋은 일 • 249

서른넷	세상에 태어나 가장 잘한 일은 아이를 낳은 것이다 • 255
서른다섯	불평불만은 그 즉시 해결하려고 노력했어야 했다 • 261
서른여섯	내 삶을 구조할 유일한 사람은 바로 나다 • 266
서른일곱	진정한 삶의 스타일은 어려울 때 만들어진다 • 274
서른여덟	어떤 경우에도 미루지 말아야 할 것은 행복뿐이다 • 280
서른아홉	잘하지 못해도 하고 싶으면 하는 게 맞다 • 286
마흔	반성과 결심만 백만 번, 변하지 않는 나를 용서하라 • 293

하 • 나

모든 일을 반드시, 끝까지 할 필요는 없다

낚시의 기쁨은 해본 사람만이 안다고 한다. 낚시꾼은 강물에 낚싯대를 던져 놓고 몇 시간 동안 꼼짝없이 앉아 있지만 조금도 지루해하지 않는다. 그 낚시의 묘미를 초보 낚시꾼인 친구를 따라갔다가 어렴풋이 알게 되었다. 그는 지렁이를 귀한 물건 다루듯 하며 낚싯바늘에 꿰었다. 낚싯대를 물속에 던져 넣은 뒤에는 말없이 찌만 바라보았다.

"안 심심해? 기다리면서 책이라도 읽지?"

"안 심심해. 지금 낚시하잖아."

내 눈에는 그저 넋 놓고 앉아 있는 것으로 보이는데 친구는 낚시 중이란다. 기다림도 낚시라는 것이다. 그날의 수확은 손가락만 한 피라미 몇 마리가 전부다. 고작 그거 잡으려고 이 먼 곳까지 비싼 기름 값 쓰면서 왔느냐고 투덜대자 친구가 말했다.

"큰 물고기를 잡고 싶긴 하지만 잘 안 되네. 지금은 새로운 낚시터 알아보고 이것저것 준비하고 차편 알아보고 낯선 사람들과 어울리고……, 그런 게 더 재미있어. 언젠가 큰 거 하나 낚을 날도 있겠지."

내가 얼마나 많은 물고기를 낚을까 생각하는 동안 그는 서울에서 차가 출발하기 전부터 낚시의 즐거움을 만끽하고 있었다. 그가 큰 물고기를 잡는 데만 목적을 두었다면 아무것도 잡지 못한 여행은 실망만 주었을 테고 일찌감치 낚시를 그만두었을지도 모른다. 하지만 그는 큰 물고기를 잡건 말건 상관하지 않고 그날그날 낚시의 모든 과정을 즐기려고 했다. 그 즐거움이 다음 낚시 여행을 기대하고 준비하게 하는 뒷심이 되었다. 그는 평생 대어를 낚을 수 없을지도 모른다. 싫증나면 낚시를 그만둘 수도 있다. 그러나 후회하지는 않을 것 같다. 그의 말처럼 지금 낚시를 즐기고 있지 않은가.

무슨 일이든 시작하면 끝장을 보라고 한다. 끝까지 해낼 자신이 없으면 시작도 하지 말라고 한다. 끝을 본다는 것은 곧 잘해야 한다는 말이다. 눈에 보이는 성과를 거둬야 한다는 생각은 새로운 일을 시도하고 도전하는 데 두려움을 갖게 한다. 그런데 모든 일을 꼭, 반드시, 끝까지, 잘할 필요가 있을까. 포기는 언제나 나쁜 걸까. 포기보다 더 나쁜 것은 해보지 않고 망설이는 것이 아닐까.

마흔 가까운 나이에 국립발레단 일반인 과정에 등록하겠다는 한 남자의 글을 월간지에서 보았다. 중년 남자의 몸이라면 한참 전에 뻣뻣해졌을 텐데 그 몸으로 발레를? 얼른 상상이 되지 않았다. 뭐든 해보고 싶은 일을 한 번 해보라는 독려겠지, 하고 끝까지 읽었다. 그런데 이 남자, 진지하게 발레를 배워 보라고 권유했다. 글쓴이는 우리나라 패션 큐레이터 1호 김홍기 씨다.

그가 발레를 처음 배운 것은 서른한 살, 뉴질랜드에 머물던 시절이었다. 발레스쿨에 등록하러 왔다고 하자 원장이 "따님이 배우실 거예요?"라고 물었다. 뉴질랜드도 보수적인 곳이라 남자가 발레를 배우는 걸 뜨악해했다. 하지만 그는 그에 아랑곳하지 않고 새벽 5시 30분에 일어나 30분을 달려가 발레를 배웠다. 기초 동작부터 열심히 따라했다. 할머니 강사가 "굿보이!"를 연발하며 잘한다고 칭찬했다. 발레는 어깨를 펴게 하고 허리를 곧추세우게 했다. 그 작은 변화가 몸에 배인 게으름을 떨쳐 버리게 했다. 일상에 생기를 불어넣었다. 그리고 서른여덟 살인 지금, 그는 중단했던 발레를 다시 배우겠다고 말한다.

"이제 사십 대를 바라보는 나이가 되었지만 뻔뻔스런 얼굴을 하고 발레를 다시 연습하려고 합니다. 모든 삶의 무게를 발끝으로 견뎌낼 수 있게 나 자신을 무장시키고 싶거든요. 저와 함께 발레를 배워 보실래요?"

그의 꿈은 발레리노가 아니다. 발레를 배우는 것이다. 발레를 완벽하게 마스터하기보다 발레를 배우고 느끼고 즐기고 싶을 뿐이다. 발레를 배우겠다는 의지를 행동으로 옮기면서 그의 삶은 이제까지와는 다른 방향으로 흘러가게 되었다. 물살을 젓는 노를 살짝만 비틀어도 배의 방향이 달라지는 것처럼.

나도 중간에 포기한 일이 많다. 플루트를 배우다 말았고 도예와 매킨

토시 학원에 다녔으며 제빵 기술에도 도전하고 인라인스케이트는 아슬아슬 트랙을 도는 정도에서 그만두었다. 요가도 넉 달 하다 말았고 자전거도 조금 타다 말았다. 도스토옙스키의 『카라마조프 가의 형제』와 박경리의 『토지』는 반쯤 읽다 책꽂이에서 잠자고 있으며 한라산 등반은 정상을 코앞에 두고 울면서 내려왔다. 플루트는 겨우 기본만 뗀 실력이라 어디 가서 플루트를 배웠다고 말하지 못한다. 남들에게 선 보일 만큼 마스터하지 못했다는 사실이 부끄럽기도 하다.

그러나 배우는 동안 충분히 즐거웠으므로 그것만으로도 잘했다. 퇴근하자마자 종로에 있는 음악학원으로 달려가 플루트를 불던 때, 그 설렘과 즐거움만으로도 대가는 충분하다. 플루트의 세계를 잠시라도 맛보았다는 것과 플루트를 배우고 싶다고 생각하는 것은 분명 다르다. 중간에 포기했지만 헛된 노력은 아니다. 세상에 어떤 노력이라도 헛된 것은 없다. 노력은 단지 노력하는 데 가치가 있을 때도 있다.

피터 버클리는 권투 선수다. 19년 동안 299번 싸웠다. 31번 이겼으며 256번 패배했다. 나머지 12번은 무승부다. 그는 세상에서 가장 많이 진 권투 선수라는 기록을 갖고 있다. 그러나 그것은 세상의 기록일 뿐이다. 버클리 자신은 스스로를 세상에서 가장 많이 경기를 한 권투 선수라고 생각한다. 그는 이기려고 권투를 하는 게 아니라 권투가 좋아서 경기를 한다. 링에서 온몸이 멍투성이가 되어 내려오는 중에 누군가 가로막고 다음 경기를 하자고 하면 그는 흔쾌히 받아들였다. 승리를 목적으로 하지 않았기에 그는 그토록 오래 싸울 수 있었다.

어떤 것을 하든 잘하기를 바라는 것은 당연하다. 그러나 한두 달, 일 이 년 해본 실력으로 평생 목숨 걸고 하는 사람과 비교하는 것은 오만이다. 내가 들인 시간과 노력만큼만 하겠다고 생각하면 서툴고 느린 과정도 느긋하게 즐길 수 있다.

이어령 선생이 한 신문 칼럼에서 윌리엄 포크너의 단편 「새벽의 경주」 이야기를 들려주었다. 주인공인 사냥꾼은 숲속에 사냥을 갔다가 눈앞에서 커다란 사슴을 놓친다. 충분히 잡을 수 있는 거리였다. 더구나 그 사슴은 사냥꾼이라면 누구나 한 번쯤 잡고 싶을 만큼 크고 아름다운 사슴이었다. 몰이꾼이 왜 방아쇠를 당기지 않았느냐고 묻자 사냥꾼은 말했다.

"아마도Maybe……. 이 세상에 '아마도'라는 말처럼 아름다운 말이 또 있을까?"

사냥꾼은 '언젠가는 멋진 사슴을 잡으리라'는 기대를 가지고 사냥을 했다. 사슴을 잡아 버린다면 그 기대는 사라진다. 그래서 그는 사슴에게 총을 쏘지 않았다. '다음에는 아마도 잡을 수 있을 것'이라는 기대감을 잃어버리기 싫어서다.

잘하기를 기대하면서 열심히 하는 것은 1등을 하겠다는 것만큼이나 의미 있는 일이다. 그리고 비록 끝까지 잘 못하더라도 일단 시작해 보겠다는 마음을 가진다면 인생은 온통 도전할 거리로 가득하다. 인생이 나에게 무엇을 줄지 기다리기보다 내가 해보고 싶은 일을 즐겨야 한다. 끝까지 해내는 것도, 잘하는 것도 중요하지만 무언가를 기대하며 시작하는 것은 더 좋다.

언제나 100퍼센트 자신 있다고 외치는 건 과장되고 부담스럽다. 잘할 자신은 없지만 해보겠다, 그것도 수없이 망설인 끝에 겨우 각오를 다졌다고 하여 부끄러워하지 말자. 미완성으로 끝날 것을 두려워하여 아무 일도 하지 않은 것보다 무엇이든 일단 저지르고 해보는 것, 그리고 최선을 다해보는 것, 미완성일지라도 삶은 그렇게 완성되어 가는 것이다.

둘

살바도르 달리의 꿈은
살바도르 달리가 되는 것이었다

초보 잡지기자 시절 인터뷰는 공포였다. 인터뷰 전날 잠을 설치기 일쑤였고, 심장 좀 덜 떨리라고 청심환을 먹기도 했다. 그때 나는 초보 기자였지만 남들에게 서툰 모습을 보이기가 싫었다. 능숙한 기자인 양 행동하려 했다. 남의 옷을 입은 것처럼 불편한 건 당연했다. 그럴수록 초짜의 어수룩함은 더 잘 드러났다. 인터뷰는 점점 더 두려울 수밖에 없었다.

그즈음 가야금 명인 황병기 선생을 만났다. 아현동 꼭대기에 자리한 선생의 자택에 도착했을 때는 약속 시간이 좀 지나 있었다. 땀에 젖은 얼굴은 수박 속처럼 새빨갰다. 인터뷰 부담감에, 지각에, 들뜬 화장에……, 나는 그길로 다시 내려가고 싶었다.

겨우 초인종을 누르고 집 안으로 들어서자 양옥집 특유의 서늘함이 확 끼쳐 왔다. 그 서늘함은 선생의 무표정한 얼굴과 짧은 답변에 시종

일관 당황하며 끝난 엉망진창 인터뷰의 서곡이었다. 선생은 사진에서 뵈었을 때보다 더 과묵한 인상이었다. 나는 얼어 버렸다. 미리 수첩에 적어 간 질문은 금방 바닥이 났다. 침묵이 흘렀다. 세상에서 가장 긴 시간은 기자가 머리를 굴리며 다음 질문을 찾아낼 때까지 흐르는 정적이다. 게다가 그 침묵을 깨뜨린 이는 선생이었다.

"시원한 물 좀 줄까요?"

그렇게 묻는 선생의 얼굴에 엷은 미소가 금방 떠올랐다 사라졌다. 쥐구멍으로 들어가고 싶었다. 아마도 물 한 잔 권하는 선생의 선의는 나에 대한 측은함에서 나온 것이리라. 그날 인터뷰를 어떻게 마무리했는지 기억나지 않는다. 다만 아현동 언덕을 내려가는 내내 진땀을 훔치던 생각만 난다.

그 부끄러운 인터뷰 뒤에 몇 가지 다짐을 했다. 나는 초짜다, 능력 있는 기자가 아니다, 하지만 성실하자, 인터뷰 상대도 나와 같은 사람이다, 떨지 말자, 그 사람에 대해 충분히 공부하자, 질문은 100개 이상 뽑아 보자, 뻔한 질문 말고 상대에게도 의미있는 질문을 하자……. 그런 다짐들은 나만의 인터뷰 방식을 만들게 했다. 똑똑한 척하는 것보다 더 쉬운 건 있는 그대로 나를 드러내는 것이다. 그런 솔직함이 나를 더 돋보이게 한다는 사실을 안 것은 훨씬 뒤였지만 말이다.

그런데 지난해 황병기 선생을 다시 한 번 인터뷰할 기회가 있었다. 15년 만이었다. 선생의 자택은 여전히 북아현동 그 집이었다. 높다랗던 대문은 현관이 보일 만큼 낮아져 있었다. 한결 편안한 마음으로 질문을 던진 나는 여전히 간결한 선생의 대답을 들으며 머릿속이 맑아지는 기분이었다. 선생의 꽉 다문 입술과 날카로운 눈매에서 뿜어 나오는 진중함이 어디에서 비롯되었는지 이해할 수 있었기 때문이다.

황병기 선생의 삶을 관통하는 것은 '독창성'이었다. 선생은 평생 누구도 흉내 내지 않는 자신만의 오리지널리티를 추구해 왔다. 선생은 어린 시절 '보이스 비 앰비셔스! 소년이여, 야망을 가져라'는 말이 유행처럼 번지자 '너도나도 야망을 가지니 나만큼은 평범하게 살아야지'라고 마음먹었다. 남녀가 할 일이 분명했던 당시에 남자가 국악기를, 그것도 가야금 연주자로 나선 것은 엄청난 파격이다. 게다가 가야금 연주를 넘어 우리 현대음악사에서 최초로 가야금곡을 창작했다. 선생은 옛것만 답습하고 따르는 것은 골동품에 불과하다고 생각했다.

"국악 작곡 분야에는 스승도 선배도 이론도 없었어요. 그래서 나는 새로울 수 있었지요. 나는 서양 음악도, 우리 음악도 모방하지 않아요. 더 나아가 내 작품도 흉내 안 냅니다. 전 세계 어디에도 없는 음악, 영원한 오리지널로 남을 음악을 만들고자 합니다."

이러한 예술가적 소신이 범접할 수 없는 아우라, 선생만의 독특한 분위기를 만들어 낸 것이다. 초보 기자 시절 내가 인터뷰를 두려워했던 이유는 나만의 아우라가 없었던 탓이다. 성격이나 성품, 지식, 지혜와 같은, 내가 터득하고 가꾼 나만의 무엇이 없다면 무엇을 하든 누구를 만나든 온통 두려움 천지라는 걸, 그래서 나는 주눅들 수밖에 없다는 걸 알았다. 오래 전 '황병기 선생님은 과묵하고 차가운 분이구나'라고 단정지어 버린 나는 얼마나 편협했나. 또 한 번 부끄러워지는 순간이었다.

선생과 헤어질 무렵 15년 전 선생을 인터뷰했으며 그때 무척 떨었다고 고백했다. 선생은 "그래요? 지금은 어땠나요?"라고 물었고 나는 웃음으로 답했다. 그러자 선생은 "그러면 15년 뒤에 나를 또 찾아와 주세요"라고 응수했다. 15년 뒤면 선생은 여든이 훌쩍 넘는다. 그때 선생은 또 어떤 깨달음을 던져 줄까.

살바도르 달리는 화가로 널리 알려져 있다. 하지만 그는 소설가, 조각가, 백화점 디스플레이어, 보석 세공가, 패션 디자이너, 가구 디자이너로도 활동했다. 어떤 분야든 경계를 두지 않고 자유롭게 넘나들며 자기만의 예술 세계를 펼쳤다. 달리의 꿈은 무엇이었을까. 화가? 조각가? 소설가? 아니면 이 모든 것을 아우르는 예술가? 서른여덟 살에 미리 완성한 자서전에서 그는 말했다.

"나의 최고의 꿈은 살바도르 달리가 되는 것이다."

달리가 다양한 분야에서 보여 준 광적인 열망은 살바도르 달리가 되는 과정이었던 셈이다. 그는 젊은 시절 미래의 자서전을 끝냈을 만큼 자신감이 넘쳤다. 스스로에 대한 추앙에 가까운 자부심은 누구나 쉽게 가질 수 있는 것은 아니다. 달리는 어릴 때는 요리사를 꿈꾸었고 나폴레옹이 되고 싶기도 했다. 차례로 꿈을 바꾸어 가던 그는 마침내 '살바도르 달리'가 되겠다고 선언하고 이를 실현하기 위해 치열하게 살았다.

늘 남과 '달리' 생각하고 행동한 덕분에 그는 허풍쟁이, 노출증 환자, 과대망상자로 불렸다. 그러나 환상적이고 독특한 달리만의 예술세계는 누구도 흉내 내지 못했다. 달리는 "굶을지언정 아무거나 먹을 수 없다", "내 안에는 천재가 살고 있다"라고 말했다. 지독하게 자신을 사랑한 그는 바람대로 '살바도르 달리'가 되어 세상을 떠났다. 살바도르 달리, 그 외에 어떤 수식어도 필요 없는 삶이었다.

예술이 자기만의 경험과 생각을 담은 어떤 행위로 사람들에게 감동을 주는 것이라면 인생도 충분히 예술적으로 살 수 있다. 예술적인 삶이라고 해서 꼭 거창하고 특별한 삶을 일컫는 것은 아니다. 일상에서 자기를 잃지 않고 어떤 일이든 스스로 느끼고 생각하고 행동하는 것. '나다움'을 잃지 않고 주어진 삶을 아름답게 만들려 애쓰는 것. 그 작은 노력들이 차곡차곡 쌓여 예술적인 삶이 완성되는 것은 아닐는지.

황병기 선생에게 마지막으로 던진 질문은 어떤 예술가로 기억되길 바라느냐는 것이었다. 전 세계인들에게서 '현대인의 정신적 해독제'라는 찬사를 듣는 선생의 답은 소박하기 그지없었다.

"나는 그저 내 방문을 잠그고 앉아 가야금을 뜯는 것만으로도 족합니다. 내가 죽은 뒤에는 나의 존재조차 잊히길 바랍니다."

선생은 예술가라는 걸 전혀 의식하지 않았다. 예술이 뭐 그리 중요하냐는 투였다. 가야금을 좋아하고 즐기면서 열심히 살다 간 한 사람으로 만족한다는 뜻이다. 살바도르 달리 또한 살바도르 달리가 되고 싶다고 말한 것은 뛰어난 예술가가 아니라 그저 자기답게 살다 가고픈 소망에서 비롯되었다. 결국 우리가 평생 삶에서 이뤄 가야 할 것은 '자기답게 사는 길'을 찾는 것이리라.

셋

안전한 길은
죽은 자의 길이다

    동네 문방구 이름이 '알라딘의 램프'다. 가끔 그 앞을 지나치다 꼬마들이 무얼 사 달라고 엄마를 졸라대는 장면을 목격한다. 아이에게 엄마는 무슨 소원이든 들어주는 램프의 요정이다. 한번은 문방구에 들렀다가 예닐곱 살 된 아이와 엄마가 실랑이하는 모습을 보았다. 아이는 장난감 총을 갖고 싶어 했고 엄마는 한글자석놀이 세트를 사 주겠다고 했다. 엄마의 고집을 꺾을 수 없음을 감지한 아이는 울음을 터뜨리며 문방구가 떠나갈 듯 외쳤다.
    "엄마! 내가 갖고 싶은 건 총이라고! 총! 총! 총!"
    괴성에 가까운 '총!'이라는 말이 내 귓속에 총알처럼 박혔다. 눈물도 으름장도 통하지 않자 아이는 아예 바닥에 큰대 자로 누워 팔다리를 나비처럼 펄럭대며 떼를 쓰기 시작했다. 엄마는 모른 척 휑하니 밖으로 나가 버렸다. '참, 미운 아이네' 하다가 문득 이런 생각이 들었다.

'나는 바라는 무언가를 갖기 위해 저 아이처럼 강렬하게 노력한 적이 있었던가?'

돌아보면 나는 원하는 것을 갖거나 하고 싶은 일을 하기 위해 특별히 애쓰며 살아오지 않은 것 같다. 무엇이든 적당히, 좋은 쪽으로, 원만하고, 안전하게, 실패할 확률이 적은 쪽을 선택하며 살아왔다. 합리적인 선택이 곧 내가 할 수 있는 최선의 선택이라 믿었다. 그런데 이런 선택이 인생에서 늘 옳은 것은 아님을, 그리고 그로 인해 정작 중요한 것을 놓칠 수도 있음을 알게 되었다.

사르트르는 '인생은 B birth와 D death 사이의 C choice다'라고 했다. 인간은 태어나면서부터 죽을 때까지 이것이냐 저것이냐 끊임없이 무언가를 선택해야 한다. 자장면이냐 짬뽕이냐, 라는 단순한 선택에서부터 삶의 목표를 세우고 직업을 고르고 배우자를 만나는 등의 중차대한 결정까지 크고 작은 선택이 이어지는 게 인생이다. 영화 〈버스 정류장〉에서 3류 가수로 나오는 마릴린 먼로가 바에 앉아 접시에 담긴 두 개의 콩을 내려다보는 장면이 있다. 그 모습이 하도 진지해 옆에 있던 친구가 뭐하냐고 물었다. 먼로가 대답했다.

"둘 가운데 더 나은 콩을 고르고 있어."

우리도 더 나은 삶을 살고자 매순간 저울질한다. 그런데 '더 나은'이라는 것은 '안전한'으로 바꿔 말해도 된다. 알게 모르게 우리는 안전한 선택을 하도록 길들여진다. 좁은 골목보다 큰 길로 어두운 곳보다 밝은 곳으로 다니고, 다수의 의견에 손을 들고, 맨 앞이나 끝보다 중간에 줄을 서야만 마음이 놓이는 것이다. 안전한 삶은 많은 사람들이 걸어가는 큰 길이다. 많은 사람들이 걸어가는 건 다 그만한 이유가 있다고 생각한다. 고생도 덜하고 위험도 적다고 믿는 것이다.

로빈슨 크루소의 아버지도 '안전한 삶'에 대한 믿음을 가지고 있었다. 그래서 아들이 법률가가 되기를 바랐지만 크루소는 바다로 나가고 싶었다(4백 년 전에도 법률가가 인기 직업이었다는 사실이 놀랍다). 아들의 마음을 눈치챈 아버지는 부드럽게 타이른다.

"얘야, 이곳에서 성실하게 열심히 일하면 큰 재산을 모을 수도 있고 인생을 편하고 즐겁게 살 수 있다. ……너는 중산층이야. 이 아비는 오랜 경험으로 중산층은 사람이 행복을 느끼기에 가장 적합하다는 걸 알고 있단다. 하류층 사람들처럼 불행과 고난, 힘든 노동과 고생을 겪을 일도 없고 상류층 사람들처럼 자존심, 화려함, 야심, 더 잘난 사람들에 대한 이기심 때문에 마음고생할 일도 없지. ……인생의 큰 재난은 상류층과 하류층 사람들에게 닥친단다. 중산층은 불행한 일을 제일 적게 겪을 뿐만 아니라 하루아침에 망하거나 하는 것처럼 기복을 겪을 일도 없어. 상류층 사람들처럼 방탕한 생활, 사치, 무절제 때문에 곤란을 겪을 일도 없고 하류층 사람들처럼 고생할 일도 없지. 생필품의 부족, 형편없거나 부족한 식사 때문에 고생할 일도 없지. 그러니까 중산층은 육체적인 고생이나 정신적인 불안을 겪을 필요가 없단다. 중산층의 삶이야말로 온갖 미덕이나 즐거움을 누리기에 딱 좋아."(『로빈슨 크루소』, 시공

주니어)

4백 년 전 소설에 등장하는 '중산층의 미덕'은 오늘날 부모의 뜻을 꺾으려는 어느 집 못난(?) 자식들에게 들려줘도 손색이 없다. 우리도 부모님, 선생님에게서 이와 비슷한 꾸중과 충고를 들으며 자랐다. 하지만 로빈슨 크루소는 아버지의 충고를 거절한다. 무작정 영국행 배에 올라탄 크루소는 자신을 거친 바다로 내몰게 한 내면의 힘을 이렇게 술회한다.

"나를 아버지 집에서 도망치게 한 힘, 내 스스로 돈을 벌어 보겠다는 무모하고 어설픈 생각에 빠져 들게 한 힘, 아버지의 온갖 충고와 부탁, 심지어 명령에까지 귀를 막게 할 만큼 강력하게 자만심을 심어 주었던 그 힘!"

로빈슨 크루소는 아버지가 그토록 강조했던 안전한 삶 대신 내면의 소리를 좇아간 것이다. 그는 멀어지는 항구를 바라보면서 다짐했다. 하느님이나 아버지의 축복은 바라지 않겠노라고. 스스로 운명을 만들어 가겠다는 것이다. 그러나 얼마 뒤 거대한 폭풍을 만난다. 집채만 한 파도와 싸우다 지친 크루소는 아버지의 말을 듣지 않은 것을 뼛속 깊이 후회한다. 불행은 거기에서 그치지 않았다. 해적들에게 노예로 잡혀 죽을 뻔하고 마침내 배가 난파되어 무인도에 표류하는 절체절명의 위기에 빠진다. 크루소는 자신의 선택을 크게 후회하며 중얼거린다.

"나는 항상 나쁜 쪽을 택하는 운명인가?"

잘 알려진 대로 크루소는 무인도에서 온갖 고생과 모험을 하다가 28

년 만에 집으로 돌아온다. 그는 모험의 대가로 부와 뱃사람으로서의 명예를 얻었다. 그러나 이야기는 여기서 끝나지 않는다. 무인도에서 죽음의 공포와 고독, 미래의 불확실성에 대한 두려움과 싸우며 진정한 살아 있음의 가치를 깨달은 크루소에게 돈과 명예는 하잘 것 없었다. 다시 맛본 평범한 일상은 행복했지만 잠깐이었다. 그는 다시 배에 올랐다. 그의 나이 62세였다. 위험을 알면서도 일부러 그 길을 간 로빈슨 크루소는 인간은 위험한 선택이라도 자기가 원하는 일에 전심전력할 때 존재감을 느낀다는 걸 깨달은 게 아닐까.

등반가 엄홍길 대장과 북한산에 오른 적이 있다. 위험한 산에 왜 기를 쓰고 올라가느냐고 묻자 그가 말했다.

"히말라야가 나를 불렀다고 할까요. 나는 부름에 응답했을 뿐이지요. 사실 히말라야에 오를 때마다 후회합니다. 정상에 가까워질수록 위험은 커지고 포기하고 싶은 마음은 간절해지죠. 99퍼센트가 포기하고 싶고 단 1퍼센트만이 '그래도 가야 한다'고 마음속에서 소리치는데, 그 1퍼센트를 붙잡고 한 발자국씩 올라가는 겁니다."

그날 그는 나를 등산로 쪽으로 안내하고는, 정작 자신은 험한 바윗길로 날쌘 다람쥐처럼 올라갔다. 익숙한 길보다 낯선 길로 가려는 습관이 몸에 밴 것이다. 그런데 어이없게도 나는 멀쩡한 등산로를 따라 올라가다 흙길에 미끄러져 엉덩방아를 찧고 말았다. 그는 또 말했다.

"히말라야는 사방이 위험하지요. 언제 설벽이 무너질지, 언제 발밑이 푹 꺼질지 아무도 모릅니다. 한 발만 어긋나면 천길 아래로 추락할 수도 있습니다. 안전한 길은 아무 데도 없습니다. 그러니까 내가 한 발 한 발 내딛어 길을 만드는 수밖에요."

인생 역시 어떻게 펼쳐질지 아무도 모른다. 어려움과 고전을 피하려다가 더 큰 어려움을 만나기도 한다. 칼 구스타프 융은 "사람들은 아마도 안전한 길이 있을 거라고 생각할지 모른다. 그러나 그 길은 죽은 자의 길일 것이다"라는 말을 남기기도 했다.

반대로 나쁜 선택이 반드시 나쁜 결과를 맺는 것도 아니다. 그러니까 애초에 안전한 길, 위험한 길이란 없다. 어떤 선택을 했건 어떻게 극복하느냐에 따라 결과가 달라질 뿐이다. 그처럼 삶이 불확실하다는 사실을 받아들이면 진정으로 내가 원하는 길을 걸어갈 수 있을 것이다.

물론 어떤 길을 걸어가든 후회하는 날이 온다. 그게 인생이다. 그때 그 후회를 어떻게 견뎌 내고 계속 나아갈 수 있느냐도 우리가 선택해야 할 또 다른 문제다. 그러고 보면 안전한 삶은 원하는 길을 걷고자 하는 용감한 사람에게 주어질 가능성이 높다. 어쨌든 중요한 건 매순간 내가 원하는 것이 무엇인지 진지하게 물어야 한다는 사실이다. 마릴린 먼로가 콩 두 알을 놓고 고심했던 것처럼 말이다.

넷

실패해 본 적 없는 사람은
이제 곧 실패할 사람이다

자기 사업은 삼십 대 중반 늦어도 마흔 전에는 시작해야 한다고 생각했다. 그래야 엎어져도 다시 일어설 수 있는 인생의 시간적 여유가 있기 때문이다. 직장에서 나름대로 인정을 받았던 터라 주위에서 직접 잡지를 만들어 보라는 권유를 많이 받았다. 한 번 해 보세요, 잘하실 거예요, 시작하면 무보수로 도울게요……, 물론 그런 격려만 믿고 저지른 건 아니지만 우쭐한 마음이 들긴 했다. 내가 하면 뭐든 잘할 것이라는 근거 없는 믿음도 한몫했다. 어찌 되었건 서른여덟에 부랴부랴 직장 생활을 정리하고 잡지사를 시작했다. 그리고 딱 3년 만에 접었다. 이것이 아직까지 내 인생에서 가장 큰 실패라면 실패다.

사업을 하기 전까지 나는 평범했다. 겁이 많아 늘 간만 보고 어렵다 싶으면 쏙 빠졌기에 뜨겁게 연애를 해본 적도, 불굴의 의지를 발휘할 만한 사건도 일어나지 않았다. 그런데 3년간의 회사 대표 생활은 월급날을 손꼽아 기다리는 직장인 시절과는 확연히 달랐다. 사장은 직원과 다른 시간, 다른 시선, 다른 생각으로 살아가는 별종이었다. 월급날은 자주 돌아오는 것 같고, 직원들 출퇴근 시간에 예민해지고, 누군가 꾸벅꾸벅 졸면 전날 잠 안 자고 뭐했냐는 말이 목까지 차올랐다. 영업을 하려면 집에다 간과 쓸개를 두고 나오라고 했는데, 나는 그걸 번번이 잊어서 생판 모르는 사람에게 무시당하는 기분이 들 때면 나도 모르게 눈물이 났다. 또 수금을 제때 해 주지 않고 차일피일 미루는 거래처 사장에게 마음속으로 저주의 말을 얼마나 퍼부었는지. 예전에 직장에서 회사의 이런저런 어려움을 토로하는 사장님에게 내가 위로한답시고 한 말이 있다.

"직원인 저야 힘들면 언제든 그만둘 수 있지만 사장님은 그러지도 못하니 참 힘드시겠어요."

왠지 그 올가미에 내가 걸려든 듯 불길했다. 돈 나갈 일은 많고 잡지 판매부수는 늘어날 줄 모르고 새로운 아이디어는 나오지 않고……, 보르는 사이에 내 얼굴은 점점 굳어졌다. 조금만 더 견디면 되겠지 하며 하루하루 버티던 어느 날 결단을 내렸다. 더 이상 초라해지지 말자 싶었다. 충분히 노력했으므로 내가 할 수 있는 한계가 우선 여기까지임을 확인한 것으로 만족하자, 그래서 끝!

그런데 그즈음 주위에서 사업 잘 되느냐는 인사를 들을 때마다 나는 머뭇거렸다. 아직 사업자등록을 말소한 것도 아니므로 얼버무렸다. 실패한 사실이 부끄러웠기 때문이다. 이러고저러고 해서 그만하게 되었어요, 라고 아무리 설명해도 그건 곧 내 능력과 노력이 부족함을 인정하는 꼴이었다. 내가 다른 일로 자리를 잡으면 보란 듯이 그때 가서 말해도 늦지 않을 거라고 생각했다. 누구나 인생에서 실패하지만 실패를 너그럽게 봐 주는 사람은 별로 없다. 실패를 떳떳하게 밝히고 자랑스러워할 때는 오직 성공했을 때뿐이다. 수많은 성공자들이 실패담을 묶어 책으로 내기도 하고 방송에 나와 자랑스럽게 실패를 나열한다. 실패가 많을수록, 그 낙폭이 클수록 성공은 돋보인다. 그렇게 실패의 끝이 성공이어야만 비로소 실패에 관대해지고 자유로워진다. 반면에 실패로 끝난 사람의 이야기는 소리 없이 사라지거나 묻히기 일쑤다.

나는 정말 실패한 것일까? 아직 인생이 끝나지 않았으니 실패를 말하기는 이르다. 설령 이대로 아무 일도 시작하지 않는다고 해도 실패라고 말하지 않겠다. 처음 내가 계획하고 꿈꾸던 잡지사를 만들지 못한 건 사실이다. 그러나 다른 면에서 성공이라고 봐도 좋은 일을 많이 경험하고 배웠다. 남을 배려하고 잘 포용하는 줄로만 알았던 내가 치졸할 수도 있다는 것, 상황에 몰리면 나도 어쩔 수 없는 인간이라는 것을 알았다. 그래도 끝까지 나를 잃지 않았으니 이런 나에 대한 믿음이라면 뭘 해도 지금보다 잘할 수 있을 것 같기도 하다.

또 세상에는 자기가 나쁜 짓을 하는지조차 모르는 정말 나쁜 사람들이 있으며, 그들에게서 나를 스스로 지켜야 한다는 것도 배웠다. 그리고 월급도 제대로 챙겨 주지 못하는 나쁜 사장과 끝까지 함께해 준 고

마운 두 사람이 있다. 사업을 하지 않았다면 이들의 진면목을 알지 못하고 한낱 옛 직장 상사와 직원으로만 끝나지 않았을까. 이만하면 나쁘지 않은 수확이다. 그리고 어느 날 아이에게서 쪽지를 받고 나는 사업에 대한 아쉬움과 부끄러움을 몽땅 털어냈다.

"엄마, 그래도 힘내! 그래도 엄마가 해보고 싶은 일이었잖아."

오호라, 내 아이에게 뭐든 해보라는 생각 하나 심어 줬으니 이보다 괜찮은 성공이 또 있으랴! 크리스티아네 취른트의 저서 『실패의 향연』에서 탐험가 섀클턴의 이야기를 인상적으로 읽었다. 1915년 섀클턴은 남극 탐험을 떠난다. 그런데 목표 도달은 고사하고 배가 난파되는 바람에 죽을 위기에 처했다. 섀클턴은 28명의 대원 중 5명을 먼저 보트에 태우고 고래잡이 기지로 떠난다. 온몸이 물에 젖은 채 얼음물을 헤치고 한 번 왕복에 4주씩, 4번에 걸쳐 대원들을 실어 날랐다. 구조에만 무려 5개월이 걸렸다. 망망대해 남극 바다에서 추위와 배고픔, 부상 그리고 죽음의 공포와 절망과 싸우며 대원 전원이 살아남은 것이다. 그 배의 선장은 이렇게 말했다.

"섀클턴은 탐험에 실패했지만 구조 작업은 대성공이다. 이것은 그 어느 성공과도 비교할 수 없다."

인생에서 확실한 것은 미래가 언제나 불확실하다는 것뿐이다. 한가롭고 매끄러운 길처럼 보이지만 곳곳에 지뢰가 숨어 있을지 모른다. 평지에서도 걷다가 내 발에 걸려 넘어지는 게 삶이다. 우연과 행운, 불운이 얽히고설켜 일어나는 나쁜 상황을 어떻게 넘기느냐에 따라, 성공의 모습은 언제든 바뀔 수 있다고 생각해야 한다. 매 순간 가장 최선의 상황을 만들어 내도록 노력하면서 말이다. 실패의 미덕은 내가 누구이고 무엇을 할 수 있고 무엇을 가지고 있는지 새롭게 볼 수 있다는 데 있다. 실패는 그냥 하나의 매듭이라고 보면 좋겠다. 살다 보면 무엇이든 충분히 해보고 충분히 즐기고, 정말 최선을 다했는데도 결국 안 될 때도 있기 때문이다. 하지만 실패한 다음에도 삶은 아무렇지도 않은 듯 이어져야 옳다. 프로바둑기사 이창호는 바둑에 졌을 때 패배의 아픔을 어떻게 극복하느냐는 물음에 이렇게 말했다.

"나는 사람들 많은 곳을 벗어나 산책을 한다. 천천히 걷다 보면 서서히 마음에 안정이 찾아온다. 나는 그래도 패배 후 심리적 후유증을 비교적 빨리 극복하는 편이다. 승부사 직업이 체질에 맞는다고 생각한다. 어렸을 때는 이겨도 내용이 나쁘면 후유증을 겪었는데, 요즘엔 져도 내용이 괜찮으면 빨리 회복된다."

『빨강머리 앤』에서 앤은 대학 장학금이 걸린 시험을 보고 온 날 후련한 기분으로 중얼거린다.

"장학금이 누구의 것이 되던 조금도 상관이 없을 듯한 기분이야. 나는 최선을 다했거든. 노력의 기쁨이라는 것을 알게 됐어. 열심히 해서 이기는 것 다음에 좋은 것은, 열심히 하고 지는 거야."

'져도 내용이 괜찮으면 빨리 회복된다', '열심히 하고 지는 것'의 의미를 아는 이들은 삶의 단수가 높다. 인생은 승리하기보다 패배하기 쉽고, 희망보다 절망이 쉽고, 용기보다 두려움에 빠지기 쉽다. 예쁘기보다 못나기 쉬우며 도전보다 좌절이 쉽다. 그러나 그 사실을 인정하고 다시금 또 앞으로 나아갈 수만 있다면 더 이상 실패와 좌절이 두렵지만은 않을 것이다. 그럴 때마다 나는 아나톨 프랑스의 말을 떠올리며 용기를 낸다.

"나는 현명한 외면보다는 열정적인 실책을 더 좋아한다."

다 · 섯

인간관계가 넓지 않다고
인생을 잘못 사는 건 아니다

직장을 그만두고 놀 때였다. 어느 날 휴대전화를 집에 두고 나갔다. 하루 종일 내 휴대전화를 감시한(?) 남편이 외출에서 돌아온 나에게 말했다.

"당신 약발 다 되었나 봐? 전화가 한 통도 안 오네."

그날따라 전화벨이 한 번도 울리지 않았나 보다. 이름만 대면 알 만한 회사에서 본부장으로 일했건만 이제 찾는 사람이 없으니 사회에서 잊힌 게 아니냐고, 남편은 은근 놀렸다.

"이런, 나라도 내 전화에 한 통 걸어 줄 걸 그랬나?"

내가 농담하자 남편이 웃었다. 지금이야 나의 좁은 인간관계에 대해 덤덤하지만 사회생활 내내 큰 고민거리이자 콤플렉스였다. 나는 낯을 심하게 가리고 소심했다. 어려서는 누구네 집 담 밑에서 "친구야~ 놀자" 하고 불러 본 적이 없다. 학창 시절에도 내가 먼저 만남을 청하거나 약속을 정하는 일은 거의 없었다. 그들이 나를 찾지 않으면 한동안 연락이 두절되었다. 사회생활을 시작하고 야근을 밥 먹듯 하면서 한두 번 모임에 빠졌더니 새삼스레 나가는 게 머쓱해졌다. 게다가 언젠가부터 동창회나 동문회도 나가지 않았다. 나이 들면서 세상살이에 노회해지는 모습이 불편하고, 이제는 서로 전혀 다른 곳을 바라보는 친구들의 모습이 낯설기 때문이다.

사람 만나는 일이 다반사인 직장에서 누구를 만나 이야기를 나누고 설득하고 내 뜻을 관철시키는 과정은 늘 버거웠다. 책상에 앉아 뭔가 푹 빠져 일하다가도 여러 사람과 함께 하는 작업은 마지못해했다. 당연히 일이 끝나면 만남은 형식적이 되거나 끊어졌다. 인간적인 인연으로 만남이 이어지는 일은 많지 않았다. 그렇게 끊어진 만남은 스트레스가 되기도 했다. 만남을 계속 이어가지 못한 게 마치 내 잘못처럼 느껴졌기 때문이다. 사회생활을 잘하려면 인맥을 잘 관리해야 한다고 하는데 나의 인간관계는 서툴기만 했으니 조바심이 났다.

자신보다 사회적으로 높은 위치에 있는 사람을 만나라, 평생 인맥 고객 노트를 만들어라, 다른 사람들에게 필요한 사람처럼 행동하라, 오늘의 적은 내일의 동지! 적과 동지를 구분하지 마라, 필요한 사람은 먼저 연락하라, 대학병원 청소 아주머니도 친하게 지내면 도움이 된다 등 책 속에서 읽은 인맥 관리 노하우를 작심하고 실천해 보기도 했지만 껄끄럽고 불편했다. 소심한 탓도 있었지만 내가 그들을 이용하려 한다는 기분을 떨칠 수 없었다. 좀 더 쉽고 편하게 살자고 그들을 들러리 세우는 꼴이 아닌가 마음이 찔렸다.

그래서 그냥 내 식대로 관계를 맺어 나갔다. 관계의 진정성은 진심에 있다는 원론적인 믿음을 택했다. 직장에서는 무슨 일을 해도 맨땅에 헤딩하기였다. 원고 받기가 까다로운 작가나 인터뷰를 쉽게 허락해 주지 않는 분도 알음알음 인맥으로 연결하면 좀 쉽게 통하던 때다. 그러나 나에게는 그럴만한 인맥이 없었고, 설사 쥐어짜면 없는 것도 아니지만 일부러 그런 부탁으로 연락하는 것도 낯간지러웠다. 그래서 언제나 직접 부딪쳐야만 했다. 생각해 보면 막다른 상황이라 더 솔직하게 사정을 설명하고 진심으로 부탁할 수 있었던 것 같다. 그게 때로는 더 잘 통하기도 했다. 고은 시인에게 무작정 전화를 넣었을 때, 시인은 만남을 허락하면서 이렇게 말했다.

"내가 원래 인터뷰 잘 안 하는데 공손한 말투가 마음에 들어요."

또 인연을 이어가려고 억지로 애쓰지 않는 대신 그 순간의 만남에 충실하고자 했다. 어떤 관계라도 내가 상대에게 도움이 되기를 바랐고, 대신 그들에게서 뭐라도 배우는 것이 있으면 족하다고 생각했다. 잡지 기자로 일할 때 유명 인사를 인터뷰할 기회가 많았던 나에게 주위에서는 그 인맥만 잘 관리했으면 큰 도움이 되었을 거라고 안타까워했다. 하지만 도움을 받기 위해 의식적으로 이어가는 만남은 나를 초라하게 만들 뿐이다. 나는 그들이 나에게 시간을 내어 준 것만으로도 고마웠다. 잡지기자라지만 어쨌든 낯선 사람에게 시간을 쪼개 마음을 솔직하게 꺼내 보이는 것은 쉽지 않은 일이다. 인터뷰를 끝내고 돌아오면 나는 귀한 시간을 허락해 주어 고맙다는 내용으로 짧은 엽서를 보냈다.

훗날 내가 잡지를 창간하게 되어 그렇게 만났던 분들에게 원고를 부탁했을 때, 내 얼굴보다 그 엽서를 기억해 주는 분들이 있어서 놀랐다. 물론 원고도 받았다! 게다가 고료를 받지 않겠다는 분, 정기구독을 하겠다며 돈을 송금하는 분들도 있었다.

마흔이 넘은 나이에 나의 인간관계는 여전히 오솔길처럼 좁다랗고 한가롭다. 휴대폰에 저장된 전화번호도 얼마 되지 않는다. 그래도 나는 괜찮다. 학창생활 16년에 사회생활 17년, 길다고 하면 긴 세월 동안 내 이익만을 위해 관계를 맺거나 가짜 얼굴을 들이대며 만남을 이어오지 않았다. 오히려 잘살았다 싶다. 얼마나 많은 사람, 유명하고 사회적 영향력이 큰 사람과 관계를 맺었느냐가 능력을 뜻한다면 빵점일 테고, 인간성이 후져서 그런 거 아니냐고 한다면 할 말이 없지만 말이다. 단지 한 사람이라도 더 아는 데 애면글면하지 않았다는 것, 그리고 무엇보다 모든 만남에 그 순간만큼은 진실하려 했다는 것에 만족하련다.

후배나 친구로부터 결혼식 청첩장을 받으면서 가끔 듣는 이야기가 꼭 와서 머릿수 좀 채워 달라는 말이다. 사진 촬영할 때 친구들이 많지 않으면 하객들에게 창피하다는 것이다. 이런 생각이라면 자기 장례식에 조문객이 적게 올까 봐 걱정스러워 맘대로 죽지도 못할 것 같다. 그러나 폭넓은 인간관계가 반드시 성공한 인생을 의미하는 것은 아니다.

물론 좋은 인맥을 쌓는 일이 꼭 나쁘다고는 생각하지 않는다. 좋은 인연을 만들어 삶을 풍요롭게 만들어 가는 것도 잘 살아가는 방법 중

하나다. 그런데 주고받는 데만 목적을 두는 만남이 오래 가지 못한다는 것만은 확실하다. 어쩌면 우리는 그런 표피적인 관계에 지나치게 많은 시간과 노력을 쏟아 붓고 있는지 모른다. 정작 가꾸어야 할 소중한 관계는 소홀하면서 말이다. 그 많은 사람을 진실하게 대하기에는 우리의 시간이나 정서가 너무 부족하지 않은가.

시간 경영 전문가 로타르 자이베르트 박사는 우리가 다양한 사람과 관계를 맺으며 맡게 되는 역할을 '삶의 모자'에 비유했다. 그는 삶의 모자의 수를 7로 제한하라고 말한다. 직장 생활과 사생활 사이에 놓인 수많은 역할을 적당히 줄여 보다 본질적인 것에 집중하여 나를 위한 시간을 만들라는 것이다.

좋은 만남은 인생을 행복하게 한다. 그러나 살다 보면 인간관계가 협소할 수도 있다. 그렇다고 기죽을 필요는 없다. 인생 헛산 것도 아니다. 정말 좋은 인연은 각자의 삶을 열심히 살아가는 과정에서 만나게 된다. 열심히 살면 나를 알아주는, 나와 비슷한 삶을 살아가는 친구 한둘은 반드시 생긴다. 백아와 종자기 같은 천하가 알아주는 친구 사이는 아니더라도 서로 걱정해 주고 잘 되기를 바라고 질투하지 않는 친구면 족하다. 그런 친구만 있어도 인생은 충분히 살아갈 만하다.

비 오는 어느 날 한밤중에 '띵동~!' 하고 문자 한 통이 들어왔다. 여고 시절 친구다. "친구야, 내리는 빗방울 수만큼 행복해라"라는 내용이다. 빗방울 같은 행복이 후드득 떨어졌다.

여·섯

다른 사람의 눈치 따위
보지 않아도 된다

미국 대중문화 스타들의 엉뚱한 면을 보도한 기사를 보았다. 영화 〈타이타닉〉 주제곡을 부른 셀린 디온은 무대 뒤 대기실 온도를 정확히 섭씨 23도로 맞출 것을 지시한다. 제니퍼 로페즈는 하얀 테이블보, 하얀 소파, 하얀 꽃과 초가 있어야 하고 커피는 반드시 시계 반대 방향으로 저어 달라고 부탁한다. 록 가수 반 헤일런은 대기실에 색색의 M&M 캔디를 가져다 놓되, 갈색 캔디는 절대 있어서는 안 된다며 아예 계약서에 자세하게 써 넣는다.

　가수들의 이런 행동은 기행으로 받아들여진다. 이기적이라는 비난을 듣거나 편집증으로 오해받기도 한다. 그런데 내 생각은 다르다. 그들은 노래로 먹고 산다. 나름대로 무대에서 최상의 목소리를 내기 위한 자신만의 방법이다. 다른 사람 눈에는 기이하고 엉뚱해 보여도 섭씨 23

도에서 하얀 소파에 앉아 M&M 캔디를 먹어야 욕구가 해소되고 마음이 편안해질 수 있는 것이다. 자기 자신이 즐겁고 안정되어야 아름다운 노래, 대중이 원하는 노래를 부를 수 있다는 걸 그들은 안다. 그들은 자기를 철저하게 관리하는 프로페셔널이다. 다른 사람 눈치 따위 보지 않고 오직 자신을 위해서 행동한다. 뭐 어떠랴, 다른 사람들에게 폐 끼치고 위협을 주는 욕망도 아닌 것을. 그들을 흉보고 싶은 마음이 든다면 내가 그렇게 행동하지 못하기 때문일 것이다. 한마디로 질투다.

나 자신이야말로 내가 가장 존중해야 할 존재다. 그럼에도 자기 욕구에 솔직하기란 우리 정서에 익숙하지 않다. "당신이 원하는 것은 무엇인가?" 누군가에게서 이런 질문을 받으면 한참 망설인다. 욕구는 나쁜 것이라는 생각이 무의식 속에 자리 잡고 있기 때문이다. 내 대답을 듣고 상대가 어떻게 반응할까를 따지느라 단번에 대답하지 못하기도 한다. 아니면 평소 진짜 내가 원하는 게 뭔지 진지하게 생각해 보지 않았던가.

우리는 어린 시절부터 욕구는 참아야 하는 것으로 교육받았다. "한번 해봐"라는 격려보다 "하지 마"라는 말을 더 자주 들었다. 착하다는 칭찬은 잘 참았다는 뜻이며, 스스로 참을성이 많은 것을 자랑으로 여겼다. 자기소개서 장점란에 꼭꼭 적어 넣던 문구는 '참을성이 많으며……'였다. 잘 참는다는 무언의 격려가 참아도 되지 않을 것까지 참게 만들었다. 정말 배워야 할 것은 참아야 할 일과 참지 말아야 할 일, 좋은 욕구와 나쁜 욕구를 구분하는 법이다. 현실적으로 실현 가능한 욕구,

생산성 있는 욕구, 가치 있는 욕구, 모든 사람들이 수긍할 만한 욕구만 인정하는 분위기가 욕구에 대해 지나치게 엄숙한 잣대를 만들게 했다.

다시 생각해 본다. 욕구는 무엇일까. 욕구는 어떤 일을 하고 싶어 하는 마음이다. 몸과 마음이 원하는 일이다. 한마디로 욕구란 나 자신도 모르게 마음속에서 솟아나는 그 무엇이다. 『당신의 그림자가 울고 있다』는 심리학자 로버트 존슨이 정신의학자 칼 융의 사상을 토대로 인간 내면의 어두운 세계를 분석한 책이다. 그 책에서 융은 인간의 정신은 스스로 균형을 잡으려는 본능이 있다고 하며 마리 앙투아네트 이야기를 들려주었다.

앙투아네트는 루이 16세의 아내로 프랑스 혁명 당시 처형되었다. 지나치게 사치를 부려 국고를 낭비한 죄다. 왕후의 사치가 얼마나 심했던지 아들이 죽었을 때 장례 치를 돈도 없을 정도였다. 그런 왕후를 국민들은 용서하지 않았다. 그런데 앙투아네트는 생전에 엉뚱하게도 직접 우유를 짜 보고 싶다며 젖소를 준비하라고 지시했다가 그만둔 일이 있다. 귀족들이 이상한 눈으로 쳐다볼 게 분명하고, 스스로도 용납할 수 없는 이상한 일이라고 생각했던 것이다.

융은 앙투아네트가 화려한 궁정 생활에 무료해진 나머지 평범한 농부의 삶으로 균형을 잡아 보려 했다고 분석했다. 그는 만약 앙투아네트가 소젖 짜기를 포기하지 않고 계속했다면 역사는 달라졌을지도 모른다고 했다. 소젖을 짜면서 노동의 수고로움과 피곤함을 직접 느껴 보았다면 국민들이 처한 고단한 사정을 알고 자신을 돌아보며 사치를 멈췄

을지 모른다는 것이다.

　마음의 불균형을 잡아 주는 욕구, 그것은 일을 많이 하면 쉬고 싶은 마음이 생기는 것과 같다. 진정한 욕구는 나에게 피해를 주지 않는다. 내가 무엇을 원하는지, 나의 욕구를 솔직하게 바라봐야 하는 이유다. 도박이나 술에 집착하는 나쁜 욕구라면 내 마음속에 무언가 불만족스러운 면이 있다는 증거다. 정신과 의사들의 도움이 필요할지 모르는 일이다. 그런 점에서 무조건 욕구를 억누르는 것은 좋지 않은 일이다. 오히려 내 마음속의 욕망을 잘 들여다보고 그것을 잘 다스릴 줄 알아야 좋은 인생을 살 수 있는 것이다.

　이때 인생을 뒤집을 만한 커다란 욕망뿐만 아니라 일상의 작은 욕망도 잘 관리해야 한다. 하루하루는 촘촘한 무늬처럼 반복된다. 이 지루한 일상을 즐겁게 살 수 있는 길은 작은 욕망에 귀 기울이며 내 일상에 조금씩 변화를 주는 것이다. 동네에서 가끔 만나는 고물장수 할아버지는 파격적인 차림으로 멀리서도 한눈에 들어온다. 무릎까지 오는 청바지에 파란 스타킹, 영문 로고가 새겨진 하얀 후드티와 꽃무늬 스카프 그리고 스포츠 모자로 완성한 패션은 영락없는 십 대 청소년이다. 그 차림새로 "헌 내앵~장고, 티비 삽니다. 콤퓨타 삽니다~"라고 외치며 리어카를 끌고 골목을 누빈다. 흘깃거리며 쳐다보는 사람 중에는 주책스럽다고 흉보는 이도 있겠지만 나는 고물 할아버지를 볼 때마다 기분이 좋아진다. 괜스레 집에 뭐 팔 거 없나 하고 더듬어 보기까지 한다. 그런데 우연히 시장 통에서 고물 할아버지를 만났다. 보통 할아버지 차림이었다. 고물 사러 다닐 때와는 다르게 힘이 없어 보이고 주름이 자글자글한 게 퍽 늙어 보였다. 십 대 패션은 슈퍼맨의 팬티처럼 할아버지에게 즐거움을 주고 열심히 일하도록 한 에너지였다. 별 것 아닌 소소한 욕구라도 행동으로 옮기고 나면 삶에 자신감과 용기가 더 생긴다. 욕망에 충실한 사람이 인생에 적극적이고 솔직한 것 같다.

아스트리드 린드그렌의 『삐삐 롱스타킹』에서 말괄량이 삐삐가 아버지가 남긴 금화를 유산으로 상속받는 장면이 있다. 삐삐가 금화 꾸러미를 들고 친구들과 제일 먼저 달려간 곳은 다름 아닌 사탕가게다. 삐삐는 점원에게 당당하게 외친다.

"사탕 18킬로그램만 주세요!"

그 대목을 읽으며 나는 묘한 부러움을 느꼈다. 충치 생기니까 사탕을 많이 먹으면 안 된다는 무의식 속에 감춰진 '사탕을 마음껏 먹고 싶다'는 생각이 건드려진 것이다. 사탕 18킬로그램을 주문하고 물리도록 빨아 먹고 깨물어 먹은 삐삐는 아마 다시는 그렇게 많은 양의 사탕을 사 먹지 않을 것이다. 그러나 나의 무의식 속에는 사탕을 먹지 못한 아쉬움이 죽을 때까지 남을 것이다. 먹고 싶은 만큼 사탕을 먹어 봤댔자 고작 치아 몇 개 썩을 뿐인데, 게다가 먹고 나서 이를 싹싹 닦으면 충치 걱정은 접어도 될 것을…….

삐삐는 욕구에 충실하게 따르면서 꿋꿋하게 세상을 살아갈 수 있었다. 알고 보면 다른 사람들은 내가 뭘 하든 아무 관심이 없는데 그럼에도 우리는 끊임없이 누군가를 의식하며 욕구를 자제한다. 튀지 말고 적당히 평범하게 살라고 하지만 과연 평범한 것이 항상 좋은 것일까.

내 욕구에 관심을 가져 보자. 왜냐고 너무 깊이 따지지 말자. 욕구에 반드시 이유가 있어야 하는 것은 아니다. 나쁜 짓만 아니라면 망설이지 말자. 욕구를 허락하자. 신나고 재미있게 살자. 병실에서 만난 두 노인이 죽기 전에 해보고 싶은 일의 리스트를 만들어 하나씩 실행에 옮기는 내용의 영화가 있었다. 영화처럼 죽기 얼마 전에 비로소 깨닫지 말자. 암 같은 불치병에 걸린 뒤 뒤늦게 삶의 소중함을 깨닫는 사람들에 관한 이야기를 듣고, 그래그래 고개만 끄덕이는 걸로 끝내지 말자는 얘기다. 물론 하고 싶은 일을 다 하고 살 수는 없다. 세상에서 가장 돈 많은 부자라도 하고 싶은 일을 다 하고 죽지는 못한다. 그러나 살아 있는 동안에는 최선을 다해 봐야 한다.

식당에 가면 나는 늘 익숙한 음식만 먹었다. 맛이 의심스러운 요리는 주문하지 않았다. 오죽하면 직원들이 밥때가 되면 "된장찌개 시킬게요" 하고 통보하듯 말했을까. 하지만 몇 해 전부터 평소 먹어 보지 않았던 낯선 요리를 먹어 보려고 노력한다. 새로운 것을 맛보기로 작심한 뒤로 식당에 가는 일이 즐겁다. 천천히 맛을 음미해 보는 버릇도 생겼다. 인생도 경험하려고 노력하는 만큼 깊어지고 넓어진다.

또 하나, 나의 욕구를 긍정적으로 바라보면 다른 사람을 바라보는 시선도 너그러워진다. 님이 콜라에 밥을 말아먹든 한여름에 털모자를 쓰든 그 사람의 취향이라고 여기게 된다. 그러면 세상의 불화가 조금은 줄어들 수 있지 않을까. 그만큼 세상은 조금 더 평화로워질 테고.

살아 보니
엄마 말이 맞더라

1∷ 우는 소리 내지 마라

구멍가게 할망구를 나는 지금도 용서하지 못한다. 사탕 사고 받은 거스름돈에 50원이 더 갔다고 했다. 도둑 누명을 쓴 것이다. 할머니의 드센 항의에 엄마는 나에게 똑바로 말하라고 했다. 나는 울먹울먹 제대로 말을 잇지 못했다. 할머니가 엄마에게서 50원을 돌려받고 돌아간 뒤 엄마는 내 엉덩이를 후려치며 말했다. "우는 소리 좀 내지 마. 네가 안 가져갔으면 안 가져간 거지 왜 울어! 똑바로 말해야 무슨 말인지 알지!" 귓가를 때리던 엄마의 그 말이 아직도 뜨겁다. 무슨 말이든 또박또박, 끝을 얼버무리지 말라고 했다. 작은 목소리는 누구도 들을 수 없다. 내 생각, 내가 하고 싶은 말은 목소리를 크게 내야 한다. 억울한 일 앞에서는 더더욱. 그런데 그게 왜 그리 힘들었을까?

2∷ 네 얼굴에 책임을 져라

칠십이 넘은 엄마를 사람들은 열 살이나 어리게 본다. 타고난 피부에 후천적인 노력까지, 정말 열심히 가꾸는 엄마다. 사실 칠십 넘은 할머니를 젊게 보면 얼마나 젊게 보겠는가. 엄마 얼굴에 배어 있는 편안한 기운이 그리 보이도록 하는 것이리라. 평생 거울을 보며 이 생각 저 생각하며 만들어 온 엄마의 얼굴! 링컨만 자기 얼굴을 책임지라고 하지 않았다. 우리 모두의 어머니들이 말하지 않았나. 얼굴 좀 봐라, 네 얼굴이 그게 뭐니, 얼굴 값 좀 해라 등. 착하고 편안한 생김새는 평생 걸려 만들어진다.

3 :: 우물에 침 뱉지 마라

소설가 김훈 선생이 한겨레신문사를 그만두며 낸 사직서에는 물러날 퇴退, 딱 한 글자가 쓰여 있었단다. 세상에 이보다 아름다운 사직서가 또 있을까. 첫 직장에 사표를 냈을 때 아버지가 말했다. "니가 떠먹던 우물인데 침 뱉는 거 아니다." 직장에 있을 때는 불만을 말할 수 있지만 일단 나오면 입을 다물라는 것이다. 혹 그 조직에 다시 들어갈 수도 있고 거기서 맺은 인연을 어디선가 부딪칠 수 있는 일이다. 그러나 우물물에 침 뱉지 말아야 할 가장 큰 이유는 그 회사에서 열심히 일하고 월급을 받으며 한 시기를 보낸 데 대한 작은 예의다.

4 :: 우물쭈물하지 말고 얼른 골라

미국 전 대통령 레이긴이 어릴 때 신발을 맞추러 갔다. 앞코가 둥그런 구두와 모가 난 구두 가운데 무얼 고를지 한참 망설이자 주인이 대신 골라 주겠다고 했다. 며칠 뒤 구두를 찾으러 간 레이건은 울상이었다. 구두 가게 주인이 각각 모난 코와 둥근 코, 짝짝이 구두를 만들어 놓은 것이다. 선택은 내 자유다. 그런데 너무 오래 끄는 것은 둘 다 갖고 싶은 욕심이거나 선택에 따른 후회를 감당하지 않겠다는 것이다. 머리를 자를까 말까. 이 사람과 헤어질까 말까, 이 직장에 지원해 볼까 말까……, 그 사이 시간의 모래는 다 빠져나간다. 나중에는 그때 빨리 결정할 걸 그랬어! 후회만 남을지도. 제발 앞머리 자를까 내릴까, 머리를 쇼트커트 할까 말까, 하는 고민은 그만 해라. 밥만 먹으면 자라는 머리카락이 아닌가!

5 :: 숫자를 믿지 마라

신혼 때 요리하다 친정엄마에게 SOS 전화해 물어보면 이런 식이었다. "시금치는 끓는 물에 살짝 데쳐. 찬물에 헹궈 물기를 짠 뒤 소금, 참기름 넣고 조물조물 무쳐라. 참, 너무 꼭 짜면 안 되어, 꼬~옥 짜야 설겅설겅 씹히는 맛이 있다." '살짝'은 몇 분을 말함인가? 꼭과 꼬~옥의 차이는 무엇일까? 엄마는 하다 보면 안다고 했다. 우리는 숫자에 민감하다. 옷 사이즈가 44냐 55냐, 28평 아파트냐 32평 아파트냐에 울고 웃는다. 몸무게와 나이를 항상 의식한다. 영화 관객 수를 보고 영화를 평가한다. 백만 명 관객이 본 영화가 꼭 좋은 영화는 아니다. 아이큐가 높다고 지혜로운 것은 아니다. 국민총생산GNP은 어떤가. GNP가 높다고 꼭 행복한가? 산업사회가 되고 모든 것이 숫자화 되면서 인간도 숫자의 노예가 되었다. 하지만 인생은 꼭과 꼬~옥의 차이다.

살아 보니
엄마 말이 틀리더라

1:: 빈둥거리지 마라

살면서 시간을 낭비하지 말라는 말은 귀에 딱지가 앉도록 들었다. 그러나 인생에는 빈둥거릴 시간이 꼭 필요하다. 방황하고 고민하느라 정작 무엇에도 노력하지 않는 시간. 나에겐 공부 말고 체홉을 읽고 세계명작시를 베껴 쓰고 재개봉 영화관에 앉아 있던 시절이 있다. 77번 버스 타고 하릴없이 종점에서 종점까지 오갔던 시간들이 있다. 그 시간들이 살면서 힘이 된다. 빈둥거릴 수 있을 때 빈둥거려야 한다. 그건 낭비가 아니다. 사람들 눈에는 아무 것도 안 하고 있는 것 같지만 그 빈둥거림 속에 내 머리는 팽팽 돌아가고 있었던 것 같다. 일본의 유명 역사소설가 야마오카 쇼하치는 10년 동안 아무것도 안 하고 낚싯대만 들고 연못으로 출퇴근한 시절이 있었다던가.

2:: 엄마 돈 아버지 돈이 어디 있냐

엄마는 아버지에게서 생활비를 얼마씩 타서 썼다. 어느 해 추석 무렵, 엄마는 집안 어른이 운영하는 가게에서 한 달 동안 일해 주고 받은 삯으로 자식들에게 한복을 해 입혔다. 내 옷고름을 매 주며 흐뭇하게 웃던 엄마. 당신이 일하고 번 돈으로 정말 쓰고 싶은 데 돈을 썼기에 행복했을까. "엄마 돈, 아버지 돈이 어딨냐"고 엄마는 말했지만 아니다. 엄마 돈 아버지 돈, 남편 돈 아내 돈은 분명히 있어야 한다. 맞벌이라면 서로의 수입을 공개하되 지출은 알아서 해야 한다. 현명하게 나눠 쓰는 법은 부부가 익혀야 할 터! 그렇다고 남편 혼자 벌었다고 남편 돈일까. 그게 아니라는 것은 웬만한 남편들은 다 안다. 그 남편들이 잊은 게 있다면 아내에게 "이 돈은 우리 돈이다"고 말하지 않는다는 것. 아내가 당당하게 돈 쓰도록 해 줘야 한다.

3 :: 한 우물을 파라

빌 게이츠의 아버지는 어린 아들에게 수영, 축구, 미식축구 등 아들이 잘 하지 못하는 많은 것들에 도전하게 했다고 한다. 잘 할 수 있는 것만 아니라 여러 가지 많은 것을 경험하게 한 것이다. 한 우물을 파라는 것은 무슨 일을 하던 끝장을 보라, 이것저것 손대지 말고 한 가지 일에 전심전력하라는 것이다. 그런데 꼭 한 우물이어야 할까. 한 우물만 파면 자칫 우물에 빠져 죽을 수도 있지 않을까. 넓은 세상에 여기 저기 파다 보면 구멍들이 밑으로 죄다 뚫려 나중에는 진짜 큰 우물이 되지 않을까. 한 우물을 파더라도 다른 우물에 기웃거려야 한다. 그래야 내 우물이 커지고 깊어진다. 세상 모든 일에 다 배울 게 있다. 쓸데없는 일이란 없다.

4 :: 착하게 살아라, 지는 게 이기는 거다

휴대전화로 판촉 전화가 오면 나는 쉽사리 끊지 못한다. 속으로는 빨리 끊어야 하는데 하면서 계속 들어주다가 겨우겨우 끊기 일쑤다. 남편은 그런 전화가 오면 "바쁩니다" 단 한 마디만 하고 먼저 전화를 뚝 끊는다. 와~ 저럴 수도 있구나, 감탄하는 나. 부모님은 나에게 착하게 살아야 한다고 했다. 착하게 길들여진 나는 누구든 상대가 나를 싫어하지 않도록 행동했던 것 같다. 그래서 내가 손해 보는 게 편하고 내가 상처받는 걸 보고만 있었다. 그래서 내 아이는 착하게 키우지 않으려 한다. 까다로운 자존심이 아니라 올바른 자존감을 갖도록 말이다. 그건 다른 사람을 존중하되 자기 자존심을 잃지 않는 것이다.

5 :: 나이에 맞게 살아라

나잇값이란 뭘까? 간혹 사회에서 통용되는 나잇값은 단순히 취업, 결혼, 출산 등 인생의 속도와 체면을 의미할 때가 있다. 그러나 진정한 나잇값은 성숙한 말과 행동, 나의 책임과 의무를 알고 타인을 배려하는 마음일 것이다. 스무 살의 나는 인생을 많이 안다고 생각했다. 서른 살에는 조금 안다고 생각했다. 마흔인 지금은 솔직히 인생을 알 것도 같고 모를 것도 같다. 그러나 확실한 것은 과거의 시간을 생각하면 그때는 무얼 해도 되었고, 충분히 흔들려도 되었다는 것을 알겠다. 우리가 언제나 안 된다고 느끼는 때는 현재일 뿐. 나잇값 하려다가 재미없는 인생을 살지도 모른다.

일 · 곱

연봉이 적다고 불평할 시간에
최대한 많은 경험을 했어야 했다

우연히 지하철 안에서 두 남자의 대화를 들었다. 한 남자가 직장을 그만두었나 보다.

"직장 생활을 10년 넘게 했는데 남은 건 얼마 안 되는 퇴직금이 전부야. 회사가 잘 되는 게 곧 내가 잘 되는 거라고 생각하고 죽어라 일했는데 결국 사장 좋은 일이나 시킨 거지 뭐."

"그러게 적당히 하지. 우리 같은 사람들은 월급 받는 만큼만 일하면 되는 거야."

직장인이라면 누구나 한 번쯤 이런 생각을 해본다. 매일 아침부터 밤까지 열심히 일하며 살아왔다고 자부하던 어느 날 문득 돌아보면 아무것도 남는 게 없다. 남들처럼 약삭빠르게 자신을 돌보지 않은 세월이 후회스럽다. 회사 로고 밑에 내 이름이 찍힌 명함을 자랑스럽게 내밀고 다녔는데 이 회사를 그만두면 나는 아무것도 아닌 존재라고 생각하니 씁쓸하다. '나'라는 사람은 정말 회사의 부속품에 불과했나?

직장인은 회사의 부속품? 맞다. 부속품은 언제든 바꿀 수 있다. 지금 당장 내가 회사를 그만두면 업무에 차질이 빚어질 듯하지만 그런 일은 일어나지 않는다. 다음날 새로운 사람이 내 책상에 앉아 아무 일도 없었던 것처럼 일한다. 조직은 생각보다 훨씬 견고하다. 보통 회사의 발전이 나의 발전이라고 생각하지만 늘 그렇지는 않다. 회사가 성장해도 나에게는 아무런 발전이 없을 수 있다. 반대로 망하는 회사에서도 나는 성장할 수 있다. 이것은 무엇을 위해 일하느냐에 달린 문제다. 나를 위해 일한다고 생각하면 능동적으로 일하게 된다. 미래의 내 모습과 가능성 또한 좀 더 넓게 그리게 된다. 반면에 회사를 위해 일한다면 회사가 원하는 만큼 일하며 그 테두리 안에서 만족하기 위해 노력한다.

마케팅 전문 잡지 「유니타스브랜드」의 권민 대표는 대기업 영업 사원으로 사회생활을 시작했다. 그 뒤 광고 기획자, 패션 마케터를 거쳐 자기 회사를 세우고 우리나라에서 처음으로 브랜드 잡지를 창간했다. 그에게 원고를 부탁했다. 직장인에게 꼭 해 주고 싶은 말, 대충 이런 주제였다. 주말 내내 고심하며 썼다는 글은 '업(業)'에 관한 내용이었다. 직업, 사업, 생업……, 그는 자신이 지난날 직장인으로 일하던 시절을 돌아보며 이렇게 썼다.

"'나는 얼마나 벌어야 할까'보다는 '나는 도대체 누구인가?'에 더 관심이 많았다. 대기업의 연봉은 나의 능력에 맞추어 준 것이 아니라 단지 그들의 임금 지불 능력에 맞추어 나에게 준 것뿐이다. 샐러리맨이었던 나의 이십 대와 삼십 대는 회사의 오너보다 더 일찍 출근했고, 더 늦게 퇴근하면서 회사의 모든 지식과 행정을 배웠다. 승진과 연봉을 위해서 열심히 한 것이 아니다. 단지 나는 '내가 누구인가' 궁금했기 때문이다. 도대체 나에게는 어떤 능력이 있을까? 어디까지 일을 할 수 있을까? 내 완성의 기준은 어디까지일까? 그래서 나의 기준에서 최고의 직장은 최고 연봉이 아니라 최다 기회였다."

연봉이 높은 직장이 좋은 직장이라고 생각하지만 반드시 그런 것은 아니다. 높은 연봉을 주는 회사는 대체적으로 규모가 크다. 조직이 클수록 개인은 개미나 꿀벌 사회처럼 일사분란하게 움직이도록 강요당한다. 나의 능력은 조직의 조화를 깨뜨리지 않는 범위 안에서 적당히 발휘되어야 한다. 그러므로 권민 대표의 말처럼 최대한 많은 경험을 할 수 있는 회사야말로 좋은 회사이며, 큰 회사든 작은 회사든 나를 위해 일하는 자세를 가지는 게 중요하다.

서스펜스 영화의 거장 알프레드 히치콕, 그에게도 평범한 직장인 시절이 있었다. 전선 케이블을 만드는 제조업체에서 7년 동안 일한 그는 대단히 유쾌하게 직장 생활을 했다며 그 시절을 특별하게 회상한다. 영화 제작과는 동떨어진 판매와 홍보가 그의 주 업무였는데 메모와 수정을 거듭하는 히치콕 특유의 꼼꼼한 습성은 이때 만들어졌다. 훗날 그는 영화 제작의 기초는 물론 예술성과 상업성이 조화를 이루는 그만의 영화적 감각을 7년간의 직장 생활에서 완성했다고 말했다.

또 "나에게는 사이코 기질이 있었나 보다"라고 했는데, 회사에서 주겠다는 급여를 스스로 깎았던 일을 두고 한 말이다. 그는 "주급 7달러는 너무 많다. 그보다 적게 달라. 내가 일을 잘하고 나면 그때 돈을 더 많이 달라"고 했다. 회사 측에서 제시하는 급여를 깎은 히치콕은 확실히 사이코다. 그만큼 그는 스스로에 대한 자신감이 충만했다. 시나리오에 자막 카드를 만드는 일이 계기가 되어 다니던 직장을 그만두고 영화사 편집 말단 사원으로 들어가던 날, 그는 이런 다짐을 했다.

"보수는 조금 받더라도 부수적인 일을 더 많이 하겠다."

보수보다 일에 대해 더 욕심을 부리겠다는 것이다. 히치콕과는 비교할 수 없지만 비슷한 경험을 나도 했다. 16년 전 나의 첫 사회생활은 망설임으로 시작되었다. 첫날 출근해서 보니 정식 직원은 나 혼자였다. 사장님은 친구의 사무실 한쪽에 책상을 몇 개 놓고 있는 더부살이 처지였다. 면접 날 사무실에 북적이던 사람들은 모두 다른 회사 직원이었다. 점심 때 사장님 부부가 돼지식당이라는 허름한 식당에서 백반을 사주며 '앞으로 잘해봅시다'라고 한 말이 진심으로 느껴지지 않았다면, 나는 숟가락을 놓자마자 줄행랑을 놓았을지 모른다. 그 회사에서 1인 다역, 이를테면 취재, 편집, 제작, 발송, 청소, 은행 심부름까지 도맡은 나는 온갖 시행착오를 겪었다. 그 사이 잡지 발행에 관한 유무형의 프로세스를 몽땅 이해해 버렸다. 직장 생활의 오욕칠정을 다 겪었다고나 할까. 솔직히 말하면 그때 배운 것을 여태 써먹고 있다.

그때는 잡지 발행에 소신을 가진 사장님을 위해 봉사하는 기분이 없지 않았는데, 돌이켜보니 순전히 나를 위해 일했다는 걸 알겠다. 인쇄비 독촉 전화에 머리가 쥐가 날 만큼 형편이 어려웠던 잡지가 알 만한 사람은 다 아는 국민 잡지로 성장하는 데 내 힘을 보탰다는 자긍심 때문만은 아니다. 화장실도 변변치 않았던 열악한 환경에서 일한 경험이 이직을 하고 프리랜서로 일하고, 창업을 하는 데 있어 든든한 토대가 되었다고 믿기 때문이다.

직장의 가치는 사람마다 다르겠지만 단연 생계유지가 우선한다. 그 다음엔 내가 어떤 마음으로 일하느냐이다. 히치콕처럼 직장에서 많은 것을 경험해 보겠다고 하면 직장에서 겪는 모든 일들이 도전이자 기회이고 재미다. 잡스러운 일도 인생에 분명 도움이 될 때가 있으며, 얽히고설킨 대인관계도 사람을 알아 가는 공부라 생각하면 너그러워진다. 실패와 크고 작은 사고에서 순발력과 창의적인 태도를 배운다. 그 사이 인간적으로 성장하고 성숙해진다.

직장인 둘만 모이면 일이 힘들다, 회사가 너무 멀다, 동료가 고문관이다, 상사가 능력 부족이다 등등의 불평이 쏟아지지만 그런 환경이 도전과 성장, 성숙의 기회가 될 수도 있다. 직장은 나의 능력을 담는 그릇이며 채우는 만큼 내 것으로 가져올 수 있다. 나를 위해 일하면 누구의 눈치도 보지 않게 된다. 어려운 일도 만만하게 접근할 수 있다. 지금 이 일에서 내가 무엇을 배울 수 있을지를 생각하는 습관은 언제라도 다른 직장으로 옮길 수 있는 용기를 준다. 새로운 일을 시작할 기회를 만났을 때도 망설이지 않고 도전할 수 있게 된다.

직장인일 때는 직장 생활이 영원히 계속될 것처럼 느껴진다. 주어진 일만 열심히 하면서 이 정도면 잘 살고 있는 거라고 가끔 보람도 느끼며 만족하기도 한다. 그러나 이직을 하든 정년퇴직을 하든지 간에 반드시 직장 생활은 끝이 있게 마련이다. 그 끝에 이른 내 모습을 상상해 본다면 지금 내가 무엇을 해야 할지가 선명하게 보인다.

매일 다람쥐 쳇바퀴 돌듯 반복되는 직장이라고 푸념만 하거나, 직장 생활이 다 거기서 거기지, 하며 적당하게 안주하고 있는 것은 아닌가. 어디에서 무엇을 하건 그 일은 나를 위해 존재하는 것으로 만들어야 한다. 네일 바렛이라는 미국인 청년이 제출한 사직서가 유투브에 올라 화제가 된 적이 있다. 케이크로 만든 사직서에는 근무하는 동안 행복했다는 내용이 쓰여 있었다. 여러모로 나를 성숙하게 만든 직장이라면 이런 사직서를 흐뭇한 마음으로 제출할 수 있지 않을까.

여·덟

결혼하든 혼자 살든
행복하면 그만이다

남편과 나는 나이 차이가 좀 난다. 내가 열 살 적다. 하지만 남편의 생각은 나보다 젊다. 아니 젊음의 문제는 아닌 것 같다. 생각이 열려 있다는 것은 나이와는 별 상관없으니 말이다. 결혼한 지 햇수로 14년, 우리 결혼식은 좀 특별했다. 남에게 보이기 위한 형식적인 결혼은 하지 말자는 게 우리 생각이었다. 조용한 산사에서 식구들끼리 예불을 드리는 경건한 결혼식을 꿈꾸었다. 그러나 도둑 결혼 하느냐는 아버지의 반대와 30년 넘게 주말마다 이집 저집 축의금을 품앗이해 온 어머니의 노고를 저버릴 수 없어 서울 시내 사찰로 급하게 변경했는데 그마저 통하지 않아 결국 동네 예식장을 빌렸다. 대신 결혼 앨범, 비디오, 예단, 예물, 혼수, 폐백은 생략했다. 그래도 가까운 시어른들에게 이불 한 채는 해야 하지 않느냐고 누이가 은근히 불만을 털어놓자 남편이 "여태 이불 없어 못

잤냐?"고 응수해 더는 예단에 대한 말이 오가지 않았다. 신부 드레스도 빌려 입는 게 꺼림칙해 시장 한복집에서 한복을 맞춰 입었다. 결혼식은 한 해가 끝나가는 12월의 끝, 목요일 오전 11시, 오지 못할 이들이 미안해하지 않으면서도 적당한 핑계 거리가 되는 딱 좋은 시간이었다. 이른바 '민폐 없는 친환경 결혼식' 이었다!

결혼 준비에서 가장 신경을 쓴 것은 침대였다. 밤에 작업을 많이 하는 남편은 잠자리가 편했으면 좋겠다고 했다. 그래서 네댓 군데 가구점에 가서 엉덩이로 눌러 보고 뒹굴어 보고 요모조모 재 본 끝에 제일 큰 킹사이즈 침대를 샀다. 안방에 침대를 밀어 넣고 나니 다른 가구 들일 자리가 없었다. 그 침대에서 우리는 날마다 그날 하루치의 일을 말하고 사람들 흉도 보고, 집안일, 연애담, 어린 시절 즐겨 먹던 불량식품 메뉴까지 구구절절 풀어냈다. 주말에는 창밖이 훤하게 밝아 오는 줄도 모르고 수다를 떨었다. 물론 다투고 등을 홱 돌리고 잔 날도 없지 않다.

그 침대는 지금도 내려앉지 않고 거뜬하다. 한편으로는 튼튼한 녀석으로 고른 게 우연이 아닌 것 같다. 남편과 싸우거나 서운하고 섭섭함을 느끼는 날 밤, 자려고 침대에 누우면 침대의 역사가 떠올랐다. 다른 세간은 빼놓고 침대에만 혼이 빠져 고르고 다니는 게 남우세스럽지 않느냐며 얼마나 킬킬댔던가. 그러다 '결혼할 때 양가 어른들에게 좋은 소리 못 듣고 그 모든 절차와 형식을 생략한 건 껍데기보다 알맹이에 충실한, 예고편보다 본방이 재미있는 삶을 살아 보자 한 거 아니었니?'라고 스스로에게 되묻게 되었다. 그러면 남편 입장에서 생각해 볼 여유가 눈곱만큼은 생겼다.

그렇게 14년이 흘렀다. 살아 보니 결혼이란 퍼즐 맞추기다. 서로 맞지 않는 부분을 끝없이 맞춰 가야 한다. 시인 윌리엄 예이츠는 "온갖 뜻밖의 일들로 점철되는 긴 인생조차도 한 남자와 한 여자가 서로를 이해하기에는 충분히 긴 시간이 아니다"라고 했다. 아마도 죽는 순간까지도 서로 맞춰야 하지 않을까 싶다. 신혼여행에서 돌아온 첫날부터 그랬다. 친정에서 저녁을 먹고 신혼집으로 가려는데, 이제 정말 '우리 집'에서 떠나는구나 싶어 마음이 뭉클거렸다. 자동차 백미러로 눈가를 훔치는 엄마를 보는 순간 참았던 눈물이 쏟아졌다. 그랬더니 운전하던 남편이 "왜 우냐?"고 묻는데 새하얀 도화지마냥 정말 모르겠다는 듯한 표정이었다. 갑자기 절벽에서 떨어지는 것처럼 아득해졌다. 남편의 눈 코 입 다 낯설었다. 문득 앞으로도 오늘처럼 아득해질 일이 많을 거라는 예감이 들었다. 내가 계속 훌쩍이자 남편은 "집 떠나서 그래? 주말마다 올 건데 뭘 그래?" 하고 어이없어했다. 남편의 무심함이 못내 서운해 그 일을 내내 마음에 품었다. 그러다 귀에 못이 박히도록 듣게 된 남편의 과거사를 더듬어 보니 그럴 수도 있겠다 싶었다. 고등학교 때부터 타지에서 생활하며 20년 넘게 혼자 살아온 남편에게 집을 떠나는 애틋함은 너무 오래된 생경한 감정이었던 것이다. 남편이 틀린 것은 아니었다. 그렇다고 내 감정이 틀린 것도 아니었다. 우리는 단지 느끼는 게 달랐을 뿐이었다.

그 다름의 차이를 얼마나 이해하고 받아들이는가에 따라 결혼 생활의 행복과 불행이 나뉘는 듯하다. 부부들의 가장 큰 이혼 사유도 '성격 차이' 아닌가. 전업 사진가인 남편은 낮밤이 바뀌었다. 몸에 밴 습관 탓에 별일 없어도 새벽에 잠들었다. 수입은 들쑥날쑥 고르지 않았다. 텔레비전은 〈동물의 왕국〉이나 다큐멘터리 프로그램만 보는 덕에 리모컨은 늘 내 손을 떠나 있었다. 또 남편은 외출할 일이 있으면 이튿날 입을 옷과 양말, 신발까지 다 맞춰 놓고 잤다. 국민음식 라면과 자장면, 만두도 싫어했다. 싫고 좋은 사람이 너무나 명확했고, 예 아니오가 칼처럼 분명해 마음 다친 일은 얼마나 많았는지……, 수 년 동안 이런 남편 때문에 나는 마음깨나 끓였다.

그런데 서른 중반이 되어서야 그게 마음 끓일 일이 아니었다는 걸 알았다. 출근하지 않고 자유롭게 사는 일상은 내가 동경한 삶인데 남편이 그렇게 사는 걸 마뜩찮아 하는 건 뭔지? 나도 직장에 다녀 돈을 버니 다행이었으며, 알고 보면 청소와 빨래도 곧잘 하고 장모 앞에서도 설거지를 하는 남편이었다. 〈동물의 왕국〉을 보기 싫으면 남편 손에서 리모컨을 빼앗아 드라마 좀 보자고 하면 될 일이었다. 자기 구두 닦을 때 아내 구두도 닦아 놓는 남편인데, 라면과 자장면 정도 나 혼자 먹으면 또 어떤가. 게다가 내 마음을 남편이 알아 주길 바라며 뚱한 표정으로 빙빙 돌려 말하는 버릇은 진작 버렸어야 했다. 작가 앤드류 매튜스는 말했다. "사랑하는 사람들이 자신을 함부로 대하는데도 가만히 있는다면 당신은 결국 그것 때문에 그들을 미워하게 될 것이다."

나는 남편을 호시탐탐 관찰하며 '나에게 어떻게 해 주는가' 만 살폈지 정작 내 마음을 들여다보는 데는 소홀했다. 그러니까 남편에 대한 불만을 적극적으로 해결해 볼 생각은 아니하고 '저이는 왜 저럴까' 만 곱씹으며 미움을 키웠던 것이다. 남편 역시 내가 모르는 나의 못난 점 때문에 실망하고 속상한 적이 얼마나 많았을까. 아마 몇 트럭은 될 것이다. 뭔가 심사가 뒤틀리면 잔뜩 부은 얼굴로 그릇을 탕탕 내려치며 설거지하는 버릇이 있는 나에게 남편은 "왜 또? 말로 해. 말을 해야 알지!"라고 수없이 말했지만 나는 여전히 그대로다.

심리학자 미라 커센바움은 "결혼은 한 결점 있는 인간이 내 인생 안으로 들어왔다는 뜻이다"라고 했다. 불완전한 두 인간이 만났으니 서로에게 완벽함을 기대하지 말라는 것이다. 완벽함이란 어떤 절대적인 기준이 아니다. 단지 상대가 내가 원하는 대로 생각하고 행동해 주기를 바라는 것이다. 자공이 스승인 공자에게 '사람이 평생 실천할 만한 좌우명이 무엇이냐'고 묻자 공자가 답했다.

"그것은 사람들과 마음을 함께하는 것이다. 자기 자신에게 행해지기를 원치 않는 일을 타인에게 행하지 마라."

부부도 마찬가지다. 상대가 나에게 해 주었으면 하는 일을 내가 먼저 해 주고, 내가 듣기 싫은 말은 상대에게도 하지 말아야 한다. 남편에게 고마워하는 일 중의 하나는 물 좀 갖다 달라고 하면 군말 없이 가져다 준다는 것이다. 자려고 침대에 눕는 순간에도 물 좀 줘, 하면 싫은 내색 없이 주방으로 나간다. 그래서 나는 남편이 수도꼭지를 꼭 잠그지 않아 물이 똑똑 새도 뭐라 탓하지 않는다. 수도꼭지 좀 잘 잠그라고 말했다가 "너도 그랬어!"라고 대꾸하는 바람에 기분 상한 적이 한두 번인가. 그렇게 서로에 대한 미움을 쌓아 가느니 수돗물이 조금 새는 게 낫다. 아니면 수도꼭지를 당장에 바꿔 버리든가! 그리고 내가 이것을 봐주면 남편도 내 잘못 하나 봐주겠지, 생각하면 마음이 편해진다.

사랑에 빠지면 상대의 모든 것이 좋아 보이고 항상 같이 있고 싶다. 그래서 결혼한다. 그러나 열정은 금방 식는다. 설렘, 기대감은 연기처럼 사라진다. 과학적으로도 사랑의 유효기간은 3년이 채 안 된다고 한다. 부부가 불화 끝에 배우자를 죽이거나 자살하는 끔찍한 사건도 종종 일어난다. 아무리 사랑하는 사람과 결혼해도 불행할 수 있다는 사실이 슬프다. 결혼은 서로를 파멸시키기 위해서가 아니라 하나일 때보다 나은 삶, 풍요로운 삶을 살 수 있는 기회가 되어야 한다.

결혼을 하면서 우리는 여자와 남자가 아니라 인간이 된다. 인간에 대한 존중과 예의가 사랑을 지킬 수 있다. 결혼이 사랑의 완성인가? 사랑하니까 결혼하는 것 맞다. 하지만 결혼은 앞으로 사랑하겠다는 약속이기도 하다. 나는 한 남자를 만나 14년을 살았다. 그 놈의 미칠 듯한 사랑의 호르몬이야 진작 말라붙었지만 오래오래 잘 사는 모습을 보여 주고 싶다. 법륜스님이 결혼할까요, 말까요를 묻는 이에게 이렇게 말했다.

"결혼은 해야 한다 하지 말아야 한다고 얘기하는 게 아니다. 결혼을 했으면 결혼 생활이 행복하도록 하고, 혼자 살면 혼자 사는 것이 행복하도록 해야 한다. 행복은 결혼 자체와는 상관없는 것이다."

아 · 홉

겸손도 지나치면
독이 된다

평생학습관에서 일 년 동안 도예를 배웠다. 강의료도 실비 수준이고 일주일에 한 번 듣는 수업이라 부담이 크지 않았다. 나보다 나이 많은 사오십 대 아주머니들이 여럿 있어 민망함도 덜했다. 금방이라도 물레를 돌리며 도자기를 죽죽 뽑아 올릴 줄 알았지만 흙 반죽하는 데만 계절이 한 번 바뀌었다. 6개월이 지나 겨우 찻잔 두 개와 주전자 하나를 완성했다. 학생들의 작품을 가마에서 구워 공개하는 날이었다. 몇 년째 배운 선배들의 도자기 속에 섞인 내 찻잔은 초라했다. 울퉁불퉁하고 갈라지기까지 했다. 그래서 부끄러운 마음에 얼른 찻잔을 쇼핑백에 집어넣어 버렸다. 다른 초보 수강생들도 마찬가지였다. 그러자 도예 강사가 말했다.

 "아니, 왜들 자기가 만든 것을 감춰요. 이제 겨우 6개월 배워 놓고……. 그 정도면 잘 한 거예요."

그건 만족과는 다른 문제였다. 마치 산모가 막 낳은 아이를 두고 못생겼다고 불평하는 것과 같았다. 강사의 말에 마지못해 다시 꺼내 본 찻잔은 여전히 볼품없었지만 이 정도면 그래도 괜찮다는 생각이 들었다. 그날 집으로 돌아가 아이에게 나의 첫 작품을 선물로 주었다. 내가 만든 작품을 부끄러워한다면, 함께 놀아 줄 시간에 흔쾌히 도예를 배우라고 허락했던 아이에게 미안할 것 같았다.

"못생겼지만 엄마가 열심히 만든 거야. 더 배우면 더 잘할 수 있어!"

아이는 찌그러진 찻잔에 보리차를 따라 홀짝홀짝 마시며 좋아했다. 초라한 찻잔은 지금도 그릇장에 고이 모셔 놓았다. 한 번씩 볼 때마다 '내가 나를 잘 봐주지 않는다면 누가 봐주겠어' 하고 생각한다.

나는 스스로를 칭찬하는 데 인색한 편이다. 내가 한 일에 대해 자신이 없다. 다른 사람과 자주 비교한다. 나를 판단하는 잣대는 남이 어떻게 볼까에 있다. 나를 낮출수록 겸손하다고 믿는다. 그래서 누군가가 칭찬을 하면 "뭘요, 잘하지도 못하는데……" 하고 부끄러워한다. 겸손이 지나치면 냉소하기도 한다. 마음이 따뜻하다는 인사에 속으로 '따뜻하긴, 내가 얼마나 못된 인간인데'라고 생각한다. 젊어 보인다는 말을 들으면 '아직 내 눈꼬리 주름을 못 봤군' 하고 중얼거린다. 이처럼 내가 나를 존중하지 못하는데 누가 나를 존중하겠는가. 실제로 어떤 실험에서, 나 자신을 안 좋게 말하면 처음에는 그 사실을 믿지 않던 사람들도 같은 말이 반복될수록 말한 그대로 받아들인다고 한다. 자칫하면 겸손이 무능력함으로 보일 수 있는 것이다.

신예 사진작가 백승우 씨가 영국 미들섹스 대학원에 입학 면접을 보러 갔을 때였다. 심사 교수직 자리에 뜻밖의 사람이 앉아 있었다. 존 톰슨 교수였다. 톰슨 교수는 영국 현대미술계의 중요한 자리를 차지하는 유명 인사다. 하지만 백승우 씨는 조금도 주눅 들지 않았다. 오히려 톰슨 교수에게 당돌한 질문을 던졌다.

"내가 학생으로 들어가면 뭘 해 줄 수 있습니까?"

자신이 입학하면 학교와 톰슨 교수가 무엇을 가르쳐 줄 수 있느냐는 물음이었다. 톰슨은 백승우 씨를 제자로 받아들였다. 그리고 훗날 백승우 씨에게 이렇게 말했다.

"내가 만난 다른 한국 학생들은 예의 바르고 성실했는데 너는 잘 못해 주면 칼로 찌를 것 같은 사무라이처럼 보였다."

백승우 씨는 자신에 대한 특별한 자존감을 가지고 있었다. 그렇지 않고서야 낯선 땅, 세계적인 교수 앞에 선 나이 어린 동양인 남자가 위축되지 않고 되레 나를 위해 뭘 해 줄 거냐고 깐깐하게 물을 수는 없었을 것이다.

자존감은 스스로를 높이고 나를 긍정하는 것이다. 우월감과는 다르다. 다른 사람과 비교하며 잘났다고 생각하는 상대적인 감정이 우월감이라면, 자존감은 나의 잘난 점 못난 점 모두 포용하는 감정이다. 건강한 자존감은 자신의 부족함도 웃어넘길 줄 안다. 남보다 못한 약점이 있더라도 뭐 어때, 그래도 한 번 해보자고 생각한다. 자존감이 있다면 무엇을 해도 두렵지 않다. 어떤 일에도 당당하다. 다른 사람들에게서 쉽게 상처받지 않는다.

방송인 김제동 씨는 겸손하고 성실한 사람으로 알려져 있다. 그가 방송에 데뷔하고 인기가 오를 무렵 글을 한 편 부탁했다. 마감 날짜를 몇 번 어기기에 이러다 못 쓴다고 발뺌하는 건 아닌지 불안했다. 그러나 늦었지만 약속은 지켰다. 밥 먹을 시간도 없이 바쁜 시간을 쪼개 썼다고 했다. 청탁 매수보다 3배가 넘는 원고는 고친 흔적으로 가득했다. 고심하며 글을 썼다는 증거다.

그는 「씨네21」 김혜리 기자와의 인터뷰에서 레크리에이션 강사로 활동하던 무명시절 이야기를 들려주었다. 당시에는 레크리에이션 강사를 '겜돌이'라고 낮춰 불렀다. 그가 어느 대학에 신입생 환영회 사회를 의뢰받고 갔을 때다. 좌석을 가득 채운 학생들이 기다리는데 그는 무대에 오르지 않고 있었다. 학생 대표가 자신을 겜돌이라고 소개했기 때문이다. 김제동 씨가 정정해 달라고 하자 소개자는 '사회자 김제동'으로 고쳐 불렀다. 그러나 이번에도 나가지 않았다. '사회자'가 아닌 '사회사'라고 해 달라고 요구한 것이다. 결국 '사회사 김제동'이라는 소개를 받고서야 무대에 올랐다. 껄끄럽게 요구한 만큼 그는 혼신의 힘을 다해 진행했다.

자신의 일에 대한 자부심과 자존심, 김제동 씨가 굳이 '사회사'로 불러 달라 고집한 이유다. 그는 법원 앞에 즐비한 변호사 사무실을 볼 때마다 "내가 저 옆에 반드시 '사회사 김제동' 사무실을 내겠다"고 다짐한 적이 있다. 억울한 사람을 법으로 구제하는 일도 위대하지만 수많은 사람에게 즐거움을 주는 직업도 위대한데 왜 그런 사무실 하나 못 내겠냐고 그는 생각했다. 외모나 학벌 등 무엇 하나 잘나지 않았지만, 김제동 씨는 부족하기 때문에 더 강해졌는지도 모른다.

사람들은 자신에 대한 주위의 평가에는 민감하면서도 자신의 진정한 모습과 가치에 대해서는 무관심하다. 어려운 상황에서도 할 수 있다고 자신을 믿는 것, 자기를 칭찬하는 것 또한 진정한 자존감이다. 다른 사람이 내 등을 두드리며 격려해 주는 일도 나에게 용기를 주지만, 내가 하는 일을 스스로 믿는 것이 더 큰 힘이 된다.

열세 살 세진이는 한쪽 다리가 없는 장애인 수영 선수다. 의족을 하고 로키산맥을 오르고 마라톤을 완주한 씩씩한 소년이다. 선천성 장애아를 입양하여 키운 세진이 엄마는 어린 아들에게 욕을 가르쳤다고 한다. 학교에서 친구들이 놀리면 세진이 스스로 자신을 보호하기를 바라는 엄마의 마음이었다. 엄마에게서 늘 "넌 지금도 훌륭히 충분하고 완벽한 몸이야!"라는 말을 듣고 자란 세진이, 수영 선수로 새로운 도전을 앞에 둔 세진이에게 떨리지 않느냐고 묻자 환하게 웃으며 말했다.

"자신 없어도 제 자신을 믿어야죠."

자존심은 다른 사람이 세워 주는 것이 아니라 스스로 지켜 나가는 것임을 어린 세진이는 이미 알고 있었다. 세진이는 세상을 살아가는 데 가장 강력한 무기를 가졌다. 누구나 가질 수 있지만 원하지 않으면 가질 수 없는 것이 자존감이다. 스스로를 칭찬하고 인정하고 봐주는 힘이 내 안에는 무한히 넘치는데 정작 나는 그 힘을 써 볼 생각도 않고 있는 것은 아닐는지.

소설가 야마가와 겐이치는 "나를 좋아해 주는 사람이 있을까요?"라는 독자의 질문에 이렇게 대답했다.

"네가 네 자신을 좋아해 준다면 한 명 더 느는 건 확실해!"

열

부모의 삶을 공부하면
나의 인생길이 보인다

스페인 산티아고 길을 다룬 다큐멘터리에서 한 프랑스 여교수를 인상 깊게 보았다. 한 달 가까이 산티아고를 걷고 있는 그녀의 손엔 지팡이가 들려 있었다. 여교수는 특별한 의미가 담긴 지팡이라고 소개했다.

"내 어머니의 지팡이에요. 돌아가시기 직전까지 짚고 다니셨지요. 어머니를 지켜 준 지팡이가 이제 나에게 왔습니다."

어머니는 평생 다리가 아팠다. 그러나 내색하지 않고 조용히 견뎠다. 얼마 전 어머니는 세상을 떠났고 낡은 지팡이만 남았다. 장례를 치르고 난 뒤 집으로 돌아와 보니 어머니가 누워 있던, 가끔씩 고통으로 신음했던 침대 곁에 지팡이가 놓여 있었다. 딸은 지팡이를 쥐어 보며 어머니의 온기를 느꼈다. 그리고 지팡이에 담긴 의미를 되새기기 위해 멀리 산티아고를 찾기에 이른 것이다. 그녀는 지팡이를 짚고 한 걸음씩 내딛을 때마다 영화 필름을 되돌려 보듯 어머니의 일생을 천천히 더듬었다. 어머니의 삶을 통해 그녀는 앞으로 펼쳐질 자신의 삶을 생각했다.

우리는 부모의 삶에 대해 얼마나 알고 있을까. 수십 년을 함께 사는 동안 부모의 삶과 생각을 알기 위해 진지하게 노력해 본 적이 얼마나 될까. 책에서 삶의 지혜를 구하고, 나를 둘러싼 타인들의 입에서 나오는 이야기에 귀 기울이며, 때로는 신에게 묻기도 하지만 정작 부모의 삶에서 그 답을 찾으려 하지 않는다. 마치 치르치르와 미치르 남매가 파랑새를 찾으러 나갔다가 허탕을 치고 돌아와 문 앞의 새장에서 파랑새를 발견한 것처럼, 가장 가까이에 존재하는 삶의 스승을 알아보지 못하는 것이다.

부모와 자식의 관계는 가깝고도 멀다. 서로를 사랑하지만 진심으로 이해하기까지는 아주 오랜 시간이 걸린다. 영원히 모를 수도 있다. 그 시간의 간극을 조금이라도 좁힐 수 있는 방법은 부모의 삶을 들여다보는 것이다. 내가 원하는 모든 것을 들어주는 완벽한 부모에 대한 기대를 버리고 부모도 어수룩하고 실수 많은 인간에 불과하다는 점을 받아들여야 비로소 부모의 삶이 눈에 들어온다. 거기서 내가 살아갈 모습을 찾아야 한다.

이탈리아의 가수 나나 무스쿠리는 아버지에 대한 아픈 기억을 가지고 있다. 아버지는 노름꾼이었다. 노름에 돈을 갖다 바치는 아버지 덕에 가족 모두 힘들고 어렵게 살았다. 가수의 꿈을 이루고서야 무스쿠리는 아버지의 삶과 화해하며 이렇게 말했다.

"내 아버지는 단지 이기기 위해 노름을 하는 게 아니었어요. 그저 노름이 좋았던 거죠. 이젠 아버지를 용서했어요. 나도 아버지와 똑같다는 것을 알았으니까요. 내가 노래를 하는 이유도 노래가 좋아서예요. 명예나 돈이 아닌, 기쁨을 얻기 위해 노래를 하는 것이죠."

노래를 할 수 있다면 그 무엇도 참을 수 있다고 생각하며 가수의 꿈을 키운 무스쿠리, 그녀는 마음속에 꿈틀대는 열정의 뿌리가 아버지에게서 왔음을 깨달았다. 아버지는 단지 잘못된 곳에 열정을 쏟은 것일 뿐이라는 생각을 하는 순간 아버지를 용서할 수 있었다. 그리고 노래에 일생을 바치는 데 주저하지 않았으며 좌절할 때마다 아버지를 생각하고 힘을 냈다.

인터뷰 때 빼놓지 않고 던지는 질문이 부모님에 관한 이야기다. 부모에 대해 어떻게 말하는지를 보면 그들의 삶을 더 잘 이해할 수 있다. 내가 만난 사람들은 주로 사회 각 분야에서 성공한 이들이었다. 그들이 들려주는 부모의 모습은 모두 달랐다. 자애롭고 헌신적인 부모가 있는가 하면 연약하고 서툰 부모도 있었다. 그들은 대개 자신의 부모에 대해 이해하려고 노력했다. 부족하고 미성숙한 부모라도 고군분투하며 살았으며, 부모가 왜 그렇게 살 수 밖에 없었는지, 자신에게 왜 그런 상처를 줘야만 했는지 고민했다. 그 과정에서 그들은 인간에 대한 이해와 더불어 세상을 더 넓고 깊게 볼 줄 아는 눈을 갖게 되었다. 부모가 부재하더라도 자식은 영원히 그 그늘 아래 놓일 수밖에 없는 걸 보면 부모의 존재는 신비롭기만 하다.

소설가 이경자 선생은 가부장제에서 억압받고 상처 입은 여성의 이야기를 치열하게 써 왔다. 이 땅의 남자와 여자가 평화롭게 공존하는 것이 그녀의 꿈이다. 여성 문제를 다루게 된 근원은 그녀의 '어머니'다. 선생은 남존여비, 전형적인 가부장제를 답습한 아버지와 이를 인내하며 따르는 어머니 밑에서 자랐다. 아버지는 한밤중에도 찹쌀떡이 먹고 싶다 했고, 어머니는 말없이 쌀을 씻고 팥을 삶았다. 맏딸로 태어난 그녀는 '여자'라는 한계와 차별 속에서 어두운 성장기를 보냈다. 특히 여자인 어머니가 자신에게 주는 상처는 더 아프게 다가왔다. '같은 여자인 어머니가 나에게 왜 그럴까?' 그녀는 책상 앞에 '어머니 아버지를 공부하자'라고 써 붙였다.

그렇게 공부하는 심정으로 바라 본 어머니의 삶은 눈물겨웠다. 딸 다섯인 집안에 또 딸이라는 이유로 태어나자마자 윗목에 버려지다시피 했다가 겨우 살아난 어머니였다. 어머니는 크는 내내 외할머니에게 억압당했다. 그리고 그 상처를 맏딸인 이경자 선생에게 똑같이 쏟아냈던 것이다. 선생은 어머니처럼 살지 않겠다고 다짐했다. 그녀가 소설가의 길을 걷게 된 것, 종갓집 맏며느리로 온갖 대소사를 치르면서 소설가의 꿈을 포기하지 않은 것도 어머니 때문이었다. 선생에겐 두 딸이 있었다. 딸들에게는 절대로 같은 상처를 물려주지 않겠다고 다짐했다. 선생은 악착같이 글을 썼다. 집안 어른들이 글쓰기를 포기하라고 종용했을 때 그녀는 며느리 이전에, 엄마 이전에 먼저 소설가였음을 떠올렸다. 하루에 글 쓰는 시간을 정해 놓고 딸들이 놀아 달라고 문을 두드려도 지하 창고에 마련한 집필실에서 나오지 않았다. 취재 현장에는 딸들도 데리고 다녔다. 집회 농성장, 공장은 물론 식당에서 일할 때는 딸을 옆에 앉혀 놓고 설거지를 했다. 엄마가 하고 싶은 일을 하며 살아가는 모습을 딸에게 보여 주기 위해서였다. 엄마가 놀아 주지 않는다고, 소설가 엄마가 너무너무 싫다던 두 딸은 성장하면서 엄마를 자랑스러워했다. '엄마 일하지 마' 대신 '나도 무엇무엇을 하며 살겠다'고 말했다. 그런 두 딸을 바라보는 선생의 마음속엔 수많은 감정이 오가지 않았을까. 이경자 선생은 말했다.

"어머니아버지를 공부하면 나의 인생길이 보입니다. 내가 사과인지 멜론인지 호박인지 알게 됩니다. 내가 왜 부모님을 거부하는가, 그걸 잘 살펴보세요. 거기에 인생의 답이 있습니다."

자식은 부모의 삶을 극복할 때 비로소 홀로 설 수가 있다. 초등학생 시절 일요일 아침에 넋을 잃고 본 만화가 〈은하철도 999〉다. 그때는 무슨 내용인지 모르고 봤다. 숫자 9의 의미를 알고 나서야 성장 영화라는 것을 새롭게 알았다. 완전수 10보다 하나 모자라는 9는 성인이 되기 직전을 뜻하며 이 시절을 무사히 통과해야 비로소 어른이 된다. 그 관문이 철이에게는 아버지였다. 아버지는 기계 인간 제국을 꿈꾸는 안드로메다 프로메슘 여왕의 충직한 신하다. 철이는 이 사실을 모른 채 엄마를 찾기 위해 기계 인간이 되어 영원한 생명을 얻으려고 한다. 그러나 안드로메다에 도착한 뒤 프로메슘 여왕의 음모를 깨닫고 아버지와 칼을 겨눈다. 그때 아버지의 옛 친구 하록 선장이 철이에게 의미심장한 말을 한다.

"철아, 너의 아버지는 원래 우주 정의를 위해 싸운 훌륭한 전사였어. 불행하게도 지금은 서로 다른 길을 걷지만. 철이 너는 아버지와 너무 닮았구나. 비록 아버지와 뜻은 다르지만 너는 그걸 극복하고 미래를 만들어야 한다. 부모에서 아이에게 또 그 아이의 아이에게로 피는 이어져 영원히 계속되지. 그것이 진정 영원한 생명이라고 나는 믿는다."

독립과 자립은 모든 일을 스스로 판단하고 결정하고 책임지는 것이다. 한 인간으로 홀로서기, '자립'은 부모의 그늘에서 벗어날 때다. D. 피셔의 말처럼 부모는 우리가 기댈 사람이 아니라 어디에 기댄다는 것 그 자체가 필요없도록 해 주는 존재다. 부모는 나 스스로 존재할 수 있도록 가르쳐 주는 가장 가까운 스승이다.

프랑스 교수는 어머니의 지팡이를 통해 인내하며 살아가는 삶의 지혜를 건네받았다. 이경자 선생은 부모의 삶에서 인간 평등의 삶을 꿈꾸며 소설가가 되었다. 철이는 아버지를 극복하면서 그의 자식과 자식으로 이어지는 영원한 생명을 얻었다. 내가 어머니와 아버지에게서 전해 받은 지팡이에는 무엇이 담겨 있을까.

열·하·나

꼭 한비야처럼 살아야
좋은 삶이 아니다

약이나 전자제품에는 설명서가 있다. 인생 설명서라면 성공서, 처세서 같은 책들이다. 책 좀 읽는 사람들은 이런 책들을 폄하하거나 멀리한다. 하면 된다, 부지런하라, 사람은 가려서 사귀어라와 같은 뻔한 소리를 반복하기 때문이다. 그런 선언적인 방법으로 헤쳐 나갈 수 있을 만큼 세상은 그리 만만하지 않다. 하지만 나처럼 세상 읽기에 서툴고 매사에 갈팡질팡하는 이들에게는 도움이 되기도 한다. 저마다 먹고 사느라 바쁘고 타인의 삶에 간섭하는 걸 꺼려하는 요즘 세상에, 책값 만 원을 투자해 인생을 조금이라도 좋은 쪽으로 변화시킨다면 경제적인 투자라 할 만하다. 단, 모든 약이 보는 사람에게 똑같은 효과가 있지 않듯, 자기계발서의 함정은 자신을 깎아내리게 하거나 어딘가 문제가 있다고 생각하게끔 하는 부작용이 있는 건 사실이다.

몇 해 전 '아침형 인간'이 유행했다. 아침 시간을 활용하는 사람이 인생에서 성공한다고 주장한 책이 베스트셀러가 되면서였다. 기업은 출근 시간을 당겼고, 이른 아침 어학원은 수강생들로 북적였다. 너도나도 개과천선하듯 아침형 인간이 되고자 애썼다. 그러는 와중에 아침형 인간 되기에 실패한 이도 더러 있었다. 새벽반 영어회화 강좌를 듣겠다고 했다가 하루 종일 꾸벅꾸벅 졸아 상사에게 타박을 들었다며 투덜대던 후배가 생각난다. 아침형 인간이 되지 못한 이들은 패배감을 느꼈다. '나는 이것밖에 안 되는구나', '고작 기상 시간도 조절 못 하는 내가 뭘 할 수 있을까' 하면서 스스로를 비하했다. 단순히 아침에 일찍 일어나지 못한다는 사실 하나가 삶에 나쁜 영향을 끼친 것이다.

아침형 인간 되기에 실패한 데는 다 그만한 이유가 있었다. 생물학자 마이클 스몰렌스키는 사람마다 몸속에 각기 다른 생체 시계를 갖고 있다는 사실을 밝혀냈다. 어떤 시계를 가졌느냐에 따라 저녁에 활동적인 올빼미형, 아침에 기운이 솟는 종달새형 인간으로 나뉜다는 것이다. 올빼미가 종달새 흉내를 냈으니 눈꺼풀은 납덩이처럼 무겁고 몸이 둔해지는 것은 당연하다.

중요한 것은 일찍 일어나는 데 있지 않다. 아침형 인간이 던지는 메시지는 어떻게 시간을 활용하는지, 혹 낭비되는 시간은 없는지 돌아보라는 것이 아닐까. 변화경영전문가 구본형 소장은 날마다 새벽 4시에 일어나 2시간씩 글을 쓴다. 그 시간에 쓴 글이 일정한 분량으로 모이면 책으로 펴냈다. 그렇게 그의 이력은 차곡차곡 쌓였다. 구 소장은 새벽

두 시간을 '시간의 불모지'라고 표현한다. 시간의 불모지란 일상에서 허투루 버려지는 시간을 가리킨다. 그 시간이 누구에게는 새벽이 될 수도 있고 한밤중이 될 수도 있다. 직장인이라면 점심을 먹고 난 뒤의 10분, 20분이 될 수도 있다.

엄청난 독서가이자 저술가인 다치바나 다카시는 말했다. "책에 쓰여 있다고 해서 무엇이건 다 믿지 마라. 자신이 직접 손에 들고 확인할 때까지 다른 사람들의 말을 믿지 마라. 이 책도 포함하여." 책에 길이 있다는 사실은 나 역시 동의하지만, 직접 그 길을 찾아가는 것은 나 자신이다. 그러니까 내 손에 들린 인생 설명서는 삶에 대한 힌트일 뿐이다. 힌트는 정답이 아니다. 삶을 풀어 가는 아주 작은 단서에 불과하다.

어린 아이들에게는 위인전을 조심스럽게 읽히라는 기사를 본 일이 있다. 대부분 불굴의 의지로 삶을 개척했다는 식으로 전개되는 위인들의 이야기가 아이들의 머릿속에 '인간의 전형'으로 고착화될 수 있기 때문이란다. 나 또한 어린 시절 퀴리부인이나 아인슈타인 같은 위인전을 읽으며 이런 사람이 되어야겠다는 생각보다 나는 그런 사람이 될 수 없겠구나, 하며 일찌감치 실망했던 것 같다. 소설가 마크 트웨인은 벤저민 프랭클린처럼 살기를 바라는 아버지 때문에 슬픈 어린 시절을 보냈다고 고백한다. 과학자이자 정치가인 벤저민 프랭클린은 어린 나이에 천재성을 보여 주었다. 하루에 서너 시간만 자면서 밤에는 대수학을 공부하고 새벽엔 시를 썼다. 당대의 아버지들은 그런 프랭클린의 행동을 자식에게 강요했다. 예를 들어 아들이 잡화점 앞에서 땅콩 2센트 어치를 먹고 싶다고 조르면 아버지는 눈치를 주며 말했다. "프랭클린은 푼돈을 모아 목돈을 마련했다는구나." 그러면 아이는 시무룩하게 땅콩 먹기를 포기해야만 했다. 트웨인은 이 이야기를 들려주며 이렇게 말했다. "소년의 아버지는 아들이 그 땅콩으로부터 얻을 수 있는 즐거움을 몽땅 빼앗았다."

부모는 아이가 위인처럼 행동하고 생각하기를 바란다. 위인의 버릇이나 생활 습관 몇 가지를 똑같이 따라한다고 그 위인처럼 되는 것이 아닌데도 말이다. 이런 오류는 어른이라고 해서 크게 다르지 않다.

긴급구호전문가 한비야는 많은 젊은이들에게 닮고 싶은 사람으로 꼽힌다. 그녀의 호쾌함과 당당함, 개척 정신이 나도 좋다. 그녀의 책을 줄곧 끼고 살던 후배가 어느 날 회사를 그만두고 인도로 떠났다. 직장 생활이 지긋지긋하다며 인도에 가서 머리도 식히고 앞으로 어떻게 살아야 할지 생각해 보겠다고 했다. 심정은 이해가 갔지만 한비야의 삶을 동경한 나머지 일단 떠나 보자는 마음이 더 커 보였다. 한 달여 만에 돌아온 그는 생기 있어 보였다. 그러나 잠시 뿐이었다. 그는 생계를 탓하며 직장으로 돌아갔고 무기력한 예전의 모습도 여전했다. 인도는 갑갑한 일상에서 잠시 벗어나기 위한 탈출구였을 뿐이다. 그가 인도에서 아무것도 보지 못한 것은 당연한 일이다. 어쩌면 그는 한비야의 자유로운 이미지만을 좇아 살고 싶었던 게 아닐까. 한비야, 그녀가 누리는 자유는 꿈을 시도하고 자기만의 삶을 살아가면서 자연스럽게 만들어졌다. 단지 해외로 떠났기 때문이 아닌 것이다. 무작정 인도로 떠났던 친구는 먼저 마음이 갑갑한 진짜 원인이 무엇인지 내면을 진지하게 들여다봤어야 했다. 꼭 직장을 그만두고 인도에 가야만 내 삶을 정리해 볼 수 있는 것은 아니잖은가.

한비야는 이렇게 말한 적이 있다. "에베레스트를 오르면서 정상까지 가려면 반드시 자기 속도로 가야 한다는 걸 알았어요. 옆 사람이 뛴다고 같이 뛰면 꼭대기까지 어림없어요." 그 말은 한비야처럼 살지 않아도 좋다는 말이다. 한비야의 삶이 우리에게 말해 주는 것은 주어진 대로 살지 말고 스스로 인생을 개척하라는 '용기'다. 한동안 연락이 끊어진 후배의 전화를 받았다. 후배는 집안의 가장으로 오래 직장을 다녔지만 직장 다니는 틈틈이 한복 만드는 일을 하고 있다고 했다. 어릴 때부터 바느질을 좋아한 그녀는 지금부터 조금씩 준비하면 10년 뒤엔 수선 가게 주인이라도 되어 있지 않겠느냐고 했다. 이런 게 한비야처럼 사는 삶이 아닐까.

다른 사람의 삶에 흐르는 정신을 내 것으로 만들기란 쉬운 일이 아니다. 타인의 성공은 자기만의 삶을 살려고 열심히 노력했다는 점에서 볼 때 철저히 타인의 것이다. 이 사실에 동의할 때 그들의 삶을 조금이라도 본받을 수 있다. 책이 우리에게 도움이 되는 것은 자신이 주체가 되어 내용을 받아들일 때만 가능하다. 양궁 선수들이 쓰는 화살은 길이가 똑같지 않다. 팔 길이가 선수들마다 다른 만큼 각자 체형에 맞춰 화살 길이를 조절한다. 그리고 자기만의 화살로 던져야 좋은 성적을 낼 수 있다. 그러므로 모두에게 좋은 것이 나에게도 좋은 것은 아니다. 오히려 모두에게 좋은 것이 나에게는 독이 될 수도 있다. 아침에 일찍 일어난 새가 벌레를 잡아먹는다지만 그러나 일찍 일어난 벌레는 새에게 잡아먹힐 수도 있다.

세상에 완벽한 삶의 지도는 없다. 똑같은 꿈을 꾸더라도 방법은 다를 수 있다. 같이 출발해도 도착 시간은 다르다. 1등으로 도착하는 것이 성공을 의미하지는 않는다. 그러니 누구처럼 살겠다며 흉내 내는 데 그치지 말자. 부러워만 말자. 다른 사람처럼 살기 위해 시간을 낭비하지 말자. 평생 누구의 삶을 부러워만 하다가 죽기엔 너무 아까운 인생 아닌가.

열·둘

웃지 않으면
웃을 일도 생기지 않는다

엄마가 하고 또 하는 이야기가 있다. 내가 초등학교 때 엄마에게 들려준 이야기니 30년 넘게 반복재생 되는 셈이다. 내용은 이렇다. 수업이 끝나고 시장 먹자골목을 지나오다 냉면 먹는 노인을 보았다. 노인은 냉면을 입 안에 가득 물고 면발이 끊어지지 않아 이러지도 저러지도 못하는데, 그걸 본 주인이 가위로 면발을 뚝 잘랐다. 순간 잘린 면발이 얼굴에 들러붙었다는 뭐, 그런 이야기다. 가위가 나오는 부분부터는 내 상상이다. 나는 말 지어내길 좋아하는 상상력이 풍부한 어린이였다. 기억에는, 학교 갔다 와서 시무룩한 얼굴로 마루에 앉아 있는 엄마에게 무슨 말이든 붙이고 싶었던 것 같다.

　엄마는 국수 비슷한 걸 먹을 때마다 그 이야기를 했다. 같은 이야기를 백 번도 더 들은 식구들은 그만하라고 말릴 만도 한데 무던히 들어 준다. 그런데 매번 식구들이 빵 웃음이 터지는 건 주인이 냉면을 가위로 자르는 순간이 아니라 엄마 혼자 웃음을 참지 못해 말을 제대로 못 잇고 숨이 넘어갈 듯할 때다. 엄마는 동네 계모임에 나가거나 형제들이 결혼해 새 식구가 들어올 때마다 냉면 이야기를 했다. 내 얼굴을 보며 '너 기억나니?' 할 때는 그 이야기를 또 꺼낼까 봐 솔직히 공포스러웠다(?). 얼마 전에는 초등학교에 들어간 두 조카를 앉혀 놓고 말해 주었더니 녀석들이 자지러지게 웃었다며 엄마는 좋아했다. 바야흐로 대를 이어가는 이야기다.

엄마는 그 이야기가 정말 웃겼던 걸까? 아니다. 엄마는 내가 그 이야기를 처음 해 주었을 때 웃지 않았다. 그저 어린 딸이 당신 마음을 풀어주려 한 게 대견해 억지로 웃다 보니 정말 웃게 된 것은 아닐까.

웃음이 많지 않은 집안에서 자란 탓인지 나는 의도된 웃음, 억지 웃음, 과장된 웃음이 싫다. 만약 세상 사람들을 〈개그콘서트〉를 보는 사람과 보지 않는 사람으로 나눈다면 나는 보지 않는 쪽이다. 언젠가 기업체 대표자 모임에 갔을 때였다. 분위기를 바꿀 겸 초대된 강사가 웃음 강사였다. 그런데 청중은 강사가 웃기기로 작정한 대목마다 정확하게 하하 호호 웃어댔다. 그 풍경이 괴이하게 느껴졌다. 조금도 웃기지 않은데 어떻게 저리 웃을 수 있을까. 나는 그 자리가 불편했다.

다큐멘터리 〈아마존의 눈물〉에 나오는 조에 족은 특이한 풍습을 가졌다. 바로 '간질이기'. 사냥감을 배분하고 난 뒤 자기만 적게 받은 것 같아 서운해진 이가 구석에서 말도 안 하고 시무룩하게 앉아 있자 온 부족 사람들이 달려가 간지럼을 태웠다. '화난 네 마음 우리도 안다. 그러니 풀어라. 다음에 큰 거 줄게' 하는 배려와 이해가 담긴 간지럼이다. 처음에는 웃지 않으려고 콧구멍이 벌름벌름 몸을 뒤틀던 그는 기어이 웃음을 와락 터뜨렸다. 모두 한바탕 웃어대는 사이 화가 풀린 그는 다시 사람들과 섞여 하나가 되었다. 조에 족은 부족 안에 불화가 생기거나 화가 난 사람이 있으면 이렇듯 간지럼을 태워 웃게 만든다고 한다. 웃음으로써 나쁜 마음을 풀어내는 것이다. 턱에 구멍을 내 '뽀뚜르'라는 나무 막대를 끼고 벌거벗은 채 살아가는 이들이지만 세상에서 가장 우수한 풍습을 지닌 부족이다.

그런데 몸을 잔뜩 움츠리며 웃지 않으려고 기를 쓰는 남자의 얼굴이 기억에 남았다. 어디 한 번 해봐라, 절대 웃지 않을 테야…… 하다가 웃을까 말까 입술이 움찔움찔 그러다 터지는 웃음! 그 표정에서 어쩌면 절대 '웃지 않겠다'고 벼르는 나를 보았는지도 모르겠다. 〈개그콘서트〉를 보는 이들은 '나는 웃을 준비가 되어 있다'라고 생각하는 사람이다. 〈개그콘서트〉를 보지 않는 나는 웃지 않겠다고 작심하고 있는지도 모른다. 〈개그콘서트〉가 정말 웃기는 프로그램이건 아니건, 중요한 건 웃을 준비가 되어 있는 사람에게 더 큰 웃음을 주는 것만은 분명하다.

엄마가 냉면 이야기를 줄기차게 하는 것은 나는 이제 웃겠다, 너희도 웃어 봐라, 하는 뜻이다. 직장 잃었다고, 애들 말 안 듣는다고, 공부 안 된다고, 몸이 피곤하다는 이유로 짜증내고 힘들다힘들다 소리 하지 말고 냉면 이야기 한바탕 듣고 웃어 버려라, 하고 말이다. 날이 갈수록 엄마의 냉면 이야기는 더욱 재미있어진다. 그 이야기를 할 때마다 점점 더 많이, 더 즐겁게 웃는 엄마의 얼굴을 보면 그렇다.

행복해서 웃는 게 아니라 웃어야 행복해진다고 한다. 예전에 나는 그 말을 그다지 신뢰하지 않았다. 지금도 조금 그렇다. 그러나 웃음이 인간이 선택할 수 있는 자유 의지 가운데 하나라는 것은 안다. 웃음은 인간만이 가진 능력이다. 더구나 웃지 못할 상황에서 웃을 수 있는 의지를 가진 것도 자연계에서 인간뿐이다. 그 웃음은 누구도 빼앗을 수 없다. 하물며 하느님조차도.

웃음으로 인생을 바꾼 사람이 일본인 쇼치 사부로다. 올해 104세인 그는 일본 최초로 장애 아동들도 학교를 다닐 수 있도록 시이노미 학원을 설립했다. 전 세계를 돌아다니며 '웃으라고' 하는 쇼치 사부로의 삶은 특별하다. 두 아이가 모두 뇌성마비 장애아였다. 왜 하필 자신에게 이런 불행이 일어났는지 절망하며 괴로워하던 그는 어느 날 놀라운 사실을 발견했다. 쇼치가 아이들 얼굴을 들여다보며 웃으니 여태 무표정하던 아이들도 입을 벌려 따라 웃는 게 아닌가. '아, 내가 웃으면 아이도 웃는구나.' 그때부터 쇼치는 달라졌다. 두 아이가 여덟 살이 되어 초등학교에 입학시키려고 했지만 일언지하에 거절당했다. 그는 어떻게 했을까? 그는 아예 집을 학교로 만들었다. 시이노미 학원은 그렇게 시작되었다. 쇼치는 웃음이 자신의 삶을 이끌었다고 말했다.

"웃음은 인생이란 토스트 위에 바른 잼"이라고 한다. 팍팍한 빵이 목메지 않고 부드럽게 넘어가게 해 주는 잼처럼 웃음은 인생을 부드럽게 만들어 준다. 잘 웃는 사람들에게 재미있고 즐거운 일이 더 많이 일어난다. 웃을 일이 있어서 웃는 것이 아니라 웃으니까 웃을 일이 생긴다. 웃으면 기분이 좋아지고 주위를 바라보는 시선이 달라진다. 호기심이 많아지고 뭐든 해보려 한다. 일을 벌이고 사람 만나는 걸 좋아한다. 그렇게 만남과 일이 가지치기를 하면서 인생이 재미있어진다. 그러고 보니 직장 다닐 때 퇴근 뒤 약속이 잦은 이들은 웃음이 많은 이들이었던 것 같다.

즐거울 때는 누구나 웃을 수 있다. 즐겁지 않을 때 웃는 웃음이 진짜다. 세상에 어떻게 저런 일을 견뎠을까 하는 사람들, 그들은 대부분 낙관주의자다. 웃어서 슬픔을 버리고 웃어서 절망을 넘기는 수많은 인생 고수들 앞에서 나는 옷깃을 여민다. 앞으로 삶이 어떻게 펼쳐질지 모르기에 나도 저이들처럼 평소 웃는 연습을 해 두어야겠다고 생각한다. 하는 일이 뜻대로 안 풀리고, 누군가에게 상처받거나, 나만 홀로 소외된 느낌이 들거나, 사랑하는 사람이 내 마음을 몰라주거나 아니면 그냥 좀 울적해지고 지칠 때 '내가 왜 이러지?' 하면서 입 꼬리를 살짝 올려 웃는 연습. 큰 웃음이 어색한 나에게는 이 정도만 해도 대성공이다. 웃음은 여전히 나에게 어려운 일이다. 남들처럼 목젖이 들여다보일 만큼 박장대소하지는 못하겠지만 그러나 날마다 조금씩 웃는 연습을 해야겠다.

괴테의 시 한 편. "어느 날 하느님이 물으실 것입니다. 너희들이 내 희귀한 선물을 잘 유지하였느냐? 너희의 얼굴을 내보이라! 기쁨과 희망이 잘 보존되어 있느냐?"

　기쁨과 희망이 서린 얼굴은 웃는 얼굴일 것이다. 내 얼굴을 잘 보존하고 있는지 거울을 본다. 얼굴도 보고 마음도 보고.

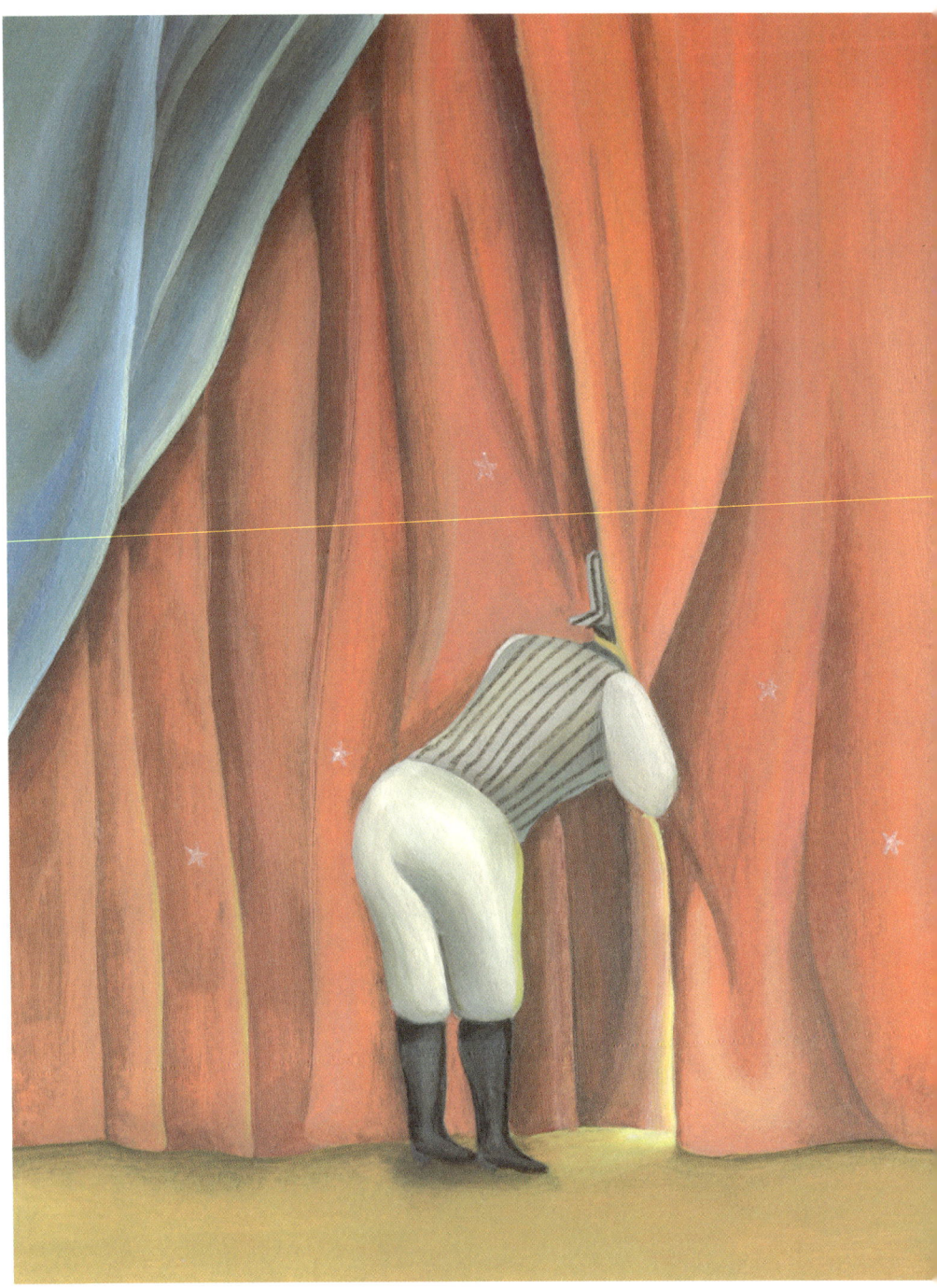

열·셋

뻔히 알면서도
어리석은 선택을 할 때가 있다

거북이가 전갈을 등에 태우고 강을 건너고 있었다. 강 한가운데에서 전갈은 꼬리를 움직여 거북이에게 독침을 쏘려고 했다. 거북이가 놀라서 소리를 질렀다.

"야, 너 왜 독침을 나에게 쏘려고 해. 내가 죽으면 너도 죽어. 너는 헤엄도 못 치잖아! 왜 그런 바보 같은 짓을 해?"

그러자 전갈이 말했다.

"모르겠어. 나도 나 자신을 어쩔 수가 없었어."

마티아스 반 복셀의 『어리석음에 대한 백과사전』에 나오는 이야기다. 전갈은 자신보다 크고 강한 존재를 만나면 반사적으로 독침을 쏘는 본능이 있다. 전갈의 본능은 이성적인 판단보다 앞서 있다. 거북이가 죽으면 자신도 죽는 상황을 알면서 스스로를 위험에 빠뜨린 것이다. 그러고는 '나 자신도 어쩔 수 없었어' 하고 말한다.

우화에 불과하지만 가끔 인간은 정말로 스스로를 불행하게 만드는 어리석음을 저지른다. 좀 더 나은 길이 있는데도 나쁜 길을 선택하는 것이다. 인생의 지뢰 같은 이런 어리석은 선택을 막으려면 늘 깨어 있어야 한다.

자살률이 높은 일본은 해마다 3만 명이 스스로 목숨을 끊는다고 한다. 저널리스트 후쿠오카 켄세이는 자살한 사람들의 유서를 어렵게 입수하여 읽어 보았다. 그들은 살아 생전 병을 앓거나 경제적 실패, 가난, 노화, 깊은 상실감 속에 있었다. 자살의 원인은 다양했지만 대부분 유서에는 스스로를 세상에 짐 같은 존재로 여기며 살아있을 가치가 없다는 자책을 하고 있었다. 켄세이는 말했다.

"경제적 어려움, 무능력, 병, 노화를 겪게 되면 사람들은 그것이 자신의 인생을 방해한다고 생각한다. 누구에게나 닥칠 수 있는 문제인데 말이다. ……나를 지켜야 할 사람은 나 자신이다. 목숨을 걸어야 할 것은 일도, 돈도 아니며, 세상의 평가도 아니다. 당신 자신의 존재 사체를 소중하게 생각해야 한다."

그러고 보면 인생을 살아가는 데 가장 큰 장애물은 바로 '나'라는 생각이 든다. '그럼에도 불구하고!' 살자고 마음먹는 것도, '그러니까 어쩔 수 없이' 절망에 몸을 담그는 것도 결국은 나 자신이다.

오래 전 친구가 아파서 세상을 떠났다. 장례식장에 들어서자 친구의 어머니가 먼저 눈에 들어왔다. 젊은 시절부터 관절염을 심하게 앓은 어머니는 두 다리를 못 쓰는 장애인이었다. 친구의 어머니를 처음 뵌 것은 고등학교 때 우연히 친구를 따라 문병을 가서다. 하얀 침대에 오도카니 앉아 있는 어머니의 몸집이 너무 작고 연로해 놀랐다. 친구는 어머니에게 육개장을 한 대접 떠 드리라는 부탁을 하고 잠시 밖에 나갔다. 노란 알루미늄 들통을 열자 벌건 국물 속에 잘게 찢은 고기가 가득했다. 친구의 어머니는 내가 떠 드린 육개장을 한 수저 뜨며 말했다.

"환자 보약으로는 개고기가 최고라면서 우리 딸이 만날 끓여 오네."

나는 질겁했다. 나라면 아무리 아파도, 죽으면 죽었지, 개고기를 먹어 가면서까지 내 몸을 보전하고 싶지 않을 거 같았다. 스무 살도 안 된 나는 삶의 절박함에 대해 조금도 모르는 철부지였다. 그런 나에 비하면 친구는 삶의 저 아래 깊숙한 부분까지 눈치 채고 있었던 것 같다. 자신을 보호해 줘야 할 어머니를 되레 보살피면서 친구는 삶이 공평하지 않음을 알았을 것이다. 그렇다고 자신의 처지를 투덜대거나 우울함에 빠지지 않았다. 어린 나이에 엄마를 위해 개고기국을 끓이면서 그녀는 삶을 받아들이는 법을 알았다.

그렇게 헌신하던 딸을 먼저 보낸 어머니는 황망한 표정으로 앉아 있었다. 그런데 어머니는 내가 보는 앞에서 흰 알약을 한 움큼 꺼내 먹었다. 진통제였다. 그 순간 무언가 가슴을 세게 치고 갔다. 어머니는 딸을 잃은 슬픔 한가운데에서도 사라지지 않는 몸의 통증이 끔찍했을 것이다. 그 통증을 저주하고 싶지 않았을까. 그럼에도 그 고통을 달랠 사람은 오직 자신밖에 없다는 사실에 어머니는 또 자신을 저주하고 싶었을 것이다. 아픈 엄마를 남겨 두고 스물여섯에 죽은 친구, 그리고 평생 엄마 역할을 제대로 해 준 적 없는 딸을 보내고 남은 삶을 혼자 견뎌야 하는 어머니. 세상에 그 어떤 흔적도 남지 않겠지만 고통스러운 삶에 충실하게 맞섰던 두 사람을 나는 오래 기억할 것이다.

삶이 더 나아지지 않더라도, 손톱만한 희망도 없다고 하더라도 포기하지 않고 사는 것이야말로 삶의 기술 중에서 가장 높은 기술이다. 견디는 것은 잘 살기 위해 기울이는 어떤 노력보다 진지하고 가치 있다. 헤르만 헤세는 늘 작은 주머니칼을 가지고 다녔다고 한다. 어려운 일이 있거나 무기력해지고 낙담할 때면 그는 주머니 속의 칼을 만져 보며 좀 더 기운 내 보자고 마음을 다독였다. 그는 말했다.

"사는 게 괴로울 때나 많은 일이 어렵고 뒤틀리는 듯이 느껴질 때면 나는 그 원인을 여기저기에서, 때로는 나 자신의 마음속에서 찾았다. 그리고 단단한 주머니칼을 바라보고 있으면 감상적인 자살자를 위해 문호 괴테가 한 탁월한 조언이 머리에 떠올랐다. 즉 너무 편한 죽음을 선택하지 말고 죽음을 영웅적인 행동으로 만들어야 하며, 적어도 스스로의 가슴에 칼을 꽂으라던 말이었다."

괴테가 말하는 영웅적인 죽음이란 어떤 상황에서라도 삶을 포기하지 않는 데 있다. 반면에 너무 편한 죽음은 상황에 휩쓸리거나 감상에 빠진 나머지 스스로 삶을 포기하는 것을 가리킨다. 아무리 두렵고 끔찍한 상황이라도 주어진 삶을 끝까지 사는 것, 삶으로써 죽음을 이기는 것, 그런 삶을 사는 사람이야말로 스스로 가슴에 칼을 꽂을 자격이 있다는 말이다.

    때로는 죽는 일이 삶보다 더 쉬울 수 있다. 살다 보면 삶이 죽음보다 더 고통스럽다고 느낄 때가 있다. 역사적으로 혁혁한 공을 세운 사람만이 영웅이 아니다. 누구라도 자신의 삶에서 영웅이 될 수 있다. 어떤 사람도 어떤 절망도 내 삶을 망칠 수 없다고 생각하는 사람, 그렇게 하루하루를 극복하며 주어진 삶을 끝까지 살아 내는 이들이 바로 영웅이다.

시간이 지나 보니
사소했던 일

1 :: 왜 그토록 작은 비난에 분개했나

직장 생활에서 힘들었던 건 지위고하를 막론하고 오갔던 험담과 비난이었다. 험담은 모든 직장인의 커피 타임, 점심 메뉴, 술안주에 빠지지 않는다. 소외되지 않으려면 암묵적 동의라도 해야 한다. 나 또한 원색적인 말은 하지 않았을지언정 누군가를 향한 비난을 입에 올렸다. 비판을 가장한 비난이었다. 그러나 정작 내가 험담의 주인공이 되었을 때 얼마나 기가 막히고 얼이 빠졌는지 모른다. 그때는 이런 몹쓸 것들, 하면서 화를 냈는데 지금 생각하니 왜 그랬나 싶다. 좀 냉정하게 나 자신을 돌아볼 기회가 되었을 수도 있었을 텐데 말이다.

2 :: 나만 어렵고 힘이 든 건 아니다

노인들은 자기 인생을 책으로 쓰면 수십 권은 된다는 말을 자주 한다. 그만큼 고생도 많았고 어려움도 많이 겪었다는 뜻이다. 물론 아주 특별한 곤란을 겪은 이들도 있다. 하지만 대부분 비슷한 어려움과 불행, 고민을 안고 살아간다. 나만 특별한 인생을 사는 것은 아니다. 장욱진 화백이 이런 말을 했다. "사람은 언제나 어디서나 저항 속에 사는 것 같다. 좋은 일이 있을 때에는 그 기쁨을 적절히 억제하고 슬픈 일이 있을 때에는 그 괴로움을 이겨내려고 억제하고 노력하는 따위가 다 그런 것이 아닌가 생각된다." 나 혼자 짊어지는 것 같았던 어려움과 갈등, 고통은 인생의 한 과정이었다. 인생의 희로애락에 잘 저항하는 것, 그게 인생이다.

3 :: 잘난 점은 오히려 인생에 방해가 된다

집안 좋고 능력 있는 부모를 둔 친구들이 부러울 때가 있다. 그런데 그이들의 인생이 꼭 순탄하게 흐르는 것만은 아니다. 오히려 그 좋은 조건이 인생에 방해가 되기도 한다. 부유하던 집안이 갑자기 기우는 바람에 경제적 궁핍을 힘들게 견디는 이도 봤다. 또 집안 체통에 맞게 아버지가 혼처를 정해 주는 바람에 방황하던 친구도 있었다. 내가 부러워하는 누군가의 좋은 조건은 오히려 당사자에게는 극복해야 할 조건이다. 결국 별로 좋은 조건이 아닐 수도 있는 것이다.

4 :: 그냥 떠나면 되는 거였다

몇 년에 걸쳐 캐나다에 사는 친구에게서 여러 번 다녀가라는 전갈을 받았다. 가고 싶었지만 그때마다 사정이 있었다. 일주일씩 휴가 내는 일도 불가능하고 빠듯한 지갑 사정에 무리일 것 같고 치과 치료도 받아야 하고 할 일도 많고 식구들 눈치도 보였다. 그리고 세월이 흘렀다. 나는 여전히 일주일씩 휴가를 낼 수 없고 돈 쓸 일은 더 많아졌으며 결혼까지 해 더더욱 가지 못할 이유가 쌓였다. 절대 떠나지 못할 이유들이 분명히 있었지만 지나고 보니 떠나지 않기 위한 핑계였다. 그냥 떠나면 되는 거였다. 다녀와서 해결하면 될 일이었다.

5∷ 라이벌은 없다

학창 시절 책상 앞에 "네 경쟁자의 책장은 지금도 넘어가고 있다"는 글귀를 붙여 놓고 공부하는 친구들이 있었다. 공부뿐만 아니라 취업, 연애, 시험 등 많은 부분에서 우리는 경쟁하며 살아간다. 그런데 한번 이겼다고 해서 끝까지 이기는 것도 아니고 실패했다고 해서 끝까지 실패는 아닌 것 같다. 어쩌면 라이벌이 있었기에 내가 더 열심히 했던 것은 아닐까. 친구, 동료, 상사, 이웃…… 나아가 얼굴도 모르는 누군가와 경쟁하면서 지면 질투하고 속상해한 우리들, 그런데 인생은 마라톤 달리기다. 앞서거니 뒤서거니 달리지만 결국 내가 목표한 곳까지 달리면 된다. 그러니 라이벌은 남이 아닌 나다.

시간이 지나 보니
중요했던 일

1 :: 학교 다닐 때가 제일 좋은 거다

학교 다닐 때가 제일 좋다고 한다. 여러 가지 뜻이 담겨 있겠지만 그 시기에는 모든 일이 인생의 약이 된다는 말이다. 학창 시절은 오로지 나만을 위해 생각하고 고민하며 푹 빠질 수 있는 시간이다. 무엇을 해도 흉이 되지 않으므로 더 많이 공부하고 생각하고 고민하고 웃고 경험하는 시간이다. 그렇게 충분히 시간을 잘 보낸다면 사회로 나와 덜 막막하다. 학교에서 배운 것은 몽땅 잊어 먹었지만 그때 고민하고 배우고 경험한 일들은 아직도 남아 있다. 그게 좋은 경험이건 나쁜 경험이건 모두 약이 되었다.

2 :: 당당한 연봉 협상

나는 일 잘하고도 매번 연봉 협상에 저자세였다. 연봉이란 말이 익숙하지 않던 시절에 직장인이 된 탓도 있었다. 회사 방침에 따르겠어요, 이런 힘없는 말을 얼마나 반복했나. 나 자신에게 부끄럼 없이 일했건만, 내 입으로 액수를 말할 때는 한참 망설였다. 사장이 생각하는 액수는 얼마인지부터 생각했다. 그러나 연봉 협상은 사장이 내 능력을 어떻게 판단하느냐보다 내가 나를 어떻게 생각하느냐의 문제다. 사장이 말도 안 되는 액수를 제의하면 조율하면 되고, 그걸 인정하지 못하면 회사를 그만두면 되는 거다. 이리 재고 저리 재고 할 것 없이 그렇게 쿨하게 결정하면 되는데 왜 그리 전전긍긍했나. 노예근성을 버려라. 내 능력의 가치를 돈으로 바꾸는 데 어색해하지 말자.

3 :: 애매함은 버려라

어느 무명 시인이 자신의 시를 잡지에 실어 달라고 했다. 받아 본 시는 책에 싣기에 무리가 있었다. 그가 실망할까 봐 차일피일 답변을 미루다가 나중에 해명하느라 진땀을 흘렸다. 또 내키지 않는 사람에게서 저녁 먹자는 데이트 신청을 받고 애를 먹기도 했다. 거짓으로 약속이 있다고 했더니 그럼 내일은요? 모레는요? 하고 집요하게 물어댔다. 거절의 말은 분명해야 한다. 그게 그 사람을 위한 진정한 배려다. 아직도 나는 불만이나 원하는 것을 말하는 데 서툴다. 하지만 우리가 늘 후회하고 때로는 상처받는 것은 애매한 말과 행동이 원인일 때가 많다. 애매한 태도는 인생을 엉뚱한 방향으로 흘러가게 할 수 있다.

4 :: 잘 이별해야 했다

요즘은 쿨하고 세련된 이별이 대세지만 그게 과연 가능한 것일까? 감정을 있는 대로 소진하는 이별이 나는 더 정직하게 느껴진다. 말없이 잠수를 타거나 온갖 악담을 퍼붓거나 문자로 헤어짐을 통보하는 것은 나쁜 이별이다. 이별은 완성되지 못한 그 자체로 또 완성이 아닌가 싶다. 연인과의 헤어짐뿐 아니라 전학, 졸업, 이사, 이직, 죽음 등 인생에는 수많은 이별이 있다. 먼 훗날 따뜻한 기억으로 남아 있기를 바란다면 내 인생의 이별은 최소한의 예의와 배려를 갖춰야 하지 않을까.

5 :: 때로는 믿음이 의심보다 무서울 때도 있다

새 박사 윤무부 선생 이야기다. 어려서 거제도에서 서울로 이사 왔을 때 꼬마 무부는 '거제 개는 똥을 먹는데 서울 개는 먹을까?' 궁금해 며칠을 앓았다. 그래서 직접 실험했다. 주인 할머니의 허락을 받고 개를 나무에 묶어 하루를 굶겼더니 똥을 먹더라는 것. 선생은 서울 개나 거제 개나 똑같구나, 하며 속이 후련했다. 맹목적인 믿음이 의심보다 무섭다는 것을 느낄 때가 많다. 고정관념이나 편견, 소문, 돌고 돌아 내 귀에 들어오는 이야기 등. 확실한 믿음을 위해서는 윤무부 선생처럼 경험하고 행동해야 할 때도 있다. 긴가민가하면서 그냥 넘어갈 때가 제일 위험하다.

열·넷

돈이 있든 없든
세워야 할 원칙이 하나 있다

"새해 복 많이 받으세요"라는 새해 인사는 좀 구식이 된 듯하다. 대신 "부자 되세요"라는 덕담이 자연스럽게 오간다. '복'이란 말에는 건강이나 행운, 축원, 재물과 같은 뜻이 담겨 있다. 그런데 돈만 있으면 건강도 행운도 모두 살 수 있다고 믿는 세상이 되었다. 모호하게 복 많이 받으라는 것보다 '부자 되세요'라고 솔직하게 말하자는 게 아닐는지. 하지만 나는 부자 되라는 말이 듣기 거북하다. '받으세요'에는 상대가 거절할 여지가 있지만 '부자 되세요'에는 너도 당연히 부자 되길 원하지 않느냐는 도발적인 뜻이 숨어 있기 때문이다. 부자 되기 싫은 사람에게 부자 되라고 하면 옳은 인사는 아닐 것이다.

    나는 부자가 되고 싶지 않다. 아니, 부자는 나와 동떨어진 삶이라고 생각한다. 어려서는 막연히 높은 담에 장미넝쿨을 얹은 철대문집에서 살아 봐야지 하는 정도로 부자의 삶을 그려 보았다. 우리 집 형편은 넉넉하지 않았지만 그렇다고 '부자가 되고 말 거야' 하고 뼈에 사무친 결심을 할 만큼은 아니었다. 월급쟁이로는 부자가 되기 힘들다는 사실도 일찌감치 알았다. 월말에 급여를 받아 생활하고 조금 저축할 수 있는 것에 만족했다. 그리고 월세를 주지 못해 쩔쩔매는 후배에게 용돈 몇만 원을 슬쩍 쥐어 주곤 했다. 돈이야 쓰려면 쓸 데가 한두 군데가 아니었지만, 그럼에도 베풀 수 있었던 것, 아니 베푼다는 생각조차 안 하고 그저 순수하게 줄 수 있어서 그게 좋았다. 지금도 내가 부자가 될 가능성은 높지 않다. 평범한 샐러리맨에, 돈 많은 배우자를 만난 것도 아니고 부모에게 물려받을 재산도 없다. 그나마 저축해 둔 돈으로 시작한 사업은 망했다. 또 복권을 사 본 적도 살 생각도 없으니 거액에 당첨될 일도 없다.

나는 '언젠가는 부자가 될 거야'라는 말을 믿지 않는다. 언젠가는 잘 살 거야, 넓은 집에서 살 거야, 하는 말은 현실을 잊게 하고 나 자신을 초라하게 만든다는 걸 안다. 그보다 지금 내 수입으로 쌀을 사고 전기 요금을 내고 아이 옷을 사 주고 책을 사 보고 작지만 의미 있는 일을 하며 사는 것, 지금 내가 할 수 있는 최선의 삶을 충실히 살고 싶다. 찰스 디킨스의 『데이비드 코퍼필드』에 이런 글귀가 나온다. "1년 소득이 20파운드, 1년 지출이 19파운드 6펜스면 행복한 사람이다. 1년 소득이 20파운드, 1년 지출이 20파운드 6펜스면 불행한 사람이다." 딱 내가 추구하는 바다.

그렇다고 돈에 초탈한 것은 아니다. 돈 앞에 초연한 사람은 세상을 함부로 살거나 아니면 엄청난 내공이 있는 이들이다. 나 또한 지금보다 돈이 조금 더 있었으면 좋겠고, 복권 1등에 당첨되면 절반 뚝 떼어 기부할 테니 제발 복권이 당첨되기를 바라기도 한다(정작 복권은 안 사면서). 부모의 수입이 많을수록 아이의 명문대 진학률이 높다는 기사를 보면 말도 안 된다고 하다가도 제대로 된 학원에 보낸 적 없는 아이에게 은근히 미안해지기도 한다. 이런 여유를 부리는 것도 그나마 작은 집이라도 한 채 있기 때문에 가능한 것인지도 모르겠다. 하지만 돈 앞에서 애면글면하지 말자, 돈에 휘둘리며 살지 말자는 다짐만은 언제나 확실히 해 둔다. 그 탓인지 자책하거나 요령을 피워 더 돈을 벌 궁리를 해 보지 않았다.

돈에 대해서는 미리미리 생각을 정리해 두면 좋을 것 같다. 이십 대, 아니 그 전에라도 돈이란 무엇인지 깊이 있게 고민해 보는 것이다. 나에게 돈은 무엇이고 어떤 의미가 있는지, 또 돈을 어떻게 다룰지 등 돈에 대한 질문을 스스로에게 던지고 답을 찾아본다. 나에게 필요한 돈은 얼마이고 앞으로 내 힘으로 벌 수 있는 액수가 얼마인지, 또 돈을 어떻게 쓸 것인지까지 구체적으로 생각해 본다면 내 욕망의 수준을 가늠하고 돈에 대한 가치를 되새기고 현실적인 대안을 세울 수 있다. 돈에 주눅 들지 않고 좀 편하게 바라볼 수 있다. 현실에 감사하는 마음도 생기게 된다. 갑자기 돈이 빠듯해지는 상황에 처하더라도 흔들리지 않는다. 혹 복권에 당첨되거나, 조상이 도와 하늘이 낸 부자가 되더라도 현명하고 지혜롭게 널리 이롭게 돈을 쓸 줄 알게 될 것이다. (로또 1등에 당첨되고도 돈을 흥청망청 쓰다가 알거지가 되고 이혼하고 인생을 망친 사람들을 보면서 든 생각이다.) 돈에 대한 나만의 생각을 반듯하게 세운다면 돈이면 모든 걸 할 수 있다는 위험한 세상에서 벗어나 내 삶을 온전하게 지킬 수 있다.

전설적인 구두쇠 헤티 그린은 주식투자와 대부업으로 엄청난 재산을 모았다. 1900년대 초, 남자들이 지배하던 미국 경제계에서 그녀는 유일한 여자였다. 미래를 읽는 탁월한 판단력과 과감한 투자로 어느 남자보다 뛰어난 실력을 보여 주었다. 그러나 거기까지였다. 그녀는 자신의 삶보다 돈을 더 소중히 여겼다. 세탁비 아끼려고 검은 상복만 입었다. 연료비를 절약하려고 난방도 안 하고 제대로 된 요리를 해 먹지 않았다. 아들이 무릎을 다쳤을 때는 병원에 데려가지 않아 끝내 다리를 절단하고 말았다. 그녀가 돈의 진정한 가치를 알았다면 그 많은 돈으로 누구보다 행복하고 아름답고 멋진 인생을 살았을 것이다. 그녀는 '최초의 여성 투자가'였지만 지금은 지독한 구두쇠로만 역사에 기록될 뿐이다.

이런 무식한 사람이 요즘 세상에 있느냐고 하겠지만 돈을 인생의 목표로 삼고 살아가는 이들이라면 헤티 그린의 삶과 별반 다르지 않다. 악덕 다단계에 빠져 수천만 원의 빚을 지고도 그만둘 생각을 하지 못하는 청년이 있다. 그는 평생 영세한 공장을 꾸리며 정직하게 살아온 아버지에게 말했다. "아버지처럼 살아서는 돈 못 번다. 나는 편하게 벌어서 부자로 살겠다." 돈에 대해 진지하게 고민하고 인생을 설계했다면 청년은 비싼 대가를 치르지 않아도 되었을 것이다.

한쪽에서는 내가 하고 싶은 일을 하면 돈은 자연스럽게 따라온다고 한다. 그러나 반드시 그렇지는 않은 것 같다. 평생 하고 싶은 걸 하고 살면서도 돈을 벌지 못하는 이들도 많다. 분명한 것은 돈이 목적인 삶을 살면 원하는 삶을 살지 못할 확률이 더 높다는 것이다. 울프 포샤르트는 저서 『외로움의 즐거움』에서 말했다.

" '돈만으로는 행복해질 수 없다' 라는 말에 대해서는, 그렇다면 '가난하면 더 행복해질 수 있는가?' 라고 되물을 수 있다. 그것 또한 맞지 않다. 그러나 더 많은 돈을 좇기보다는 자신을 정말로 행복하게 하는 일을 위해 더 많은 시간을 투자할 수는 있다."

돈을 많이 벌겠다는 생각보다 잘 관리하겠다는 생각을 먼저 해야 한다. 돈을 잘 관리하는 법은 '어떤 삶을 살겠다' 는 인생의 그림을 분명하게 세우는 데서 시작한다. 어떤 삶을 살겠다고 결정하면 돈에서 자유로워진다. 돈을 조율할 수 있으며 끌려 다니지 않는다. 특정 분야에서 행복하게 일하며 살아가는 사람들의 공통점은 돈에 대한 자기 기준이 확실하다는 것이다. 역사평론가 이덕일 선생은 고정 독자가 5만 명에 이른다. '이덕일' 이란 이름만 보고 책을 사는 독자가 5만 명이라는 말이다. 여기까지 오는 데는 쉽지 않았다. 대학에서 학생들을 가르치던 그는 대중에게 역사를 쉽고 재미있게 전하고 싶었다. 그래서 강의를 그만두고 별 대책 없이 전업 작가로 나섰다. 앞날이 캄캄했지만 "하루 소주 한 병, 라면 세 개 못 벌까, 그 정도만 있으면 내가 하고 싶은 일을 하는 게 낫다"고 생각했다. 그렇게 마음먹고 나니 모든 게 편해지더란다. '역사평론가'라는 이름도 스스로 만들어 불렀다. 과연 이 책을 낼 수 있을까, 끙끙 앓으며 글을 썼다. 출판사 30곳에 출간 의사를 타진한 끝에 비로소 첫 책이 세상에 나왔다. 라면 세 개와 소주 한 병, 돈에 대한 확실한 선긋기가 선생의 꿈을 이루게 해 주었다.

'돈은 아름다운 꽃'이라고 어느 투자 회사 대표가 말한 적이 있다. 바르게 벌어 바르게 쓰면 많은 사람들에게 행복을 준다는 뜻이다. 그러나 돈이 무섭다고 하고 더럽다고 말하는 이들도 있다. 어떻게 돈을 다루고 경험하고 느끼느냐에 따라 돈에 대한 생각이 달라지는 것이다. 결국 또 사람이다. 우리에게는 돈보다 더 중요하고 가치 있는 재산이 있다. 바로 나 자신이다. 돈을 몽땅 잃어도 자기 자신만은 잃지 않았기에 다시 일어서는 이들을 우리는 수없이 봐 왔다. 돈 때문에 진짜 소중한 '나 자신'이라는 재산을 잃어버리지 말아야 한다. 결혼 자금으로 수천만 원이 들고 은퇴하면 몇 억 원은 있어야 산다는 둥, 우리 사회에 가득한 돈에 대한 공포감에 휩쓸리지 말고 나와 돈이 어떤 이야기를 만들어 갈 수 있을지 진지하게 고민해야 한다.

열·다·섯

애인이 없는 건
반드시 이유가 있다

제인 오스틴의 『오만과 편견』에서 혼기를 놓친 아가씨들은 집안의 골 칫거리이자 돌봐 줘야 할 불쌍한 존재로 그려진다. 몰락한 집안의 여자 들은 더욱 가련한 신세가 된다. 그래서 여자들은 악착같이 결혼하려 한 다. 한껏 치장하고 파티에 가거나 먼 친척을 방문하여 호시탐탐 남자를 노린다. 경제력과 신분 상승은 둘째 치고 모두에게 동정 받는 저참한 삶만은 피하고 싶었던 것이다. 그래서 불행을 예감하면서도 사랑하지 않는 남자와 결혼하는 일이 많았다.

 제인 오스틴 시대에 비하면 요즘 여성들은 사정이 좀 나을까? 적어 도 요즘은 결혼 안 해도 흠이 되지 않는다. 결혼 안 했느냐고 묻는 것은 실례, '싱글이세요?' 라고 묻는 게 예의인 시대다. 원한다면 결혼을 거 부하고 자기만의 삶을 살 수 있다. 그러나 사랑이 결혼의 필요조건이 아닌 것만은 제인 오스틴 시대와 별반 다르지 않다. 오히려 더 교묘해졌다. 미용실에서 우연히 들은 이야기다. 서른 좀 넘어 보이는 두 여자의 수다는 한 친구의 결혼 실패담까지 흘러갔다. 여자의 친구는 우연히 만난 남자와 몇 달 사귀었는데 알고 보니 빈털터리 사기꾼이었다는 것이다. 여자는 말했다.

"처음 만났을 때 그 남자가 손목에 파텍 필립 시계를 차고 있었다는 거야. 그래서 사귈 결심을 했대. 근데 걔네 엄마가 그 남자 뒷조사를 하고 남자 집을 덮쳤더니 글쎄, 연립주택에 혼자 세 들어 살고 있더래. 살림살이도 후지고 한 20년은 된 고물 전자레인지에……. 그 시계도 가짜 아니겠어?"

드라마 줄거리를 듣고 있는 것 같았다. 그런데 남자가 여자를 의도적으로 속이려 한 게 아니라면? 진짜 사기는 여자가 처음에 시계만 보고 부잣집 남자로 오해한 것에서 시작된 것인지도 모른다. 여자는 보고 싶은 것만 보고, 듣고 싶은 것만 듣다가 결국 스스로 상처 입게 되었을 뿐이다. 여자의 마음에 불을 댕긴 게 사랑의 불꽃이 아니라 명품 시계라는 사실이 쓸쓸하다. 그깟 시계만 보고 사랑 운운하며 결혼을 생각한 여자는 바보 아닌가. 그녀의 상처는 사랑을 가볍고 얄팍하게 생각한 대가다. 그런데 생각해 보면 시계는 외모와 직업, 아파트 평수, 연봉으로 대치된다. 키 180cm, 산뜻한 유머, 포용력이 되기도 한다. 자유로운 사랑과 솔직한 연애를 말하지만 한쪽에서는 열심히 계산기를 두드려내는 이상한 사랑을 하는 시대에 우리는 살고 있다.

주위에 싱글들이 많다. 내 또래의 오래된 싱글도 여럿 있다. 가끔 머릿속으로 사랑의 작대기를 들이대며 이들을 엮어 보지만 소개는 웬만해서 하지 않는다. 섣부르게 연결했다가 괜히 사이만 불편해진다. 그런데 싱글 친구들은 나이 들수록 사랑이 어렵다고, 좋은 사람 만나기가 쉽지 않다고 한 목소리를 낸다. 사랑을 포기했다고 하는 이도 있다. 어머나, 기혼인 나도 가끔은 멋진 사랑을 꿈꿔 보는데 창창한 싱글들이 사랑을 포기했다고?

얘기인즉 나이 들어 봉사할 일 있느냐는 것이다. 수입이 좋은 전문직에 종사하는 친구는 노골적으로 자신보다 경제력이 기우는 배우자는 싫다고 했다. 손해 보는 느낌이란다. 시댁 식구나 남편 비위 맞추는 일도 힘들지 않겠느냐고 했다. 나이 많은 남자 만나 덜컥 병수발까지 하게 되면 어떻게 하냐는 소리까지 나왔다. 어찌어찌 사람을 소개 받아도 속으로 이 남자 역시 나를 이리 재고 저리 따지겠지라는 생각이 들어, 차라리 속편하게 혼자 사는 게 낫다는 결론에 이른다고 했다. 이렇게 말하고도 마지막에는 끌리는 사람이 있으면 결혼할 수도 있다고 슬쩍 한 다리 걸쳐 놓는 걸 잊지 않았다. 그들은 천칭 저울에 수많은 경우의 수를 올려놓고 한편으로는 끌림이 느껴지기를 기다린다. 사랑이 주는 이로움과 해로움, 얻음과 잃음을 따지면서도 사랑이 불타오르길 바라고 있다. 사랑을 간절히 원하지만 사랑을 믿지 않는 모순, 그 사이에서 서성이고 있는 것이다.

이상형에 대해 물으면 누구나 모든 면에서 자신보다 나은 사람을 말한다. 마음은 열려 있고 이해심 있는 사람, 게다가 돈도 좀 있고 인물도 빠지지 않고 자기 인생을 주도적으로 이끄는 사람……, 이렇게 모든 사람이 자기보다 더 나은 이성을 바라므로 원하는 상대를 만나기는 점점 더 어려워질 수밖에 없다.

미국의 심리학자 데이비드 버스가 전 세계 만여 명에게 반려자의 조건을 물었더니 첫 번째로 '이끌림'을 꼽았다고 한다. 본능적으로 눈길이 가고 마음이 가는 것이 끌림이다. 사랑에 '빠진다'고 하는 것만 봐도 사랑은 우연과 예측 불가능한 무엇이다. 내 의지와는 상관없이 싹트고 물드는 것이 사랑이다.

그런데 나보다 조건 좋은 사람을 만나고 싶다고 하면서도, 끌림이 있는 사람을 찾는다고 하니, 사랑은 참 어렵다. 예전에 같은 회사에서 근무했던 직원이 한 말이 생각난다. 별 볼일 없는 사람과 사랑에 빠질까 봐 두렵다고, 그래서 주위에 있는 남자를 경계한다고 했다. 그 직원의 마음이 이해가 가지 않는 것도 아니다. 쉽고 편안하고 기쁨만 있는 사랑을 꿈꾸는 사람들, 우리는 정말 솔직하게 사랑할 수는 없을까.

프랑스 소르본느 대학교를 졸업한 백인 여성 콜렛 아만드는 마사이 족 남자에게 반해 모든 것을 버리고 아프리카 평원 움막에 신혼살림을 차렸다. 올해 스물네 살인 아만드는 아프리카 케냐에 봉사하러 갔다가 우연히 마사이 족 용사 메잇기니를 만나 사랑에 빠졌다. 아만드는 이제 사냥으로 생계를 잇고, 수돗물이 아닌 흙탕물을 먹고, 염소피를 마시고, 벌판에서 잠드는 생활을 해야 한다. 문명 생활의 안락함을 포기하게 만든 것은 바로 사랑이었다. 일시적인 감정은 아니다. 아만드는 3년 동안 케냐를 오가며 마사이 족이 자신을 받아 주기를 기다렸다. 아만드는 왜 메잇키니와 사랑에 빠진 것일까. 그건 나도 모른다. 다만 아만드는 '끌림'에 솔직했고, 먼저 사랑할 수 있는 용기를 가졌으며 행동했을 뿐이다.

아만드와 메잇키니의 사랑이 우리와는 아주 먼 이방인들의 이야기일 수 있다. 그러나 사랑이 원시 부족과 문명 도시의 엄청난 틈을 메우는 것이라면 귀 기울여 들어 볼 만하다. 남자와 여자, 서로의 차이는 원시 부족과 문명 도시보다 더 넓고 크다. 사랑은 그 차이와 불만족을 받아들이고 이해하기 위해 존재한다. 즐겁고 행복하기 위해서만 있는 것이 아니다. 이성적이고 합리적인 사고로 무장하고, 상대가 나에게 무엇을 줄 것인가만 따지는 사랑. 나는 상대의 장점만 따지면서 정작 상대는 내 부족함과 단점마저 껴안아 주길 바라는 사랑. 아만드의 사랑에 비하면 우리의 사랑은 너무 초라하다. 사랑 앞에 손익을 따지지만, 적어도 진실한 사랑은 손해를 주지 않는다. 손해라고 생각하지 않는다.

마거릿 켄트는 『연애와 결혼의 원칙』에서 뭍으로 떠밀려 올라 온 고래 이야기를 한다. 고래는 자신을 데려갈 해류가 올 때까지 꼼짝없이 기다리는 처지다. 켄트는 이상형의 사람을 꿈꾸며 무작정 기다리는 사람을 그 고래에 비유했다. 동화처럼 언젠가 그이가 나타나 나를 구제해 주리라 막연히 기다리지만, 동화 속에서 멋진 왕자는 늘 한 명이다. 그러나 카운슬러 카로 핸들리가 말한 것처럼 개구리는 주위에 널렸다. 개구리에게 키스하면 왕자가 된다. 사랑은 부족함, 불완전에서 시작하는 거라고 생각하면 곧 멋진 개구리가 내 눈앞에 나타날 것이다. 어느 세월에 개구리를 왕자로 만드느냐고 투덜댄다면, 계속 왕자를 기다릴 수밖에 없다. 아니면 혼자라도 멋지게 살아 보는 삶은 어떤가.

참, 첫눈에 빠지는 사랑을 믿는가? 논란이 분분한데 대부분 사랑을 이룬 사람들이 훗날 처음 만난 날을 의미 있게 기억하려는 마음에서 비롯된다고 보는 쪽이다. 그러나 『첫눈에 반한 사랑』의 저자 얼 나우만은 설문조사 결과 남녀의 50퍼센트 조금 넘는 사람이 첫눈에 반한 사랑을 경험했다며 누구든지 첫눈에 사랑에 빠질 수 있다고 주장했다. 얼 나우만이 제시하는 첫눈에 사랑에 빠지는 법. 첫 번째는 애인이 없을 것, 그리고 늘 미소 짓고 매사에 적극적으로 나서며 삶을 즐길 것. 왜냐하면 이런 사람들이 쉽게 눈에 띄기 때문이다. 첫눈에 반하는 사랑은 언제 어디서나, 지금 당장 만날 수도 있으니 학교에서, 버스에서, 엘리베이터 안에서 항상 마음의 준비를 할 것! 무엇보다 어떤 직업이든 에너지가 넘치고 일에 푹 빠진 열정적인 모습에서 매력을 느꼈다고 답한 사람이 많으니, 지금 열심히 일하라.

열·여·섯

가족 간의 비밀은
서로를 나쁜 사람으로 만든다

아이에게 나는 위엄 있는 엄마가 아니다. 아이 앞에서 울기도 하고 짜증도 낸다. 하지만 왜 우는지, 왜 화가 났는지 설명한다. 힘든 일이 있으면 미주알고주알 털어놓는다. 아이에게 위로받기 위해서가 아니다. 단지 너 때문이 아니라는 것만은 분명히 해 두고 싶어서다. 아이가 어릴 때 이런 일이 있었다. 속상한 일이 있어서 식탁에 엎드려 울고 있는데 아이가 따라 울면서 물었다.

"엄마 나 때문에 그래?"

그 말에 나는 충격을 받았다. 엄마가 세상의 전부인 아이는 엄마의 웃음도 눈물도 화도 모두 자기 탓으로 생각하고 있었던 것이다. 나 또한 어린 시절 부모님의 표정과 행동, 목소리가 평소와 조금이라도 달라지면 왠지 내 탓인 것 같아 주눅이 들곤 했다. 뭐라 혼내지도 않았는데 눈치껏 방으로 들어가 쪼그려 앉아서는 부모님의 기분이 좋아지기를 기다렸다. 천장 낮은 방에 가득했던 불안과 긴장을 떠올리면 지금도 조금 슬퍼진다.

대개의 비밀이 거북하고 불편하듯, 가족 사이에도 '말하여지지 않는 것들'로 인해 서로에게 오해가 쌓이고 불화한다. 방송 드라마 소재로 자주 등장하는 불행한 가족을 보라. 가족 가운데 누군가 숨긴 비밀이 갈등의 불씨가 된다. 그 비밀이란 대부분 출생 문제나 불륜, 부끄러운 과거, 질병이다. 하지만 실제 일상에서는 큰 비밀보다 사소한 비밀이 상처를 남긴다. 화가 조지아 오키프 평전에서 그의 막내 동생이 토로했던 말이 생각난다.

"왜 이놈의 가족은 언제나 모든 것이 비밀이지?"

오키프의 부모는 아일랜드에서 이주해 온 농민이었다. 부부는 오키프를 포함해 일곱 형제를 키웠는데 살기가 팍팍했다. 집안에 돈이 마르면 정신적 여유도 메마르기 마련이듯 오키프의 부모도 이런저런 걱정이 많았다. 특히 그의 부모는 무엇이든 자식들 모르게 은밀하게 결정하곤 했다. 자식들은 성장하면서 차츰 그런 분위기에 적응했고 부모에게 배운 대로 서로에게 자주 침묵했다. 그러던 어느 날 집안을 짓누르는 분위기를 견디다 못한 막내 클로디아가 왜 우리 가족은 비밀이 많으냐고 투덜댄다.

비밀은 아무리 감추려 해도 연기처럼 새어 나온다. 다만 무언가 감춰졌다는 분위기 속에서 누구도 말하거나 묻지 않을 뿐이다. 엄마가 나쁜 기분을 아무리 드러내지 않으려 해도 아이는 귀신처럼 알고 엄마 눈치를 보는 것처럼 말이다. 때로는 비밀의 내용보다 사실을 털어놓지 않는 동안 서서히 쌓이는 나쁜 감정과 이로 인한 불신이 돌이킬 수 없는 상황으로 몰아간다.

프랑스의 정신과 의사 세르주 티스롱은 『가족의 비밀』에서 작가 앙리 귀에코의 이야기를 들려준다. 귀에코는 입술이 갈라지는 구순열 장애를 가지고 태어났다. 다섯 살 때 집안 주치의가 그를 진찰하면서 '우리 토끼'라고 불렀다. 당시 프랑스에서는 구순열 장애를 '산토끼 주둥이'라고 불렀다. 어린 그는 그게 무슨 뜻이냐고 할머니에게 물었지만 할머니는 말을 딴 데로 돌렸다. 그의 장애는 식구들 모두 피하고 싶은 부끄러움이자 괴로움이었던 것이다.

그는 뭔가 잘못되었음을 느꼈지만 다시 물어 볼 엄두를 내지 못했다. 그런 불안감이 성장하면서 수치심과 죄의식으로 번지게 되었고 귀에코는 스스로를 고립시키기에 이르렀다. 그런데 쉰 살이 넘어 자신의 장애가 간단한 수술로 완치될 수 있는 것임을 알게 된 귀에코는 경악했다.

만약 가족 모두가 아이의 장애라는 불편한 진실을 공개적으로 말하고 치료 방법을 찾으려 노력했다면 귀에코는 구순열 따위는 사는 데 단지 조금 불편한 것뿐이라고 생각했을 것이다. 자기 정체성에 대해 좌절하지 않았을 테고 훨씬 더 행복한 삶을 살 수 있었을 것이다.

성교육 강사 구성애 소장도 그랬다. 그녀는 누가 뭐래도 우리 사회에 '성'에 대한 이야기를 밝은 데로 끌어낸 공로자다. 생명과 사랑, 책임

같은 성의 긍정적인 가치를 되살려 냈다. 그녀의 수더분하고 푸근한 외모는 어떤 말이든 다 들어줄 듯한 엄마 같은 느낌이다. 그래서 그녀에게서 듣는 성 이야기는 일상의 수다처럼 가볍고 자연스럽게 들린다.

오늘의 구성애를 말하는 데는 어머니를 빼놓을 수 없다. 그녀는 강연장에서 어린 시절의 아픈 상처를 고백한 바 있다. 초등학교 때 동네 오빠에게서 성폭행을 당한 기억이었다. 그때 어머니는 그 사실을 감추거나 비밀스럽게 다루지 않았다. 어머니는 두려움에 떠는 어린 그녀를 따뜻하게 안아 주며 "네 잘못이 아니야"라고 말해 주었다. 어머니 덕분에 구성애 소장은 그 끔찍한 일이 자기 탓이 아니며, 똑같은 아픔을 겪고 있는 아이들을 위해 자신의 경험을 들려줄 만큼 자유로워질 수 있었다고 했다.

세르주 티스롱 박사는 비밀은 자녀들에게 완벽해 보이고 싶은 욕망이나 부모를 이상화하는 데서 비롯한다고 말한다. 완벽한 부모, 완벽한 가정처럼 보이고 싶어 하는 마음이 문제라는 것이다. 부모가 이런 태도를 보이면 자녀는 부모의 기대에 어긋나지 않으려고 자신이 저지른 실수나 솔직한 감정을 털어놓지 못하고 감추는 데 익숙해진다. 비밀이 비밀을 낳게 되는 것이다. 부모도 똑같은 인간이라는 것, 연약하고 실수하고 때로는 비겁할 수도 있다고 생각하면 나 자신에게도, 자녀와 부모, 다른 가족에게도 좀 더 솔직할 수 있다.

가족에게 비밀을 말하지 못하는 또 하나의 이유는 식구들이 받을 상처와 걱정이 두렵기 때문이다. 사랑하는 가족에게 어떤 아픔도 주고 싶지 않은 게 인지상정이다. 하지만 비밀은 종종 곪아터진다. 모든 비밀을 털어놓을 수는 없지만 적어도 모두를 불행하게 만드는 비밀이라면 가족 중 누군가는 말해야 한다. 비밀을 털어놓고 받아들이고 치유해 가는 과정에서 가족은 서로를 신뢰하고 이해할 수 있게 된다.

영화 〈비밀과 거짓말〉은 바로 그런 이야기를 하고 있다. 〈비밀과 거짓말〉은 좀 오래된 영화지만 볼 때마다 새로운 감동에 뭉클해진다. 줄거리는 이렇다. 흑인 여성 홀텐스는 양어머니가 죽은 뒤 자신의 생모가 백인 미혼모라는 걸 알고 충격을 받는다. 단지 엄마 얼굴을 보고 싶다는 생각으로 생모를 찾아 나서지만, 생모인 신시아는 홀텐스를 반기지 않는다. 열여섯 살에 흑인에게 강간을 당해 낳은 아기가 홀텐스였던 것이다. 아기를 입양 보내고 이 모든 사실을 비밀에 붙인 채 살아온 신시아는 얼룩진 과거 때문에 힘들게 살아왔다. 백인 남성과의 결혼 실패, 그리고 그 사이에서 낳은 딸과의 갈등, 자식처럼 키운 남동생과의 불화…….

신시아는 홀텐스를 만난 뒤에도 사실을 덮어 두려 한다. 그러나 너무나도 아름답고 훌륭하게 자란 홀텐스를 계속 부정할 수는 없었다. 결국 홀텐스를 가족에게 소개한다. 홀텐스를 두 번 버릴 수 없었다. 신시아의 고백은 매일 싸우기만 했던 딸과 그동안 연락을 끊고 살았던 남동생 부부와 화해를 하는 계기가 된다.

한편 사진작가로 성공한 남동생 모리스는 아내가 불임이라는 사실을 누이인 신시아에게 숨겼다. 신시아는 시누이가 일부러 아기를 낳지 않고 동생이 벌어다 주는 돈으로 사치를 한다는 오해를 했고, 상처 주는 말들을 퍼부었다. 남동생은 10년이나 속인 불임 사실을 누이에게 고백하며 이렇게 말한다.

"온통 비밀과 거짓말들! 우린 모두 고통을 안고 있어. 왜 그걸 나누지 못하는 거야? 사진가로 다른 사람에게 행복을 나눠 주는 일을 하면서 말이야. 우리는 진실을 위해 기꺼이 고통을 감수해야 해. 그래! 진실이 최고야. 그래야 상처받는 사람이 없다고!"

감춰진 비밀은 오해를 사고 그 자리에는 또 다른 거짓말이 자란다. 그 거짓과 오해가 가족을 나쁜 사람으로 만들고 서로를 미워하게 한다. 감춰진 진실은 불편하고 거북하고 찜찜하다. 물론 진실이 드러나면 당장은 아프고 고통스럽다. 그러나 그 고통을 어떻게 치유하느냐에 따라 가족은 서로를 신뢰하게 되고 진정으로 소통하게 된다.

신시아의 고백으로 비밀은 거짓의 껍질을 깨고 진실로 드러났다. 가족은 놀라고 당황했다. 그러나 열여섯 어린 소녀가 겪었을 공포와 상처에 공감하며 홀텐스와 신시아, 그리고 그녀의 딸과 남동생 부부는 서로를 어루만진다. 비밀의 내용보다 비밀을 해결해 가는 과정이 더 중요하다는 걸 영화는 보여 준다.

결국 감독이 이 영화에서 말하고 싶은 것은 가족에게 진심을 말해 보기, 또는 물어 보기, 그리고 서로의 말에 진심으로 귀 기울이기다. 자신을 키워 준 양어머니가 죽은 뒤 홀텐스는 어머니에 대해 모르는 것이 많다는 생각이 들었다. 그 사실을 가슴 아파하며 이렇게 말한다.

"양어머니를 좋아하지만 많은 것을 묻지 못했어. 참 애석한 일이야."

가족만큼 사랑하면서도 또 미운 존재도 없다. 서울시 광역정신보건센터에서 자살을 시도한 사람들을 대상으로 자살 동기를 조사해 보니 '가족 갈등'이 1위였다고 한다. 만약 내가 지금 식구들 때문에 너무나 힘들고 아프다면 진심을 모르거나 외면하고 있기 때문일지도 모른다. 볼프강 보르헤르트는 말했다. "네 마음을 속속들이 아는 이는 아무도 없다"고. 그러니 말하지 않으면 아무도 모른다. 아무리 가족일지라도 말이다.

열·일·곱

나는 아무것도
선택하지 않을 자유도
가지고 있다

 십 수 년 전 우리나라에 대형 마트가 처음 문을 열어 구경 갔을 때다. 그때는 미국식 대형 마트를 그대로 들여와 물건을 박스 단위로 샀다. 천장에 닿을 만큼 엄청나게 쌓아 놓은 상품들은 위압감이 느껴질 정도였다. 무너지면 깔려 죽을 수도 있을 것 같았다. 물론 상자에 사람이 깔려 죽는 일이야 일어나지 않았지만 어쩌면 현대인은 평생 마트 안의 물건을 소비하다 죽어가는 것인지도 모른다는 생각이 들어 잠시 끔찍했었다.
 대형 마트의 장점은 물건을 자유롭게 선택할 수 있다는 것이다. 사람들은 이 물건 저 물건 비교하고 마음에 드는 물건을 카트에 담으며 이동한다. 냉동식품, 맥주, 포장 삼겹살……, 온갖 물건으로 가득 채운 카트를 밀고 가는 그들은 여유롭고 편안해 보인다. 하지만 나는 언젠가부터 마트에 갈 때마다 찜찜한 기분이 들었다. 누가 지켜보는 것도 아닌데 나도 모르게 무언가를 사야 할 것 같았다. 카트가 비어 있으면 좀 낯간지러웠다. 또 왠지 가격이 싸게 느껴지는 묶음 상품이나 1990원, 9900원짜리 상품은 당장 필요하지 않아도 언젠가는 쓰겠지, 냉동실에 얼려 두고 먹으면 되겠지, 하면서 카트에 담았다.

그런데 마트에서 나는 정말 내 마음대로, 원하는 물건을 고른 것일까. 마트에서 누리는 선택의 자유는 진짜 자유로운 선택일까. 선택의 가짓수가 많다고 하여 그것이 곧 자유를 뜻하지는 않는다. 산더미처럼 물건이 쌓여 있더라도 결국 나의 선택은 마트 안의 물건에 한정되어 있다. 이런 의문이 든 뒤로는 대형 마트에 가기 전 정신 무장을 하고 간다. 나에겐 무엇이든 사지 않을 권리, 선택하지 않을 자유가 있다. 그러니 필요한 물건, 내가 정말 원하는 것만 사자고 말이다.

인생은 마트와 닮았다. 마트에 진열된 물건을 고르듯 우리는 인생에서 수많은 선택을 하며 살아간다. 판매원 말만 믿고 물건을 선택하고, 늘 쓰는 물건이니 생각 없이 물건을 집기도 한다. 싼 값에 혹해 사기도 한다. 겉으론 내 자유의지에 따른 것처럼 보이는 이런 선택에 대해 의심하지 않은 채 인생은 흘러간다.

고등학교 때까지 대학은 반드시 가야 한다고 믿었다. 대학을 마치면 취직이, 그 뒤에는 결혼이 기다리고 있었다. 그것을 인생의 당연한 순서로 알았다. 그래서 대학 시험을 코앞에 둔 어느 날 영애라는 친구가 대학에 가지 않겠다고 선언했을 때 크게 놀랐다. 대학에 가지 않으면 인생이 망하는 줄 알고 있던 친구들에게 영애는 말했다.

"언젠가부터 내가 왜 대학에 가려는 걸까 싶은 생각이 들었어. 그런데 이유를 모르겠더라고. 솔직히 공부하는 것도 싫고, 명문대 갈 만큼 성적이 좋은 것도 아니고 말이야. 우리 집 형편 안 좋은 건 너희도 알잖아. 어쨌든 지금은 내가 꼭 대학에 갈 필요는 없다는 생각이 들어."

나는 그런 결정을 내린 영애를 동정했다. 그녀의 인생에 먹구름이 끼었다고 생각했다. 그러나 쓸데없는 걱정이었다. 영애는 대학 대신 할 일을 찾아보니 의외로 해보고 싶은 일이 아주 많다고 했다. 하루는 영애가 웃으면서 말했다.

"나 있잖아, 병아리 감별사도 해보려고 알아 봤어. 어떻게 하는 일인지 궁금했거든. 그런데 배우려면 돈이 꽤 드는 데다 하루 종일 병아리 엉덩이만 보는 것도 지루할 것 같고……."

영애는 그렇게 자기와 세상을 열심히 맞춰 보았다. 그 뒤 영애는 2년 만에 공무원 시험에 합격해 지금까지 구청에서 일하고 있다. 몇 년 전에는 방송통신대학교에 진학해 경영학을 공부하기도 했다. 그녀는 이제야 공부가 재미있다는 걸 알겠다며 즐거워했다.

열아홉 살 우리는 경주용 말처럼 눈가리개를 한 채 앞만 보고 달렸다. 그런데 영애는 눈가리개를 과감하게 벗어 버렸다. 왜 그때 우리는 그 생각을 못했을까. 남과 다른 선택을 하면 왜 불행해질 거라 생각했을까. 꼭 그 길이 아니어도 된다는 것, 그리고 다른 길로 들어서면 그게 인생의 또 다른 기회를 만들어 간다는 것을 그때는 몰랐다. 인생에는 꼭 선택하지 않아도 되는 일들이 많은 것 같다. 그리고 반드시 선택해야 하는 줄 알았던 선택을 하느라 알게 모르게 포기한 일들이 많다고 생각하면 가슴이 답답하다.

영화로 더 잘 알려진 『트레인스포팅』은 영국 작가 어빈 웰시의 장편소설이다. 출판사에 근무할 때 소설의 번역자와 등을 마주하고 일했다. 이십 대의 끝자락에 있는 나보다 두세 살 많았던 그는 늘 느지막이 출근했다가 일찍 사라지곤 했는데, 가끔 밤새 번역한 내용을 상기된 표정으로 들려주곤 했다. 나중에 출간된 책을 받아보고서야 그의 가벼운 흥분을 이해할 수 있었다.

소설은 청년 렌튼의 성장기다. 렌튼은 기성세대가 강요하는 좋은 삶, 성공이라 말하는 삶을 의심하고 거부한다. 마약과 일탈을 일삼던 그는 결국 자기만의 길을 찾아간다. 세상과 거칠게 부딪히는 렌튼의 모습에서 나는 전형적인 삶의 궤도에서 벗어나지 않으려는 소심한 나를 발견했다. 그즈음 나는 '결혼은 되도록 서른 전에 해야지' 하고 생각했던가. 그런 나에게 렌튼은 펀치를 날렸다.

"인생을 선택하라. 월부금을 짊어진 인생을 선택하라. 세탁기를 선택하라. 자동차를 선택하라. 소파에 앉아 인스턴트 식품을 먹으면서 정신을 마비시키고 영혼을 피폐하게 만드는 퀴즈쇼를 보는 인생을 선택하라. …… 인생을 선택하라. 인생을 선택하라. 하지만 나는 인생을 선택하지 않는 것을 선택한다."

아무것도 선택하지 않았다는 점에서 렌튼은 누구보다 깨어 있었다.

렌튼은 마약을 하며 방탕하게 살아간다. 사회가 등 떠미는 삶, 많은 이들에게 인정받는 삶을 거부한 그에게 마약은 자연스러운 선택이었다. 그 와중에도 렌튼은 왜 자기가 마약을 하는지 끊임없이 질문을 던졌다. 그는 마약에 의존하는 것 또한 사회 주류에서 벗어나지 않기 위해 애쓰는 사회 의존증과 비슷하다는 것을 깨달았다.

그리고 마침내 사회가 인정해 주는 삶, 다른 사람에게 인정받기 위한 삶이 아니라 스스로 선택한 삶을 받아들이면서 평범한 생활로 돌아갈 수 있게 된다. 아무것도 선택하지 않을 자유를 선택하면서 스스로 정말 바라는 선택을 하게 된 것이다. 아무것도 선택하지 않는 것, 그것은 삶의 가능성을 모두 열어 두겠다는 뜻이다.

생각해 보자. 나의 일상에서 일어나는 수많은 일들이 어떤 힘에 의해 결정되는가. 내가 살아가는 모습, 감정, 일, 꿈꾸는 미래는 어떻게 결정되었나. 현대사회만큼 한 사람 한 사람에게 미치는 외부의 영향력이 강력했던 때는 없다. 사회적 관습이나 상식, 보편적 가치, 도덕적 잣대뿐만 아니라 미디어와 인터넷에서 쏟아지는 각종 정보와 전문가의 충고, 타인의 경험과 소문까지……. 어릴 적에 동화 「피리 부는 사나이」를 읽고 무서웠던 기억이 난다. 동네 아이들이 피리 소리에 정신을 빼앗기고 어디론가 사라진다. 책에 그려진, 아이들이 없는 텅 빈 거리에 가득한 정적이 무서웠다. 현대사회를 살아가는 우리는 수많은 피리 소리에 둘러 싸여 있는 것인지도 모른다. 그 보이지 않는 힘이 내 삶을 좌지우지 않고 지배하지 않도록 경계하는 것이 진짜 내 삶을 살아가는 방법이다.

환경운동가 이수진 씨 칼럼 중에서 재미있는 대목을 읽었다. 그녀가 귀농한 지 얼마 안 돼 동네 할머니에게 농사 잘 짓는 법에 대해 물으며 오갔던 대화다.

"할머니, 콩은 언제 심어요?"

"모를 내야 심지."

"모는 언제 심어요?"

"고추를 심어야 심지."

"고추는 언제 심어요?"

"내가 심을 때 심어."

촌할머니의 헐렁한 농사법이지만 어떻게 살아야 하는가에 대한 답이 생생하지 않은가.

열 • 여 • 덟

세상에 하찮은 일이란 없다,
하찮게 보는 바보들이 있을 뿐

친구의 아버지가 시골 초등학교 '소사 아저씨'로 정년퇴임을 했다. 소사는 학교에서 궂은일을 도맡아 하는 관리인을 낮춰 부른 말이다. 초등학교 때 반 아이가 유리창을 갈아 끼우는 관리 아저씨에게 다가가 "아저씨는 왜 선생님이 아니에요?" 하고 당돌하게 물었던 기억이 난다. 어느 학교나 비슷했을 텐데 친구는 아버지가 일하는 학교에서 6년을 공부하고 졸업했다. 마음고생 좀 했겠지 싶었다. 그러나 친구는 담담했다.

"어려서는 철없어서 몰랐고 커서는 그냥 아버지의 직업이라고 생각한 거 같아."

그는 평생 열심히 일했다. 부러진 의자를 고치고 전구를 갈아 끼우고 일요일에 눈이 내리면 학교로 달려가 눈을 치웠다. 오래된 학교 건물은 손 볼 데가 많았지만 그는 자신이 해야 할 일이 많아서 좋다고 했다. 학교에서 제일 먼저 출근하고 가장 늦게 퇴근하며, 맡은 일은 틀림없이 해내는 그에게 교장은 '교사 한두 명은 없어도 되지만 소사 아저씨는 꼭 있어야 한다'며 존경을 표했다. 그 사이 스물 몇 해가 흘렀고 어느덧 퇴직을 맞았다. 퇴임 축하 겸 가족끼리 조촐한 저녁 자리를 가졌다면서 친구는 말했다.

"우리 아버지가 정말 그 일을 사랑하셨나 봐. 후회 없이 일했다고 하면서도 눈물이 그렁그렁하셔서……."

나도 그만 먹먹해졌다. 자신의 소명을 무사히 마친 뒤의 만족스러움과 아쉬움을 100미터 달리기를 전력질주하고 결승선에 들어왔을 때의 기분에 비할 수 있을까. 친구의 아버지에게 학교를 관리하는 일은 천직이었다. 하늘에서 내린 직업으로 알고 몸과 마음을 다했다. 자신의 손을 거치는 일은 완벽하게 마무리 지으려 노력했다. 한 번의 망치질, 빗자루질도 허투루 하지 않았다. '신성'이 온전히 자신의 모든 것을 쏟아부을 때 생겨나는 그 무엇이라면, 그의 손길이 닿는 데마다 신성이 담겨 있었다.

요즘에는 열악한 환경 속에서 한 가지 일에 끈질기게 매진하는 이들을 고지식하다고 생각한다. 능력이 부족해서 다른 일을 못하거나 변화를 두려워하는 사람으로 폄하하는 것이다. 그러나 세상은 자신의 일을 소중히 여기며 성실하게 해내는, 우직한 사람들에 의해 움직인다. 이들의 성실함으로 세계는 조금씩 더 나아진다고 나는 믿는다.

나는 〈생활의 달인〉이라는 방송을 즐겨 본다. 생산 현장에서 뛰어난

숙련도를 보여 주는 평범한 사람들이 주인공이다. 건물 2, 3층 높이로 쌓은 스티로폼 상자를 한 개도 흘리지 않고 옮기는 공장노동자, 한 움큼씩 정확한 양의 소금을 집어 고등어에 뿌리는 어물전 상인, 빛의 속도로 신문에 삽지를 끼우는 신문배달원……, 그들의 솜씨는 빠르고 정확하다. 인간의 능력이 어디까지인지 놀랍기만 하다. 특별한 비결은? 없다. 달인들은 한결같이 "그걸 어떻게 말로 하나? 하다 보니 그렇게 되었다"라고 대답한다.

그들은 자신의 일에서 삶의 철학을 세웠다. 무슨 일을 하느냐보다 어떻게 일을 하는지가 더 중요하다는 것을 알고 있다. 달인들이 무심히 던지는 말 한 마디는 어느 철학자의 말보다 울림이 있다. 10년, 20년 매일매일 똑같은 일을 계속하면서 삶의 이유, 자신의 존재 이유를 깨닫는 그들은 생활 속의 수행자이자 철학자다.

일회용 라이터 공장 직원 김순래 씨는 라이터 가스 누출을 검수하는 일을 해 왔다. 올해 20년째다. 처음에는 라이터 한 개씩 일일이 불을 켜 확인했지만 이제는 20개씩 연달아 불을 붙여 검사한다. 그녀가 개발한 방법이다. 우리나라에서 일회용 라이터를 생산하는 곳은 그 공장이 유일하다. 단 하나뿐인 공장에서 가장 뛰어난 검수 능력을 가진 김순래 씨는 우리나라 최고다. 주목받는 것이 계면쩍은지 수줍게 웃으며 그녀는 이렇게 말했다.

"이 일로 밥 먹고 애들 키우고 잘 살아왔어요. 몇 백 원짜리 라이터라고 해서 소홀하면 안 된다고 생각했어요. 그럼 내가 하는 일이 몇 백 원짜리밖에 안 되는 거니까요."

해물탕에 빠지지 않는 미더덕에도 숨은 달인이 있다. 송찬용 씨는 미더덕 껍질을 벗기는 일을 한다. 알맹이가 터지지 않게 껍질을 벗기는 솜씨는 함께 일하는 아주머니들을 탄복케 한다. 18년째 하루 12시간 짜디 짠 소금물에 손을 담그고 일하는 동안 손가락 지문이 닳아 없어졌다. 명색이 남자인데 좁은 배에 쪼그려 앉아 같은 일을 반복하는 게 지겹지 않느냐고 묻자 그는 배의 쪽창을 가리켰다. 그 작은 창문으로 바다가 넘실거렸다.

"저 넓은 바다, 큰 바다를 만날 보는데 좁은 생각이 들겠어요?"

또 한 명의 주인공은 문동희 씨다. 그는 컴퓨터, 핸드폰 등 폐전자제품에서 금을 채취하는 도시 광산업체에서 일한다. 전자제품에서 떼어낸 금을 1800도가 넘는 도가니에 녹이고 성형 틀에 부어 1킬로그램짜리 금괴를 만든다. 녹인 금을 단 0.0001그램의 오차도 없이 틀에 붓는 솜씨는 저울이 따로 필요 없다. 50도가 넘는 공간에서 사우나 하듯 땀을 흘리고, 여름에는 몸무게가 10킬로그램씩 빠진다. 힘들지 않느냐는 물음에 그는 어깨를 으쓱하며 말했다.

"이 정도는 일해 줘야 먹고 살지요."

라이터 검수, 미더덕 까기, 금괴 제작……, 생활의 달인들이 하는 일은 누구나 할 수 있는 일이다. 그러나 시시하다면 시시한 일에서 최선의 능력을 발휘하는 것은 아무나 할 수 없다. 달인의 탁월한 솜씨는 과학자가 뛰어난 발견을 하고 시인이 독창적인 시를 쓰는 일과 무엇이 다르랴.

　사람들은 밥벌이로서의 일이라고 혹평한다. 그러나 달인들은 오히려 '밥벌이'이기 때문에 더욱 혼신을 바쳐 일한다. 나를 살리는 밥, 밥을 벌어 주는 일보다 귀하고 엄숙한 것은 없다는 것이다. 오래 전에 판화가 이철수 선생을 뵈었을 때 선생이 한 편의 시를 소개해 주었다. 충청 지역에서 보일러공으로 일하면서 시도 쓰는 이면우 시인의 '화염경배'다.

　　보일러 새벽 가동 중 화염투시구로 연소실을 본다
　　고맙다 저 불길, 참 오래 날 먹여 살렸다
　　밥, 돼지고기, 공납금이 다 저기서 나왔다
　　녹차의 쓸쓸함도 따라 나왔다 내 가족의
　　웃음, 눈물이 저 불길 속에 함께 타올랐다.

　　불길 속에서,
　　마술처럼 음식을 끄집어내는 여자를 경배하듯
　　나는 불길처럼 일찍 붉은 마음을 들어 바쳤다
　　불길과 여자는 함께 뜨겁고 서늘하다
　　나는 나지막이 말을 건넨다 그래, 지금처럼
　　나와 가족을 지켜다오 때가 되면
　　육신을 들어 네게 바치겠다.

시인은 새벽에 일을 나갔다가 보일러 화염투시구에서 활활 타오르는 불꽃을 보고 뜨거운 감사에 젖는다. 보일러수리공, 남들은 변변치 못한 일이라고 하지만, 아내와 아이들을 거두고, 밥도 먹고 고기도 먹고 녹차라도 한 잔 마실 수 있었던 것은 다 그 덕분이다. 그 생각을 하니 보일러 불꽃에 울컥 감사한 마음이 들고, 먼 훗날 죽음이 가까워지면 그 불길에 몸을 바쳐 자신의 직업을 경배하며 은혜를 갚겠다는 것이다. 업業에 대한 뜨거운 감사와 경건함이 느껴지는 시다.

그런데 나는 보일러의 불꽃, 화염이 불가의 '화엄'으로 읽혔다. 티끌 하나에도 온 우주가 들어있다는 화엄사상 말이다. 틀린 말은 아니다. 밥벌이로서의 내 일을 사랑하고 최선을 다하는 것이야말로 온 우주를 지탱하는 데 한 힘 보태는 것이다.

토마스 무어는 "영혼이 충만하면 삶의 문제들로부터 자유로워지는 것이 아니라 일상의 삶에 깊이와 가치를 더하게 된다"고 했다. 자기 일에 성심을 다하는 사람들은 누구보다 영혼이 충만한 사람들이다. 그들에게서 오늘 내가 하는 일이 나를 살리고 세상을 살리는 것임을 깨닫는다.

열·아·홉

잊고 싶은 기억이 많다는 건
치열하게 살았다는 증거다

 나는 결혼 앨범이 없다. 내가 결혼하던 15년 전에도 결혼 앨범 만드는 게 유행이었다. 영화배우처럼 화장하고 꾸며 스튜디오에서 찍고 야외에서도 찍어 두툼한 앨범으로 만들었다. 비용이 만만치 않았지만 일생에 한 번(?) 치르는 결혼인 만큼 당연한 절차로 알았다. 그런데 나와 신랑은 앨범용 사진을 찍지 않았다. 식장에서 신랑 친구가 찍어 준 3×5 크기의 사진 몇 장이 전부다. 그나마 주례 앞에서 부동자세로 정색하고 찍었다. 로맨틱한 분위기는 전혀 없다.
 신랑 직업이 사진작가인데? 주위에서 이상하게 봤다. 그러나 내 입장에서는 전혀 이상할 게 없었다. 그래서 사진작가라서 사진을 더 안 찍었노라, 사진 몇 장으로도 소중한 기억은 충분히 간직할 수 있다, 그게 사진의 진정한 가치 아니냐고 되물었다. 그런데 나중에 남편이 말했다. 비오는 날 골목 쓰레기통에 버려져 있는 누군가의 결혼 앨범을 발견하고 자기는 앨범 같은 건 만들지 않기로 했다나? 그럼 우리 미래를 불안해했다는 것인데, 그때는 콩깍지가 씌어서 거기까지 생각 못 하고 단지 증오가 얼마나 대단하기에 결혼할 때의 찬란했던 사랑과 다짐, 약속을 쓰레기통에 처박아 버렸나, 하고 혀만 찼다.

주위에 이혼 경험이 있는 몇몇 사람에게 이혼하고 나서 결혼 앨범을 어떻게 했느냐고 물어 본 적이 있다. 아닌 게 아니라 이혼을 결정하고 나서 제일 골칫거리가 앨범이라고 입을 모았다. 다행히 비오는 날 쓰레기통에 버린 사람은 없었지만 다들 없애 버리고 싶은 마음은 같았다. 불에 태웠다는 이, 버리긴 뭣해서 친정으로 옮겨 놓았다는 친구, 가위로 잘게잘게 찢어 버렸다고도 했다. 가죽으로 두껍게 치장해서 만든 게 후회되더라는 친구의 농담은 되레 이혼의 아픔을 에둘러 말하는 것 같아 쓸쓸했다. 그런데 한 친구에게서 뜻밖의 대답을 들었다. 아직 앨범을 간직하고 있는 그 친구는 이혼한 지도 여러 해가 되었다. 키도 크고 늘씬해서 웨딩드레스가 잘 어울렸던 친구였다.

"차마 못 버리겠더라고. 남편이나 나, 모두에게 정말 좋았던 시절이잖아. 이혼이야 어쩔 수 없었지만 앨범 없앤다고 그 사람에 대한 나쁜 기억이 모조리 사라지는 것도 아닐 테고. 그냥 놔둘 거야. 다시 열어 볼 일이야 없겠지. 그냥 없애지 않으면 내가 살아온 시간이라고 받아들일 것 같아. 만약 재혼해도 이 앨범 들고 가려고 하는데 그럼 너무 우스울까? 이 앨범 받아 주는 남자라면 틀림없이 좋은 사람이지 않겠니?"

"그런 남자가 세상에 어디 있냐?" 나는 이런 대답으로 친구를 무안하게 했던 듯하다. 대신 자기 옛날 여자를 욕하거나 나쁘게 말하는 인간하고는 절대 만나지 말라고 당부했다. 그런 남자는 100퍼센트 나쁜 사람일 거라고 했다. 지우고 싶은 과거를 그대로 가져가겠다는 친구는 분명 좋은 사람을 만나리라 믿는다.

평균 수명을 80으로 보면 나는 딱 절반을 살았다. 나이가 드는 건 그만큼 기억해야 할 일이 점점 늘어난다는 것이다. 살바도르 달리 전시회에 갔을 때 인상적인 작품을 보았다. 가슴부터 배까지 작은 서랍이 여러 개가 달린 조각품이었다. 지나간 날들의 모든 일들이 서랍 속에 차곡차곡 저장되어 있다는 느낌이 들었다. 누구에게나 기억하고 싶지 않은 일, 생각하기도 싫은 사람이 있다. 상처와 분노, 자책감으로 얼룩진 시절, 그 시절을 지워 버리면 좋겠다는 생각을 한다.

영화 〈이터널 선샤인〉에는 원하는 기억을 지워 주는 라쿠나 회사가 등장한다. 주인공 클레멘타인은 남자친구 조엘에 대한 실망과 상처가 너무 커서 조엘에 관한 모든 기억을 삭제한다. 이를 알게 된 조엘도 화가 나서 라쿠나 회사를 찾아가 똑같이 기억을 지운다. 두 사람은 서로에게 낯선 사람이 된다. 아무것도 모른 채 다시 만난 두 사람은 우여곡절 끝에 그들이 연인이었음을, 또 기억을 지워 버렸을 만큼 서로를 미워하고 아프게 했다는 사실을 알게 된다. 두 사람은 헤어졌을까? 조엘은 "괜찮다. 다시 시작하자"고 말한다. 설령 똑같은 상처를 받을지라도 어쨌든 다시 서로를 사랑하겠다고 생각한 것이다.

만약 기억을 지워 주는 라쿠나 회사가 현실에 있다면? 아마도 최신 휴대전화를 사려고 밤새 기다리는 사람들처럼 끝없이 줄을 서고 있지 않을까. 애인과 헤어지고 나서, 누구와 크게 싸우고 난 뒤, 사랑하는 이가 숨을 거두었다면, 제일 먼저 기억상실 회사로 달려가 당장 아픈 기억을 지워 달라고 할 것 같다. 실제 그런 기술을 연구하고 있기도 하다. 몇 년 전 신문에서 서울대 생명과학 연구팀이 뇌 신경세포에서 장기기억을 담당하는 단백질을 발견했다는 기사를 읽었다. 그때 잠깐 이 신기술이 인간에게 어떤 영향을 미칠까, 하는 생각을 했다. 성폭행 등의 돌이킬 수 없는 아주 끔찍한 일을 겪은 아이들에게는 정말 필요한 기술이겠다 싶었다. 하지만 그 기술을 남발해서 기억하고 싶은 일만 기억하게 된다면 그 삶이 정말 나의 삶이라고 말할 수 있을까? 그런 의문이 들었다.

그러나 다행히(?) 아직 어떤 기술로도 기억은 지울 수가 없다. 어린 시절 누군가에게 상처받은 일, 부끄러움으로 남은 짝사랑, 그리고 배신당한 일……. 이런 나쁜 기억들은 죽을 때까지 내 마음의 서랍 속에 들어있을 것이다. 예전에는 이런 기억들이 문득문득 떠오를 때면 얼굴을 찡그리고 도리질을 했다. 그런데 차츰 기억 위에 또 다른 경험들이 쌓이면서 그 일들이 다르게 해석되기도 했다. 다른 삶의 문제를 풀어내는 열쇠가 된 적도 있다. 그 일을 본보기로 삼아 다시는 같은 실수를 되풀이하지 않으리라 다짐도 했다.

그러면서 어느 순간 그 기억들을 담담히 받아들이는 나를 발견했다.

그건 나쁜 기억들과 화해한다거나 상처 준 사람들을 용서하겠다는 의미와는 다르다. 있는 그대로 바라보는 것, 좋은 기억이건 나쁜 기억이건 그냥 삶이었다고 생각하는 것이다. 누구의 잘못을 가리기 전에 살다 보면 충분히 그럴 수도 있었다고 말이다. 완벽한 인생은 없다. 그렇다면 완전한 용서도, 화해도, 완전한 치유도 불가능하다. 그런 마음들이 뒤죽박죽되어 살아갈 뿐이다. 불완전한 삶이지만 그대로 껴안고 가는 것, 그게 나를 위해 내가 할 일인 것 같다.

잊어버리고 싶은 기억이 많다는 것은 그만큼 열심히 치열하게 살았다는 소리다. 안도현 시인은 "삼겹살을 구울 때 고기가 익기를 기다리며 젓가락만 들고 있는 사람은 삼겹살의 맛과 냄새만 기억할 수 있을 뿐이다. 하지만 고기를 불판 위에 얹고, 타지 않게 뒤집고, 가스레인지의 불꽃을 조절할 줄 아는 사람은 더 많은 경험을 한 덕분에 더 많은 기억을 소유하게 된다"고 말했다. 시인의 말이 위로가 된다. 열심히 뒤집다 보니 불에도 데고 고기도 떨어뜨렸을 것이다. 양탄자 명산지로 유명한 중동의 어느 나라 사람들은 양탄자를 짤 때 무늬와는 전혀 다른 실을 일부러 중간에 끼워 짠다고 한다. 완벽한 무늬의 양탄자가 없듯 완벽한 인생도 없다는 것을 기억하라는 뜻이다.

여든다섯의 시어머니는 서서히 기억을 잃어가고 있다. 그 세대의 사람들이 그렇듯이 어머님도 전쟁과 혼란 속에 원하는 삶을 살지 못했다. 언젠가 어머니에게서 "외삼촌이 일본에 데려가 공부시켜 준다고 했는데 그때 따라가지 못한 게 한"이라고 하는 말을 들었다. 전쟁 때 자식

셋을 잃었으며 남편을 먼저 보냈다. 어머니의 그 모든 기억이 사라지고 끝내는 자식들에게 "댁은 누구시우?" 하고 물을 날이 올지도 모른다. 그날을 상상하니 슬프다. 인간에게 가장 무서운 병은 기억이 사라지는 병이다. 생의 마지막까지 나의 모든 기억들이 온전하기를, 그 기억들에 공손해하면서 살기를 바란다.

스 · 물

가질 수 없으면
즐기면 된다

나는 다이어리를 쓰지 않는다. 칸칸마다 무슨 말이든 써넣어야 하는 부담감 때문이다. 또 날짜와 시간대별로 할 일을 적다 보면 시간을 효율적으로 쓴다는 느낌보다 오히려 시간을 낭비하고 있는 나를 발견하게 된다. 약속이 없는 날이나 아무것도 쓰여 있지 않은 빈 칸은 그날 하루를 잘못 산 것 같아 찜찜하다. 그 칸에 명언이라도 한 줄 섞어 넣는 나를 보고 언젠가부터 다이어리 쓰기를 포기했다.

그러다 예쁜 다이어리를 선물 받고는 작심하고 써 봤다. 항목 중에 갖고 싶은 물건을 적으라는 위시 리스트가 있었다. 번호가 매겨진 빈 공간은 '어서 빨리 네가 갖고 싶은 걸 적어!' 라고 재촉하는 듯했다.

'우선 노트북을 새로 사야겠고 휴대전화도 바꿀 때가 지났지, 참 여름 샌들도 하나 필요한데……' 다 채울 수 있을까 싶었는데 순식간에 모든 칸이 채워졌다. 머릿속에 떠다니던 물건을 글로 적고 눈으로 읽으니 갑자기 그 물건들을 사야겠다는 생각이 절실해졌다. 하지만 그럴 형편이 못 되었다. 나는 '위시 리스트'를 지우고 그 위에 '당장 필요하지 않은 것들'이라고 적었다. 노트북, 휴대전화, 여름 샌들은 이제 더 이상 나에게 필요하지 않은 것들이 되었다.

맛있는 음식을 먹고, 물건을 사고, 여행을 하고……, 모두 행복해지기 위한 일들이다. 그런데 돈이 든다. 어느 만큼은 돈으로 행복해질 수 있다. 그러나 내가 가진 능력보다 더 많은 것을 원하게 되는 순간 행복은 탄탈로스의 고통처럼 채울 수 없게 된다. 그리스 신화에 나오는 탄탈로스는 신들의 음료수를 빼돌렸다는 죄목으로 지옥에 떨어져 영원한 굶주림과 목마름의 형벌을 받는다. 턱밑까지 찰랑거리는 연못 속에 갇힌 그는 마른 목을 축이려 물에 입을 대면 물이 쑥 줄어들고, 배가 고파 탐스러운 과일에 손을 뻗으면 가지가 멀리 달아난다. 탄탈로스의 고통은 영원히 채울 수 없는 욕망을 뜻한다.

가끔 아이를 보면서 생각한다. 돈을 잘 버는 능력과 돈 없이도 스스로 행복할 수 있는 능력 가운데 하나만 아이에게 줄 수 있다고 하면 무엇을 택할까. 두 가지 다 가지면 좋겠다는 게 엄마의 솔직한 심정이라면 속물일까. 그래도 고르라면 스스로 행복할 수 있는 능력을 갖기를 바란다. 무엇무엇 때문에 행복한 게 아니라 스스로 행복을 만들어 낼 줄 알면 돈은 그렇게 중요하지 않다.

돈을 쓰지 않아도 충분히 가질 수 있는 기쁨이 세상에는 아주 많다.

다만 그것을 가지려 애쓰지 않을 뿐이다. 미국 플로리다에 사는 프레나 토마스 할머니는 특별한 보물을 간직하고 있다. 바로 하늘에서 내리는 눈이다. 33년 전인 1977년, 사시사철 따뜻한 플로리다에 거짓말처럼 눈이 내렸다. 6센티미터에 이르는 폭설이었다. 할머니는 자신의 생애에서 처음이자 마지막일지 모를 눈이라고 생각해 냉장고에 눈을 보관했다.

허리케인으로 전기가 끊기기도 하는 등 몇 번 위기가 있었지만 눈은 아직까지 무사하다. 할머니는 냉장고에서 눈을 꺼내 볼 때마다 웃음이 난다. 생전 처음 보는 눈 속에서 친구들과 눈싸움을 하며 얼마나 신이 났는지, 생각만 해도 즐겁다. 그 뒤 33년이 흐르는 동안 플로리다에는 단 한 번도 눈이 오지 않았다. 오직 할머니의 냉장고에 플로리다의 눈이 간직되어 있을 뿐이다. 플로리다 주민들 가운데 33년 전의 눈을 기억하고 그 설렘과 기쁨을 즐기는 사람은 할머니가 유일하다.

눈은 신비하다. 차갑지만 마음을 따뜻하게 한다. 솜털처럼 작지만 온 세상을 덮는다. 좋은 일이 일어날 듯 마음을 설레게 하고 낯선 이들에게도 친절을 베풀게 한다. 눈은 공짜로 즐길 수 있는 행복이다. 그러나 모든 사람이 눈을 즐기는 건 아니다. 누구에게는 눈이 얼음 조각에 불과하며 빨리 치워야 할 골칫덩어리일 뿐이다. 토마스 할머니는 금방 녹아 사라지는 눈을 자기만의 보물로 만들었다. 할머니에게는 일상에서 기쁨을 찾아내는 능력이 있다. 그 특별한 능력이 할머니를 평생 행복하게 만들었을 것이다. 솔라 포스트라는 사람이 말했다.

"사람들은 왜 항상 자신들이 가질 수 없는 것에만 열중하는 것일까. 왜 사람들은 구하기만 하면 충분히 얻을 수 있는 것들—시골 밤하늘의 아름다운 풍경, 꽃들의 색깔, 눈송이의 신비함, 하늘을 떠다니는 구름의 행렬 등—을 즐기려 하지 않는 것일까? 우리는 왜 이미 갖고 있는 이 풍요로움에 대해서는 만족하지 못하는 것일까."

그림책 『빨간 끈으로 머리를 묶은 사자』에도 비슷한 이야기가 나온다. 어느 날 숲속을 걷던 사자가 땅속에서 길게 삐져나온 빨간 끈을 발견했다. 사자는 끈을 갖고 싶었지만 너무 깊이 박혀 뽑을 수가 없었다. 사자는 엉엉 울었다. 그때 마침 지나가던 거미가 다가왔다. 거미는 빨간 끈을 뽑지 않고 사자의 갈기에 묶어 주었다. 사자는 펄쩍펄쩍 뛰며 좋아라 했다. 저자 남주현은 책 뒷장에 이렇게 썼다.

"가지지 않아도 할 수 있는 몇 가지. 들에 핀 꽃 꺾지 않아도 향기는 맡을 수 있고 숲속 벌레를 잡지 않아도 귀여운 모습을 볼 수 있다. 반짝반짝 예쁜 별 따갈 수는 없지만 해 뜨기 전까지 볼 수 있다. 다음날에도 그 다음날에도. 그리고 언젠간 이 모든 걸 두고 떠나야 하지만 이 모든 걸 즐길 순 있지."

사자가 빨간 끈을 갖지 않고도 즐길 수 있었던 것처럼 행복은 소유에 있지 않다. 소유는 잠깐일 뿐이다. '언젠간 이 모든 걸 두고 떠나야' 하는 게 인생이다. 모든 걸 두고 가야 한다는 사실이 뭉클하다. 평소엔 죽음이 나와 멀다고 느끼지만 한 번씩 이런 글귀를 읽을 때마다 정신이 번쩍 든다. 삶에 대해 골똘히 생각해 본다. 결론은 늘 비슷하다. 더 많이 가지기 위해, 더 많이 이루기 위해 안달하고 속상해하고 화내면서 살지 말자, 그 시간에 더 많은 기쁨을 느끼고 더 행복해지자고 다짐한다.

동시를 쓰는 이준관 시인의 취미는 골목길 산책이다. 시인은 날마다 일정한 시간에 집 근처 골목을 하릴없이 걷는다. 똑같은 골목이지만 매일 다른 이야기를 보고 느낀다. 시인이 그 골목길로 나를 초대하여 함께 산책한 적이 있다. 겨우 자동차 한 대가 지나갈 정도로 좁은 골목에 솜틀집, 이발소, 쌀집, 기름집, 세탁소가 다닥다닥 붙어 있었다.

시인은 담벼락에 아이들이 뭐라고 낙서했는지 가까이 가서 보자고 했고, 담벼락에 걸어둔 시래기 묶음을 보고는 뜨끈한 시래깃국 맛을 아느냐 물었다. 플라스틱 페트병을 잘라 만든 화분에서는 마음씨 좋은 주인을 떠올렸으며, 낮잠 자는 개가 깰까 목소리를 낮추기도 했다. 시인의 말 몇 마디로 누추한 골목길이 환해졌다. 시인은 골목의 노을이 특히 아름답다며 언덕으로 올라갔다. 그러고 보니 서울에서 노을을 본 지 꽤 오래되었다는 사실을 깨달았다.

"관심을 가지고 바라보면 모든 것이 사랑스럽습니다. 요즘 사람들은 무관심해요. 세상과 이웃, 심지어는 자기 자신에게도 무관심하지요. 바쁘다는 핑계를 대며 정신없이 살아갈 뿐이에요. 그러니까 사는 것이 따분하고 지루하고 살기 싫어지는 것입니다."

골목길 산책에서 느끼는 기쁨은 돈을 주고 살 수 없다. 시인의 말처럼 '관심'을 가질 때만이 기쁨을 즐길 수 있다. 오랜만에 나를 둘러싼 것에 '관심'을 가져 보았다. 횡단보도에 서 있을 때는 나와 같이 파란

불을 기다려 주는 가로수가 정겹고, 거리의 의자는 다리가 아플 때쯤 나타나니 고마운 생각이 든다. 사철 쾌적한 쇼핑센터는 남 눈 의식하지 않고 혼자 산책하기 좋으며, 빵집에서 풍기는 빵 냄새는 먹지 않아도 행복하다. 더구나 빵 냄새는 공짜다!

행복해지는 일은 생각보다 쉽다. "행복은 사소한 일에 관심을 기울일 때 생겨난다. 불행은 사소한 일들을 무시할 때 생겨난다"고 빌헬름 부쉬는 말했다. 어느 누구의 삶도 특별하지 않다. 다들 근심과 슬픔, 기쁨이 얽힌 일상을 살아간다. 돈, 명예, 권력, 그 어느 것도 완전한 행복을 주지 않는다. 나에게 행복한 일이 일어나기를 기다리는 대신 나를 행복하게 하고 즐겁게 만드는 일을 찾아보는 게 훨씬 현명하다. 깨끗한 속옷으로 갈아입는 상쾌함, 새 칫솔을 꺼내 쓸 때의 개운함 속에도 행복은 있다. 파울로 코엘료는 말했다.

"진정한 자유를 경험한다는 것은 세상에서 가장 소중한 것을, 소유하지 않은 채 가지는 것이다."

마음으로 얻는 것이 진정한 내 것이다. 자, 이쯤 되니 다이어리 제작자들에게 '돈 없이도 즐길 수 있는 행복'이란 항목을 넣어 달라고 부탁하고 싶다. 그런 다이어리라면 쓰고 싶은 말이 좀 있을 것 같다.

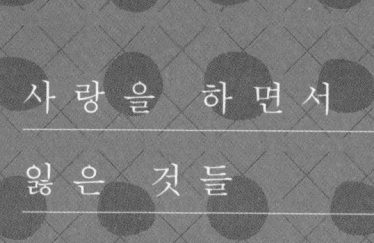
사 랑 을 하 면 서
잃 은 것 들

1 :: 내 책상은 어디에

예전에 여성학자 오한숙희 선생이 "당신의 책상만은 절대로 잃어버리지 말라"고 당부했다. 그때는 결혼하더라도 자기만의 공간을 잃어버리지 말라는 것쯤으로 알아들었다. 그런데 생각해 보니 그 말은 공부하기를 게을리 말라는 거다. 사랑하면 둘만의 생각에 갇히게 된다. 결혼한 뒤에는 집과 가족밖에 모르게 된다. 가족의 앞날만 걱정하게 된다. 아무 생각 없이 살면 사는 데 급급해지고 시야는 점점 좁아진다. 책을 읽어야 나를 잃지 않고 인생을 지혜롭게 살 수 있다. 책상 놓을 데가 없다고? 그럼, 밥상을 펴면 된다.

2 :: 내가 마요네즈를 싫어한다고?

식빵에 마요네즈를 발라 먹는 걸 좋아했다. 결혼 후에는 안 먹었다. 남편이 마요네즈를 싫어해서다. 그러니 나도 자연히 안 먹고 말지 했다. 연애 시절 대부분 남편의 식성을 따랐다. 남편은 "뭐 드실래요?" 하고 친절하게 물었지만 나는 번번이 아무거나, 좋으실 대로, 다 잘 먹어요, 이렇게 대답했다. 사랑에 빠지면 마음의 안테나가 상대에게 향한다. 상대를 중심으로 생각한다. 어떤 결정도 상대가 하기를 바란다. 연애 초기에는 부끄러움 때문에, 상대를 위한 배려에서, 나중에는 귀찮아서 내 욕구를 말하는 데 소극적이 된다. 그게 익숙해지면 어느 날 상대가 알아서 내 욕구를 잘라 버린다. "너 마요네즈 싫어하잖아."

3 :: 울면 따라 울고, 웃으면 덩달아 웃는다?

주차장에서 젊은 여자와 아주머니가 실랑이를 했다. 누가 봐도 젊은 여자가 잘못했다. 그런데 뒤늦게 나타난 여자의 애인은 무조건 여자 친구 편을 들며 고래고래 목소리를 높였다. 남자는 상황 판단은 제쳐두고 여자 친구의 감정을 동일시한 것이다. 사랑을 하면 상대의 감정에 휩쓸리기 쉽다. 슬프면 따라 울고 우울하면 덩달아 기분이 가라앉는다. 그의 감정에 따라 내 기분이 크게 좌우된다. 동감은 서로의 감정에 동화되는 것이다. 그것은 서로의 사랑을 깊게 하지만 때로는 현명한 판단을 가로막기도 한다. 그러므로 아무리 사랑한다 해도 내 감정과 판단, 내 가치관을 잃지 말아야 한다.

4 :: 처음 그 느낌이 아니야

설렘과 끌림은 사랑을 이어 주지만 아쉽게도 일찍 사라진다. 오히려 사랑이 깊어지면 세상에 완벽한 사람은 없다는 걸 알게 된다. 내가 좋아하는 사람도 불같이 화를 내고 비이성적인 행동을 할 때도 있구나 하며 실망한다. 그때마다 내가 사람 잘못 봤나? 변했어! 내가 알던 사람이 아니야, 한숨 쉬기 마련. 그러나 그는 원래 그런 사람이었다. 그러니 치명적인 결함이 아니라면 봐주자. 참, 설렘을 오래 이어갈 수 있는 방법이 있다. 상대를 배려하는 따뜻한 말 한 마디와 행동이 설렘보다 더 깊은 신뢰를 준다!

5 :: 누구도 친구의 자리를 대신하지 못한다

사랑에 빠지면 연락이 두절되는 친구들이 있다. 회사 회식에도 불참, 친구 모임도 불참……, 모든 시간을 연인에게 바치는 그들이다. 껌처럼 붙어 무엇이든 늘 둘이서 함께 하려고 한다. 그러나 연인이 친구를 대신할 수는 없다. 연인은 나를 잘 봐주고 칭찬하고 은연중에 자기 편한 대로 행동하기를 원한다. 하지만 친구는 나에게 현실적이고도 객관적인 충고를 해 주는 유일한 사람이다. 트레이닝복에 민낯으로 만나도 아무렇지 않은 편한 친구! 연인 때문에 친구와 멀어지거나 단절하지 마라. 또 진짱한 사랑은 떨어져 있어도 함께 있는 듯한 기분이 드는 법이다.

사랑을 하면서
얻은 것들

1 :: 외모와 화해하다

사랑하면 예뻐진다. 기쁨과 설렘, 그리고 상대에게 잘 보이고 싶은 마음이 얼굴에 드러난다. 언젠가 연애다운 연애를 처음 해본 친구가 말했다. "난 내가 너무 못생겨서 남자들이 나를 싫어하는 줄 알았어. 그런데 이 남자는 나 보고 속눈썹이 길어 귀엽다네." 친구는 연애하면서 스스로 못났다는 생각에서 벗어났다. 비록 속눈썹을 칭찬해 준 남자 친구와는 헤어졌지만 그녀는 자기 얼굴을 불만스럽게 말하는 버릇을 버렸다. 자기 외모에 너그러워진 친구는 그 다음 사랑을 더 잘 가꾸어 가지 않았을까.

2 :: 짝사랑을 거절한 사람이 더 아프다

가끔 내가 짝사랑했던 사람은 잘 살고 있을까, 궁금해진다. 반면에 내가 차갑게 거절했던 이를 생각하면 마음이 안 좋다. 왜 그리 차갑게 굴었을까 후회스럽다. 베르테르는 약혼자가 있는 샤로테를 짝사랑하다 결국 권총 자살하지만, 거절해야만 했던 샤로테도 괴로웠을 것이다. 연구에 따르면, 짝사랑한 사람보다 사랑을 거절한 이의 상처가 더 오래간다고 한다. 상대에게 상처를 주었다는 생각 때문이다. 우리는 누군가에게 사랑을 거절당하지만 때로는 누군가의 사랑을 차갑게 거절하기도 한다. 그 사이에서 사람에 대한 예의를 배운다. 모든 사랑이 아름다운 것은 아니다. 배려하는 사랑이 진짜 사랑이다. 사랑해서 헤어진다는 말도 있잖은가.

3 :: 이별, 그럴 수도 있었음을 이해하다

이별할 때 원수처럼 으르렁대며 서로에게 상처를 있는 대로 주는 이들을 본다. 치사할 만큼 서로의 잘못을 속속들이 나열하는 그들은 서로 사랑한 거 맞나 싶다. 이별은 꼭 아프고 괴로워야만 하는 것일까? 이별을 통해 우리는 배우고 성장한다. 어떤 이유에서 헤어지든 이별은 나 자신의 내면을 돌아보게 한다. 사랑과 이별은 두 사람이 만들어가는 것, 세월이 흐를수록 누구의 책임도 아니었다는 것을 깨닫게 된다. 오히려 사랑한 기억보다 이별의 순간이 더 마음에 남는다. 연애의 핵심은 이별에 있는 것 같다. 사랑은 영원하지 않다. 그러나 사랑의 끝이 이별은 아니다. 이별은 더 깊고 성숙한 사랑으로 가기 위한 징검다리다.

4 :: 내가 좋다고 상대도 좋은 것은 아니다

사자와 소가 사랑하다가 헤어지게 되었다. 둘은 서로에게 최선을 다했다고 하는데 왜 헤어졌을까. 알고 보니 사자는 소에게 사냥한 고기를 선물로 주었고, 소는 이른 아침 들판에서 싱싱한 풀을 뜯어다가 사자에게 선물했다. 그러고는 상대에게 모든 걸 주었다고 생각했다. 사랑에 빠지면 상대에게 끊임없이 무언가 주고 싶다. 그러다 보면 나는 늘 주는 쪽이라고 생각하게 된다. 하지만 상대는 뭔가 불만족스러워하고 나는 도대체 뭐가 잘못된 것인지 어리둥절하다. 상대에게 최선을 다했다고 생각하지만 그게 최선이 아닐 수 있다. 내가 주고 싶은 것만 준 것은 아닌지, 내가 더 많이 사랑한다고 생각할 때 짚어 보라. 내가 좋다고 상대도 좋은 것은 아니다.

5 :: 남자보다 더 아껴야 할 내 몸!

사랑하는 사람을 위해 많은 걸 해내느라 내 몸은 종종 혹사당한다. 희생이 반드시 사랑은 아니다. 상대가 나를 정말 사랑한다면 내 몸이 아픈 걸 바라지 않을 것이다. 적당한 희생이 서로에게 좋다. 또 남자 때문에 속이 상해 끼니도 거르고 술을 마시기도 한다. 감정을 쌓아 두고 화를 참느라 속병이 생긴다. 그러면 나만 손해다. 말해서 풀고 씻어내라. 그런 버릇을 들여야 서로 오해가 쌓이지 않는다. 사랑 때문에 내 몸을 학대하지 마라. 건강한 몸에 건전한 정신이 깃든다는 것은 틀린 말이 아니다.

스·물·하·나

'누구나 다 그렇게 산다'는
말 뒤로 숨지 마라

화가 황주리 선생은 여러 권의 책을 낸 에세이스트이기도 하다. 문예지 편집부에 근무하던 시절 선생의 그림과 글을 잡지에 연재했다. 달마다 편집장이 화가의 글과 그림을 받아 와 건네주면 교정지에 얹히고 교정을 보는 게 나의 일이었다. 그림 속엔 안경, 원고지, 불도그가 그려져 있었다. 그림보다 글이 좋았다. 편집자를 수고롭지 않게 하는 정확한 문장과 마음에 와 닿는 다정한 내용이었다.

나는 그녀가 부러웠다. 유명한 화가에 문사의 기질만 탐난 것은 아니다. 출퇴근하지 않는다는 사실! 짐작하건대, 화가는 원하는 시간에 일어나고 잠들고 무엇에도 얽매이지 않을 거라 생각했다. 그 '게으른 자유로움'이 부러웠던 것이다. 그렇게 살면서 생계까지 해결한다면 성공한(?) 삶이 아닌가.

성공과 자유에 대한 생각이 빈약했던 그때 나는 직장 생활 4년차였다. 그저 그런 직장 생활에 슬슬 지겨움을 느끼던 터였다. 매일 같은 시간에 기계처럼 출근해 교정지에 얼굴을 묻고 틀린 글자 찾아내기, 틈틈이 상사에게 불려 가 띄어쓰기 틀렸다고 지적받기, 지하식당에 줄을 서서 맛없는 밥 돈 주고 사 먹기……, 그 사이사이 '나는 왜 이렇게 살까' 투덜대고, 과거의 실수를 되새김질하고, 사소한 걱정으로 나 자신과 티격태격했다. 이렇다 할 재능도 불타는 열정도 없으니 다소 뻔한 삶을 살 거라고 예감하면서도, 누구나 다 이렇게 사는 거라고 약삭빠르게 스스로를 달래기를 반복했다.

그리고 십 몇 년이 흘렀다. 그동안 몇 번 직장을 옮기고 남자를 만나 결혼을 하고 엄마가 되었다. 우연히 황주리 선생을 인터뷰하게 되었다. 그해 들어 가장 추운 날이었다. 경복궁 근처 화랑에서 그녀의 스물다섯 번째 전시회가 열렸다. 밝은 색채의 그림을 보자마자 마음이 환해졌다. 그림 속에는 시간과 사람 그리고 이야기가 있었다. 그런데 꽃봉오리마다 담긴 풍경이 낯설지 않았다. 아버지 어깨에 목말을 한 아이, 키스하는 연인, 무릎에 얼굴을 묻은 남자, 발가벗은 아기를 안은 엄마, 휴대전화를 든 여인, 버스정류장에 시무룩이 서 있는 사람……. 나는 눈물이 날 뻔했다. 그것은 지나간 시간의 갈피 속에 고이 접혀 있는 나의 어느 날이었다. 힘들고 외롭고 가끔은 하하 웃고 지루하고 화기 나던 어느 날 말이다.

정현종 시인의 시구처럼 일상의 모든 순간이 꽃봉오리라는 것을, 아름답건 비루했건 간에 그 자체만으로 빛나는 것임을 그리고 그 작은 꽃송이가 모여 '인생'이란 큰 꽃이 되는 것이라고 그림은 말하고 있었다. 스물다섯 번째 전시회에서 나는 그녀에게 생뚱맞게 첫 전시회의 소감을 물었다. 그녀는 대답했다.

"첫 전시회요? 절망했죠. 작품은 팔리지 않았고, 마치 돈키호테가 거대한 풍차와 싸우는 기분이었어요. 그즈음 나에게 그림은 하루하루를 견뎌내는 수단일 뿐이었어요. 전시회를 세 번쯤 하고 나니 내공이 생기던데요. 우울해지는 기분이 들면 마음속으로 '조금 지나면 괜찮아질 거야. 또 시작해 보자' 하고 다스리게 되었지요. 그러는 동안 스물다섯 번이나 하게 되었네요."

그리스 신화에 등장하는 시시포스는 신을 속인 죄로 바위를 산 정상으로 밀어 올리는 형벌을 받는다. 산꼭대기에 다다르면 바위가 굴러 떨어져 다시 밀어 올리기를 반복하는 영원한 형벌이다. 인간의 삶을 시시포스에 빗대곤 하는데, 화가도 끊임없이 작품을 생산해야 한다는 점에서 보통 사람들의 노동하는 삶과 별반 다르지 않은 것 같다. 한 작품을 완성할 때마다 또 다음 작품을 구상해야 하고, 그 사이를 파고드는 허무함과 피로감 역시 똑같은 것이다.

그 무기력을 이겨내는 힘이 바로 창조력이다. '창조'가 뭐 대단해 보이지만 황주리 선생은 창조란 천재성이나 타고난 재능보다 일상의 성실함에서 나온다고 말한다. 그녀는 매일 오후 2시에서 새벽 2시까지 열 시간가량 그림을 그린다. 토요일 일요일은 쉰다. 직장에 출퇴근하듯 틀림없이 시간을 지킨다. 이런 생활의 단순함과 자기 절제가 그녀의 예술가적 상상과 감성을 확장시켜 왔다. 신부와 승려들이 지극히 단순한 생활을 하면서 깨우침을 구하는 것과 비슷하다.

예술가라고 하면 갑자기 영감을 받아 미친 듯이 작업하는 모습을 상상한다. 그러나 작가의 영감은 매일매일 몰입하여 쌓인 내공에 의해 발현되는 것일 뿐, 기행과 파격에서 빚어지는 예술은 한순간이며 그런 작가의 생명은 반짝 빛나고 사라지는 별처럼 짧기만 하다. 한없이 자유로워 보이는 예술가도 일상을 견디며 한 작품 한 작품씩 완성하고 나아갈 뿐이다. 진정한 자유는 완성과 완성 사이에 있다. 말하자면 하루 종일 노동을 하고 저녁에 집으로 돌아와 깨끗이 씻고 난 뒤 온몸을 휘감는 개운함 같은 것 아닐까.

나는 딱히 어떻게 살아 보겠다는 생각이 없었다. 생계 때문에 직장을 선택했고 연애, 결혼, 육아로 이어지는 평범한 코스를 차례로 밟았다. 한두 코스를 생략하거나 늦어지기도 하지만 다들 비슷하게 산다. 비슷한 모퉁이를 돌아 좁은 골목을 지나고 때때로 비탈길을 내달리기도 한다. 그러나 삶에서 가장 경계해야 할 것은 '누구나 다 이렇게 사는 거'라는 생각이 아닐까. 동병상련처럼 그 말이 위로가 되기도 하지만 그런 생각에 빠지는 순간 처해진 환경을 무기력하게 받아들이게 된다. 자기 삶에 무관심해지고 몸과 마음은 위축된다. 다들 이렇게 사는데 내 삶이라고 별 수 있겠냐는 생각이 인생을 재미없게, 되는 대로 살게 만든다. 그런데 누구나 다 이렇게 힘들고 지겨워하며 사는 거라고 하지만, 사람들은 사실 나보다 더 즐겁게, 잘 견디며 살아갈지도 모른다. 그걸 알면 억울하지 않을까?

인생은 즐거울 때보다 즐겁지 않을 때가 많다. 재미없을 때가 많다. 기쁨은 잠깐이고 힘든 기억만 산더미다. 막연하게 5년 10년 뒤에는 달라져 있을 거라고 기대하지만 도착해 보면 그다지 변한 게 없다.

어느새 나도 마흔이다. 산 중턱에서 잠시 쉬어가는 느낌이 드는 나이다. 산 아래를 내려다보면 지나온 길이 다 보인다. 저기 언덕 어디쯤에서 힘들었지, 저 나무는 무척 아름다웠는데 제대로 감상도 못했네. 아이고, 저기 저 너럭바위에서 좀 쉬었다 올 것을……. 이렇게 저렇게 좀 해 볼 걸 하는 아쉬움이 든다.

그럴 때마다 떠오르는 이야기가 하나 있다. 폴 오스터의 소설 『뉴욕 3부작』 중 「잠겨 있는 방」 편에 나오는 북극 탐험가 페터 프로이헨의 이야기다. 그는 알래스카 탐험 중에 보급품이 떨어지고 날씨도 좋지 않아 이글루를 짓고 들어앉는다. 폭풍은 쉽사리 잦아들지 않았고 늑대 울음소리가 가까이 들려왔다. 그런데 궁극적으로 그를 위협하는 건 늑대도 굶주림도 폭풍도 아니었다. 그가 내쉰 입김이 이글루 벽에 얼음으로 달라붙어 이글루 안이 점점 좁아지고 있었다. 마침내 이글루는 그의 몸이 움직일 수 없을 만큼 공간이 거의 남지 않는 지경에 이르렀다. 폴 오스터는 "내가 내쉬는 숨이 나를 집어넣을 얼음관이 된다는 것은 상상만 해도 무서운 일"이라고 했다.

나의 생명을 유지시키는 숨이 나도 모르게 생명을 위협한다는 것은 생각만 해도 공포다. 사는 데만 쫓겨 나 자신에 무관심하고, 감동 없이 보내는 하루하루, 남들도 그렇게 사니까 나도 별수 없다 여기는 것, 그렇게 생각 없이 사는 일상이 어느 순간 나의 모든 삶을 부정하고 위협할지 모른다. 무기력하게 보낸 일상의 순간들이 나도 모르는 사이에 시간의 이글루를 두텁게 쌓으며 점점 나를 옥죄어 오는 것은 아닌지 무서워진다.

딸아이와 동네 재래시장에 갔다. 빵집이 새로 생겼는데 간판이 독특하다. '오늘도 빵굽네.' 왠지 기운이 빠지는 어감이었다. 아이도 같은 느낌이 들었는지 한마디 거들었다.

"엄마, 저 빵집 말이야, 빵 굽는 일이 지겹다고 말하는 것 같지 않아. 내가 바꿔 볼까?"

"어떻게?"

"오늘도 빵 굽자!"

듣고 보니 '오늘도 빵굽자' 빵집에서 굽는 빵이 더 맛있을 것 같다. 우리말은 이래서 참으로 미묘하다. 토씨 하나 바꾸니 느낌이 확 다르다. 인생도 마찬가지겠지.

삶이 지겹고 허무할 때가 왜 없을까. 하지만 그때 "괜찮아, 지나가는 거니까. 너무 이 기분에 빠지지 말자" 하고 스스로 응원해 보면 좋겠다. 뻔한 인생을 뻔하지 않게, 매일을 새롭게 살아 보려고 애쓰는 것이다. 그러다 보면 즐거움은 커지고 기쁨은 늘어나고 슬픔은 견딜 만해지지 않을까. 삶의 성공은 그저 그런 일상을 어떻게 보냈느냐로 따져야 하지 않을까.

스·물·둘

도망치고 싶을 때일수록
당당하게 맞서야 한다

지난겨울 인터넷에 사진 한 장이 올라왔다. 스위스에서 열린 봅슬레이 월드컵 경기 장면이다. 여자 2인승 경기에 출전한 영국인 선수 중 하나가 썰매를 밀고 출발하려는 찰나 유니폼 엉덩이 부분이 찢어져 속살이 보이는 민망한 사건을 포착한 것이다. 당시 경기는 전 유럽에 생중계되고 있었다. 이 난감한 상황에서 영국인 선수는 어떻게 대처했을까? 다행히 그녀는 그대로 봅슬레이를 힘차게 밀며 출발했다. 여자 선수로서 부끄럽고 당황스러웠을 텐데도 울음을 터뜨리거나 경기를 포기하지 않고 끝까지 경기를 마친 것이다.

수치와 모욕, 굴욕, 치욕……, 이런 말들은 되도록 인생에서 삭제하고 싶은 단어들이다. 영원히 덮어 두고 싶다. 어떤 상처는 병 속의 병에 가두고 다시 궤짝 속에 넣어 수십 개의 자물쇠를 달아 악마도 모르게 땅

속에 깊이 파묻고 싶다. 그러나 아무리 깊이 파묻어도 조금씩 새어 나와 몸과 마음을 병들게 한다. 평생 그 치욕에 자신을 가두고 어두운 인생을 살거나 스스로 목숨을 끊기도 한다. 죽음을 택하는 이들은 살아서 견디는 것이 오히려 치욕으로 느껴지기 때문이다.

세상에는 조금 다른 선택을 하며 살다 가는 사람들이 있다. 중국의 사관 사마천은 싸움에서 패배한 젊은 장수를 변호했다가 황제의 노여움을 사 성기를 잘리는 궁형을 당했다. 궁형은 사형보다 더한 형벌이었다. 궁형을 당한 이들은 수치심에 스스로 목숨을 버렸다. 사마천은 죽음을 택하지 않았다. 하루에도 아홉 번씩 창자가 뜯기는 치욕과 분노에 떨던 그는 친구 임안에게 보내는 서신에 이렇게 적었다.

"문왕은 갇혀서 『주역』을 썼고 공자는 곤란한 처지를 당해 『춘추』를 편찬하였다. 굴원은 쫓겨나서 「이소」를 썼고, 좌구명은 실명한 뒤에 『국어』를 지었다. 손자는 발이 잘려 『병법』을 만들었다. 나는 이 책을 명산에 숨겼다가 남에게 전한다면 치욕을 보상받을 것이니, 만 번 주륙을 당한들 무슨 후회가 있겠나."

사마천이 피로 써 내려간 책이 『사기』다. 충심을 바친 왕과 철석같이 믿었던 동료에게 배신당하고 뭇사람들의 업신여김을 받았던 사마천, 그가 책에 담고자 했던 것은 바로 '사람답게 사는 법'이었다. 죽음을 떠올릴 만큼 치욕적인 상황에서도 인간다운 삶을 고민한 그였다. 『사기』는 중국 역사 3천 년 동안 지배 계층에서 평민, 노비에 이르기까지 다양한 사람들의 이야기가 담겨 있다. 이를 통해 어떻게 살 것인지에 대한 지혜를 전해 준다.

그중 한신 편, 한신은 유방을 도와 한나라를 세운 군사전략가다. 진나라의 포악한 통치 하에서 뜻을 펼칠 수 없었던 그는 낚시를 하며 기회를 기다리고 있었다. 어느 날 거리에서 '소년도살자'라는 건달 두목이 시비를 걸어 왔다. 명분 없이 싸우기 싫었던 한신이 심드렁하자 소년도살자는 '가랑이 밑으로 한번 지나가면 살려 주겠다'며 조롱했다. 화가 치솟은 한신, 그런데 잠깐! '뜻을 펼쳐 보기도 전에 먼저 죽으면 고통받는 백성들을 어찌 구할까'라는 생각이 들었다. 한신은 무릎을 꿇어 소년도살자의 가랑이 밑을 지나간다. 소문은 만 리 밖까지 퍼졌다. 한신은 이름 대신 '가랑이 사나이'로 유명해졌다. 한신은 반드시 이 치욕을 씻겠다고 다짐한다. 훗날 초나라의 대장군에 오른 한신은 소년도살자를 수소문했다. 죽을 줄 알고 끌려온 그에게 한신은 되레 벼슬자리를 주며 말한다.

"나는 너 같은 사람을 좋아한다. 네가 나의 대망을 완수하도록 만들어 주지 않았나. 나는 오랫동안 가랑이 밑을 기어 간 치욕을 가슴에 새기고 있었다. 나 자신을 끊임없이 채찍질하기 위해서였지. 나 자신의 포부를 실현해야 치욕을 씻을 수 있으니까."

골방에 틀어박혀 글만 쓰던 사마천은 아마도 한신 이야기를 쓰면서 동병상련을 느꼈을 것이다. 그리고 그의 바람대로 『사기』는 대대손손 전해졌다. 사마천이 당한 치욕만이 아니라 그의 위대한 삶도 함께 말이다.

기독교인은 아니지만, 예수의 생애에서 '부활'하는 대목을 가장 좋아한다. 예수는 십자가에 못 박혀 죽기 전까지 온갖 수모를 당했다. 제 몸보다 사랑한 이스라엘 백성들이 예수를 향해 돌을 던졌고, 제자들은 자기만 살겠다고 스승을 팔았다. 벌거벗겨지다시피 한 몸으로 무거운 십자가를 지고 올라가 군중들이 보는 앞에서 두 명의 강도와 함께 못 박혀 차분하고 거룩하게 죽었다. 그리고 사흘 만에 다시 살아났다. 종교적인 의미를 떠나, 부활이 모든 수모와 치욕, 고통을 견뎌 내고 다시 태어나는 것이라면 우리 인생에도 부활을 기다려야 하는 시절이 있다. 그때 자존심을 잃지 않고 당당하면 좋겠다. 화를 내고 부끄러워하고 안달하지 않기를 바란다. 스스로에게 상처 주는 것은 다른 사람이 나에게 주는 모욕보다 더 큰 모욕일지 모른다. 부끄러워할 것에 부끄러워하지 않고 아무것도 아닌 것에 부끄러워하는 그런 모욕으로 나를 망가뜨리지 말자.

가끔 잘잘못을 떠나 사회적인 지탄을 받으며 사라진 사람들의 소식이 궁금해질 때가 있다. 어떤 삶을 살건 그의 자유지만, 남은 인생에 대해 스스로 책임을 감당하면서 꿋꿋하게 살고 있기를 기대한다.

사랑의쌀나눔운동본부 이선구 이사장은 천국과 지옥을 오간 사람이다. 승승장구하던 건설회사가 하루아침에 부도를 맞아 모든 것을 잃었다. 강남에 아파트와 건물 몇 채를 가진 자산가였지만 전 재산을 협력업체의 연쇄 도산을 막는 데 썼다. 그는 자신 때문에 한 사람이라도 곤란을 겪지 않기를 바랐다. 부자는 망해도 3년은 먹고 산다고 했지만 그는 인천의 월세방으로 쫓겨 갔다.

"그렇게 목에 힘을 주고 다니더니만……" 하고 사람들이 혀를 찼다. 그는 위축되지 않았다. 열심히 사업했고 또 어찌 하다 보니 망하게 되었는데 그게 그리 큰 죄라고 생각하지 않았다. 더구나 혼자만 살겠다고 하지 않았다. 전 재산을 처분해 빚을 갚았다. 그래서 부끄럽지 않으며 얼굴을 들고 다닐 수 있었다. 오히려 사업 망했다는 핑계로 직원 월급도 떼먹고 자기만 호의호식하는 나쁜 사장들을 그는 많이 봐 왔다. 부끄러워하고 숨어 다녀야 할 사람은 그들이었다.

그는 다니던 교회를 옮기지 않았다. 두 시간 동안 지하철과 버스를 갈아타면서 다녔다. 모임도 빠지지 않고 나갔다. 늘 단정한 복장과 흔들림 없는 표정으로 인사하는 그를 보며 사람들은 그가 망한 회사의 대표라는 과거를 잊어버렸다. 그는 그렇게 천천히 다시 삶을 시작할 수 있었다. 숨지 않았기 때문에 가능했던 떳떳한 복귀였다.

인디언의 이름은 특별하다. 늑대와춤을, 땅한가운데앉아, 달과함께걷다 등. 그들은 이름을 사람의 영혼을 실어 나르는 수레라고 하니, 그 사람만의 고유한 특징을 담아 짓는다. 그 가운데 '주먹쥐고일어서'라는 이름이 있다. 부모들은 그 이름에 어떤 의미를 담았을까. 그 주먹은 나를 지키는 당당한 펀치일 수도 있고 때로는 자존심을 꺾고 참아야 하는 인내의 주먹일 수도 있지 않을까.

살다 보면 어딘가로 사라져 버리거나 꼭꼭 숨어 버리고 싶을 때가 있다. 그게 내 잘못이건 타인의 잘못이건, 오히려 뻔뻔하게 고개 들고 당당하게 살자. 그럴 때 우리는 자신도 모르게 스스로 일어설 힘을 갖게 된다. 삶이 나쁜 쪽으로 흐르는 걸 방관하는 것이야말로 진짜 비겁한 삶이다.

스·물·셋

내 이름으로 된 집이
없어도 된다

 산2번지는 나의 성장기 대부분을 보낸 집의 주소다. '우리 집'하면 자연스럽게 그 집이 떠오른다. 산동네 주소에만 '산山'을 붙여 구별하던 시절이었다. 그럼에도 산2번지 주소를 정겹게 느끼는 것은 그 집에서 보낸 일상을 따뜻하게 기억하기 때문이다. 지금도 나는 그 집 꿈을 꾼다. 힘들거나 지칠 때 여지없이 꿈속의 나는 그 집 어딘가를 서성인다. 방 안 깊숙이 흘러든 햇빛에 엎드려 있거나 빨랫줄을 휘감은 나팔꽃의 덩굴을 풀고 있다.
 2층 벽돌집은 방이 네 칸이었다. 두 칸은 세를 놓고 나머지 큰방, 작은 방에 부모님과 할머니, 4남매 모두 일곱 식구가 살았다. 넓지 않은 집이었지만 좁은 것도 아니었다. 일곱 식구가 편안하게 생활했다. 저마다의 공간도 있었다. 여섯 살 터울의 오빠는 다락방에서 이불을 머리까지 덮고 공부했고, 남동생은 장롱에 숨어 과자를 먹다가 잠이 들었다. 창문 맞은편 자리는 언니의 전용 공간이었다. 햇볕이 오래 머무는 그 자리에서 언니는 잠을 자고 엎드려 숙제를 했다. 나는 장롱과 책꽂이 사이의 좁은 틈에서 오빠의 「스크린」과 「리더스다이제스트」를 읽었다.

 아버지는 한밤중에 4남매가 누워 자는 방문을 소리 없이 열어 보는 것으로 하루를 마감했다. 간혹 잠에서 깬 나는 파자마를 입은 아버지와 눈이 마주쳤다. 찬바람이 불면 아버지는 창문마다 베니어판을 덧대 외풍을 막았다. 어디서 구했는지 아버지는 레오나르도 다빈치의 '최후의 만찬'을 베니어판에 붙여 놓았다. 조잡하게 프린트된 그림을 흉내 내며 나는 잠시 화가의 꿈을 꾸었고 그렇게 몇 번의 겨울이 지나갔다. 이듬해 봄 어느 날, 아버지는 펜치로 못을 뽑아 베니어판을 뜯어냈다. 서늘하고 어두운 공간에 햇살이 쏟아지면 두 눈이 시리도록 환해졌다. 그 집은 아버지가 서울에 맨손으로 올라와 처음 장만한 집이다. 좁고 낡았지만 당신 이름의 문패가 걸린 집에서 식구를 부양하는 가장의 자부심은 남달랐을 것이다. 넓디넓은 서울 하늘 아래 제 이름으로 된 집을 갖는 것은 예나 지금이나 어려운 일이다.

 얼마 전 우연히 그 동네를 지나다가 발길이 옛집으로 향했다. 아주 오랜만이었다. 그 집은 기운 없는 노인처럼 생기가 없었다. 때마침 꽃을 피운 라일락 나무가 '우리 집'임을 증명할 뿐이었다. 그런데 둥치가 굵어진 라일락 나무를 만져 보는 순간 눈시울이 뜨거워졌다. 왜 나만 남겨 두고 갔느냐는 원망을 들었던 것이다. 내 유년 시절과 젊은 날의 부모님, 할머니의 영혼을 품은 그 집이 나의 또 다른 피붙이였음을 뒤늦게 깨달았다.

사람에게 집은 어떤 의미일까. 건축가 르 코르뷔지에는 집에 대해 간결한 정의를 내렸다. "첫째, 더위, 추위, 비, 도둑, 호기심 많은 사람들에게서 지켜 주는 피난처. 둘째, 빛과 태양을 받아들이는 그릇. 셋째, 조리, 일, 개인 생활에 적합한 몇 개의 작은 방." 그의 말처럼 집은 일상의 무대이다. 집에서 자고 먹고 놀고 쉬고 사랑하고 꿈을 꾼다. 그 낱낱의 일들은 집에 기록되고 저장된다.

엄마가 아기를 낳고 창백한 얼굴로 누워 있던 안방, 겨울 아침 4남매의 신발이 아궁이 옆에서 따뜻하게 구워지던 부엌, 아버지가 직장을 구하지 못해 뜬 눈으로 밤을 새우며 올려다보았을 천장, 그리고 할머니가 늘 짚고 일어서는 바람에 한쪽으로 휘어진 문손잡이……. 그 집에 살던 소녀는 마흔 넘은 중년 여자로, 아버지는 백발의 노인이 되었다. 그러나 여전히 그 집에는 젊은 가장과 식솔들이 살면서, 집안 곳곳에 차곡차곡 쌓인 일상의 누추한 기억들을 불러내 오늘의 삶에서 사금파리치럼 빛나게 한다.

집은 '나'를 보호해 주고 본성을 지켜 준다. '나'는 밖에 나가면 한낱 초라하고 연약한 아무것도 아닌 존재. 억울함을 당하거나 무안을 느끼고 의기소침해진다. 집은 그 모든 걸 다독이고 풀어 준다. 이시카와 다쿠보쿠의 하이쿠에서 집에 대한 마음을 엿볼 수 있다. "친구가 나보다 잘나 보이는 날에는 꽃을 사 가지고 들어와 아내와 함께 벗한다."

누구나 밖에서 속상한 일이 있으면 얼른 집으로 가고 싶다. 집은 상처를 어루만져 주고 스스로 이겨내고 해결 방법을 찾아내길 기다려 준다. 세상에서 통용되는 예의와 자기보호의 가면을 벗은 나는 비로소 집에서 자유로워지고 스스로에게도 너그러워진다. 마음을 풍요롭게 하고 몸을 자유롭게 하는 공간으로서의 집. 그래서 우리는 세상에서 가장 아름다운 곳으로 여행을 떠났을지라도 집으로 돌아오는 것이다.

좋은 집이란 이런 집의 가치를 온전히 누리는 데 있다. 하지만 우리는 집에 대해 말할 때 자가냐, 월세냐, 전세냐 또는 아파트 브랜드는 뭐냐, 몇 평이냐를 묻는다. 대답을 듣고 그 사람의 생활수준, 사회적 지위를 짐작하고 사람 됨됨이까지 판단한다. 좋은 동네에 크고 넓은 집을 가지려 애를 쓰고, 지금 사는 집보다 조금 더 넓은 '좋은 집'으로 가기를 소원하는 것도 이 때문이다.

몇 해 전 아는 선배가 교외에 집을 샀다며 집들이를 했다. 지은 지 얼마 안 된 그 집은 한적한 숲과 어울리지 않게 화려했다. 그런데 집을 지은 전 주인은 정작 그 집에서 단 하룻밤도 자지 못하고 교통사고로 세상을 떠났단다. 꺼림칙한 기분을 떨치지 못한 그의 부인은 집을 팔아 버렸다. 제법 규모 있는 포목점 주인이었던 그는 평생 모은 돈으로 그 집을 지었다고 했다. 여생을 보낼 집이라서 최고로 좋은 자재를 썼다. 프랑스제 변기와 수도꼭지, 외국에서 들여 온 식탁과 침대……. 만약 그의 혼백이 있다면 하룻밤도 자지 못할 집에 쏟아 부은 많은 돈과 시간, 정성을 얼마나 허무해할까.

서른 살엔 미처 몰랐던 것들

흔히 집이 없다고 말한다. 내 이름으로 된 집이 없다는 뜻이다. 집이 없는 사람들은 막연한 두려움을 가진다. 다른 건 몰라도 집은 되도록 빨리, 꼭 사야 한다고 믿는다. 내 집 마련은 평생을 바쳐서라도 이뤄야 할 업이다. 나이 든 사람이 집이 없다고 하면 인생을 잘못 산 것은 아닌지 석연찮은 눈으로 바라본다. 집을 넓혀 가는 게 인생이라고 말하는 이들도 있다. 하루라도 빨리 내 집을 사려면 억, 소리 나는 큰돈을 빌리는 일쯤은 생활의 지혜라고 생각한다. 누구나 지상에 방 한 칸, 집 한 채를 갖기를 바란다. 그러나 집은 삶의 배경일 뿐이다. 인생의 궁극적인 목표가 되어서는 안 된다. 보금자리로서의 집에 대한 고민 없이 물리적인 집의 가치를 따진다면, 그 집에 담기는 우리의 삶은 너무 빈약하지 않을까.

그런데 자신이 살고 싶은 집, 마음속의 집을 그리라고 하면 한결같이 창문이 하나뿐인 소박한 집을 그린다고 한다. 그건 우연이 아닌 것 같다. 단순하고 절제된 집은 인간의 자연스러운 본성과 어울린다. 그 집은 소로가 살았던 월든 호숫가의 오두막과 비슷하고, 추사 김성희의 '세한도'에 등장하는 단출한 집을 닮았다.

헨리 데이비드 소로는 1845년 봄, 홀로 콩코드 숲으로 들어가 이웃에서 빌린 도끼로 집을 짓기 시작했다. 지붕을 올릴 때 말고는 대부분 일을 혼자 했다. 3월에 짓기 시작해 7월에 완성되었다. 폭 3미터 길이 4.5미터의 작은 오두막이었다. 살림살이는 간소했다. 소로는 완성된 집안의 풍경을 이렇게 적었다.

"집안에는 침대, 식탁, 책상, 의자 세 개가 다였다. 의자 두 개는 친구가 찾아와 이야기를 나눌 때, 세 개는 사람들을 사귈 때 쓰기 위한 것이다. 살림살이라고는 조그만 거울, 부젓가락 한 벌, 난로받침, 주전자, 냄비, 프라이팬, 국자, 세면대, 나이프와 포크 두 벌, 접시 세 개, 컵 하나, 숟가락 하나, 기름 항아리, 당밀 항아리, 옻칠한 램프가 전부였다."

소로가 숲으로 들어가 오두막집을 짓고 살았던 것은 돈과 집, 일에만 매달려 살아가는 도시인들에게 인간이 가진 모든 것을 없애도 삶이 가능하다는 것을 보여 주고 싶어서다. 오히려 그 단순함 속에서 인간은 자유로워진다는 것을 증명하고 싶었던 것이다.

추사 김정희의 '세한도'는 소나무와 잣나무, 그 옆에 초라한 집 한 채가 덩그러니 그려져 있다. 추사가 제주도 유배 시절에 9년 동안 살았던 집이다. 밝은 창에 깨끗한 책상, 검소한 선비의 방을 일컫는 '명창정궤明窓淨几'라는 말을 좋아한 추사는 초라한 오두막에서 추사체를 완성하고, 학문적 깊이를 더해 여러 책을 썼다. 명문가 집안에서 태어나 부와 명예를 한껏 누린 추사였지만 아이러니하게도 생애 가장 빛나는 시절을 이 오두막집에서 꽃피웠다.

소로와 추사는 좁은 방에서 우주보다 더 넓은 세계를 더듬었다. 두 사람의 오두막을 생각하면 지금 살고 있는 내 집이 기껍고 감사하게 느껴진다. 아파트 800채를 갖고 있는 사람이 있다는 신문 기사를 봤다. 그는 정말 그 집의 주인일까. 그 집을 온전히 가졌다고 할 수 있을까. 한 평짜리 쪽방에서 "별일 없이 산다"고 말하는 어느 일일노동자의 환한 얼굴이 떠오른다. 일일노동자보다 수백 채의 집을 가진 이가 더 행복하고 인생을 잘 살았다고 단정할 수는 없지 않을까.

내가 꿈꾸는 집은 어떤 집인가. 모두가 부러워할 고급 주택? 재테크 가치가 높은 아파트? 집주인 눈치 보지 않고 다리 쭉 뻗고 살 수 있는 집? 아이들이 뛰놀 수 있는 작은 정원이 딸린 집? 그 모든 집을 상상하기 전에 우리는 아름다운 집을 꿈꾸어야 한다. 삶을 생각하고 꿈꾸고 욕심 없이 살게 하는 집, 그런 집이 아름다운 집이다. 집을 사기 위한 삶이 아니라 집에서 좋은 삶을 꿈꾸며 살겠다고 하면, 내 이름으로 된 집은 좀 천천히 마련해도 되지 않을까.

스·물·넷

상처는 누구도 대신
치료해 주지 않는다

 스페인 산티아고 까미노는 예수의 열두 제자 중 한 사람인 야고보가 걸어간 순례의 길이다. 2천 년이 지난 지금도 이곳에는 전 세계에서 수많은 이들이 찾아온다. 나라와 인종, 성별을 초월한 이들이 산티아고를 걸으며 찾고자 하는 것은 바로 자기 자신이다.
 금발머리의 한 이방인 청년이 산티아고 길을 홀로 걷고 있었다. 겨울비에 그의 머리는 젖어 있었다. 800킬로미터에 이르는 긴 여정을 끝내려면 아직 한참이 남았다. 다리는 끊어질 듯 아프고 발바닥은 갈라져 피멍울이 맺혔지만 얼굴은 편안해 보였다. 우연히 만난 동행자가 산티아고에 온 이유를 묻자 금발머리 청년이 말했다.
 "여자 친구와 헤어졌어요."
 "그러면 여자 친구를 잊으려고 온 것이겠군요."

그러자 청년은 대답했다.

"아니오. 나는 그녀를 잊고 싶지 않아요. 나는 그저 더 나은 사람이 되고 싶을 뿐이에요."

청년이 산티아고에 온 이유는 원망하는 마음을 버리기 위해서가 아니었다. 천천히 흐르는 강물을 바라보듯 내면을 들여다보고 스스로 상처를 치유하는 방법을 찾기 위해서였다. 그는 이별의 원인을 누구의 탓으로 돌리지 않았다. 두 사람 사이에 충분히 일어날 수 있는 일이기에, 이별을 더 나은 사람이 되는 기회로 삼겠다고 생각했다.

청년은 그렇게 산티아고 길을 걸었다. 길의 끝에서 그가 바라던 대로 좀 더 나은 사람이 되어 돌아간다면 헤어진 여자 친구를 다시 만나더라도, 아니 새로운 연인을 만난다 해도 전보다 더 성숙한 사랑을 할 수 있으리라.

바깥에서 문제의 원인을 찾는다면 내가 할 수 있는 일은 아무것도 없다. 그 원인들이 사라지거나 내가 원하는 쪽으로 바뀌기만을 기다려야 한다. 일일연속극을 즐겨 보는 어머니가 어느 날 텔레비전을 향해 혼잣말을 하는 걸 들었다.

"어째 저기 나오는 사람들은 다 자기만 잘났다니!"

한 여자와 남자의 결혼을 반대하는 두 집안의 극심한 갈등을 소재로 한 드라마다. 양가 부모, 가족, 연인 그리고 갈등을 야기하는 주변 인물들 모두 한결같이 다른 사람을 탓하고 원망했다. 하지만 그 누구도 자기 마음을 들여다보지 않았다. 고통에서 벗어나기 위해 자신이 할 수 있는 일을 생각하지 않았다. 그저 상대가 바뀌기를 바랐을 뿐이다.

몇 개월 뒤 우연히 그 드라마를 다시 보게 되었는데 놀랍게도 가족의 갈등은 여전히 진행 중이었다. 웃음이 나왔다. 200회가 넘는 긴 시간 동안 줄거리에 아무 변화가 없다니! 등장인물들이 자신에게서 답을 찾지 않는 한 갈등은 해결되지 않을 것이고, 드라마는 몇 년, 몇 십 년 동안 너끈히 이어가겠구나 싶었다.

셰익스피어는 "그대의 가슴속으로 들어가 보라. 가서 문을 두드리고 마음이 무엇을 알고 있는지 물어보라"고 했다. 마음은 모든 문제의 답을 이미 알고 있다. 단지 우리는 마음의 소리를 듣고자 하는 데 인색할 뿐이다.

동화 『오즈의 마법사』가 주는 메시지 중 하나는 '마음의 힘'이다. 주인공 도로시와 사자, 양철 나무꾼, 허수아비는 각각 이루고자 하는 소원이 있다. 폭풍에 휘말려 '오즈의 나라'에 떨어진 도로시는 다시 집으로 돌아가기를 바랐고, 겁쟁이 사자는 용기를 갖기 원했다. 양철 나무꾼은 따뜻한 심장을 그리고 허수아비는 두뇌를 갖고 싶어 했다. 이들은 무슨 소원이든 이루어 준다는 오즈의 마법사를 찾아간다. 그러나 커다란 흉상 뒤에 숨어 있는 마법사는 떠돌이 약장사일 뿐이었다. 도로시와 일행들은 크게 실망하지만, 결국 모두 소원을 이루면서 이야기는 끝난다.

약장사는 허수아비 머릿속에 핀과 지푸라기를 섞어 뇌를 만들어 주었다. 양철 나무꾼의 가슴속에는 녹슬지 않는 비단으로 만든 심장을 넣어 주고, 사자에게는 용기의 물약을 먹게 했다. 그들은 진짜 뇌와 용기와 심장을 얻은 것처럼 좋아했다. 약장사의 마법은 진짜였던 것일까? 아니다. 약장사는 그들의 마음속에 이미 존재해 있는 힘을 일깨워 주었을 뿐이다.

지난해 연말 한 청년 시인이 숨을 거두었다. 그의 이름은 김민식, 스물다섯 살이었다. 초등학교 4학년 무렵 희귀병에 걸린 뒤 꼼짝없이 누워 지낸 그는 14년 동안 바깥출입을 한 번도 하지 못했다. 20년밖에 못 살 거라는 의사의 말에 어린 소년은 벽에 낙서하며 분풀이를 했다. 점점 몸무게가 줄고 손가락이 오그라들었다. 죽음이 무엇인지 어렴풋이 느껴질 무렵 그는 자기 자신을 돌아보았다. 그는 이대로 삶을 끝내서는 안 되겠다는 생각이 들었다. 그는 속으로 외쳤다.

"언젠가 죽음이 닥쳐올 때까지 삶을 사랑하자!"

그 생각을 하는 순간, 죽음이 머지않았다는 상황은 달라지지 않았지만 이미 모든 게 변해 있었다. 하루 종일 천장만 바라보던 눈으로 그는 책을 읽었다. 오그라드는 손을 간신히 펴서 글을 썼다. 닥치는 대로 책을 읽고 머릿속에 가득한 이야기를 글로 풀어냈다. 우연히 잡지사에 보낸 글이 알려지면서 사람들이 찾아왔고 그는 세상과 소통하기 시작했다. 그는 움직일 수 있는 신체 부위를 모두 움직이면서 시를 쓰고 노래를 만들었다.

시인은 세상을 떠나기 얼마 전 "남보다 자유롭지 못하지만 그걸 글로 표현하고 인터넷으로 활동하고 있으니 딱히 남보다 안됐다는 생각은 들지 않는다"고 말했다. 그가 세상에 남긴 시 '작은 움직임' 이다.

> 내게는 아주 힘든 시절이 있었다.
> 나를 내 안에 가두어 버린 그 시절.
> 그때는 그저 사는 게 조금씩 죽어가는 나를 바라보는 과정이었다.
> 그런데 내 안에 작은 움직임이 생겼다.
> 스무 살이면 죽을 거라는 그 말은 그저 거짓이었다.
> 그 거짓을 깨닫는 순간 움직일 수 있었다.

옛날 인간에겐 무엇이든지 할 수 있는 전능한 힘이 있었다고 한다. 그 힘을 아무 데나 쉽게 남용하자 신은 크게 화를 냈다. 신은 인간이 보지 못하는 순간에 그 능력을 숨기려고 했다. 깊은 바다에 숨길까. 높은 산에 숨길까. 인간이 쉽게 찾아낼 것을 염려한 나머지 신은 결국 인간의 마음속에 전능한 힘을 숨겼다. '마음의 힘' 을 찾기가 얼마나 어려운지 말해 주는 이야기다. 사실 수많은 성현 군자들에게서 숱하게 들어온 지혜가 마음의 힘이다. 그럼에도 우리는 '마음만으로는 안 된다' 고 냉소하고 의심하기를 반복한다.

그러나 모든 일이 마음에서 시작되는 것만은 틀림없다. 내가 원하는 삶을 이루려면 맨 처음 '마음먹기' 부터 해야 한다. 나를 힘들게 하는 문제들, 불행과 갈등을 해소하려면 그걸 풀어 보겠다고 마음먹는 것에서 시작하는 것이다.

삶은 어떤 마음을 가지느냐에 따라 달라진다. 그러고 보면 인생은 할 수 있는 게 아무것도 없을 때는 없는 것 같다. 누구나 똑같이 '마음'이라는 줄지 않는 재산을 갖고 있음을 잊지 않는 한 말이다.

스·물·다·섯

진짜 '나'를 알면
비겁하지 않게 살 수 있다

남편의 단골 카센터 기사 아저씨는 퇴근할 때 꼭 양복으로 갈아입는다. 듣기로는 기술이 좋아 돈도 꽤 벌었고 그 덕에 강남에 아파트도 장만했다. 그런데 아내가 점퍼 차림으로 다니면 애들 기죽는다며 넥타이에 양복을 입고 출퇴근하라고 했단다. 잘나가는 직장인 행세를 하라는 뜻이다. 그런데 애들 기는 살렸을지 모르지만 아저씨는 양복만 걸치면 온몸에서 힘이 쑥 빠지는 것 같다. 나쁜 짓으로 돈 버는 것도 아닌데 왜 주눅 들어 다녀야 하는지 자괴감에 빠졌다. 그때부터 아저씨는 일이 재미없다. 집에 가기도 싫다고 했다. 아내는 남편과 사는 걸까? 양복과 사는 걸까? 아버지가 돈을 벌어다 주는 걸까? 양복이 벌어다 주는 걸까?

얼마 전에는 한 자동차 광고를 보고 마음이 불편해졌다. 화려한 빌딩 앞에서 우연히 두 친구가 만났다. 한 남자가 요즘 어떻게 지내냐고 묻자 다른 남자가 말없이 자신이 타고 온 번쩍거리는 자동차를 가리킨다. 나의 사회적 위치와 경제적 수준이 자동차에 담겨 있으니 알아서 생각하라는 뜻이다. 그 광고를 보면서 초등학생 때 비오는 어느 날이 떠올랐다. 친구를 데리러 온 어머니가 검은 승용차에서 내리는 걸 보고 괜히 시무룩해졌던 기억이다.

예나 지금이나 자동차는 사람 기죽이는 물건인가 보다. 자동차는 이제 단순히 돈이 많고 적음이 아니라 사회적 수준, 인격 수준까지 가늠케 한다. 전에는 속으로야 그리 생각해도 내색하지 않는 게 교양이었지만 지금은 전 국민 다 보는 방송에서도 드러내 놓고 말한다. 능력이 미덕인 세상에 그런 위선 따위는 버리자는 걸까. 그런데 인간이니까 그래서는 안 된다는 최소한의 기준마저 저버린다면 우리에게 남는 건 뭘까 싶다.

자동차만이 아니다. 나를 보여 주는 지표는 갈수록 다양해지고 있다. 학력, 직장, 직업, 아파트 평수, 외모, 외국어 능력, 인맥, 배우자……, 하다못해 명품 가방까지 내가 누구인지 말해 준다. 이걸 쫓아가야 하는 사람들은 숨이 가쁘다. 요즘 어린 아이나 어른 할 것 없이 애면글면 바쁘게 사는 것은 이 때문이 아닐까.

몇 해 전 키가 훤칠한 중년 남자가 찾아왔다. 신생 출판사의 대표였다. 내가 만드는 잡지에 첫 출간한 책의 홍보를 부탁하러 온 것이다. 나는 대뜸 단군 이래 가장 불황이라는 출판계에 왜 굳이 발을 들여놓으려는 거냐며, 내가 잡지사를 시작할 때 주위에서 들었던 말을 똑같이 해 주었다. 하지만 그가 만든 책을 읽으면서 섣부르게 내뱉은 그 말을 후회했다.

그가 주고 간 책은 미국 작가 로버트 피셔의 『마음의 녹슨 갑옷』이다. 그는 이 책을 읽고 자신의 정체성을 진지하게 고민했다. 그리고 국회의원 보좌관 일을 그만두고 출판인의 길을 결심하기에 이르렀다. 무엇에도 미혹되지 않는다는 마흔의 나이에 모든 걸 엎고 새 길을 선택한 것이다.

한 사람의 인생을 바꾼 『마음의 녹슨 갑옷』은 중세시대 한 기사의 이야기다. 기사는 무서운 용과 싸워 가족을 지키고 많은 사람을 구한 영웅이다. 그는 갑옷이 자신을 위험에서 지켜 주고 가족을 보호해 준다고 믿었다. 그래서 갑옷이 없으면 왠지 모르게 불안했다. 갑옷을 입은 채 밥을 먹고 잠을 잤다. 아이는 투구를 쓴 기사의 얼굴이 아버지의 얼굴이라고 생각했다. 아내는 침대에서조차 차가운 갑옷을 입는 남편 때문에 기겁했다.

참다못한 아내가 갑옷을 벗으라고 했지만 벗겨지지 않았다. 너무 오랜 세월을 입고 있었던 탓에 갑옷이 몸에 달라붙은 것이다. 기사는 갑옷을 벗는 방법을 찾기 위해 여행을 떠난다. 그 여정에서 그는 자신의 모든 것을 갑옷에 바치며 살아왔으며 시간과 기쁨, 가족, 휴식, 사랑과 같은 인생의 소중한 가치를 잃어버렸음을 깨닫는다.

우리는 수많은 갑옷을 두르고 살아간다. 갑옷은 부, 명예, 일, 성공 같은 욕망이거나 자신이 추구하는 이상, 이념, 자존심 혹은 그 무엇일 수 있다. 그 갑옷들이 나를 지켜 주고 보호해 준다고 믿는다. 또 사람들은 내가 입고 있는 갑옷을 본다고 생각한다. 내 갑옷을 보며 경탄하는 상대의 얼굴에서 '나'를 본다. 우리는 그렇게 마주보며 서로에게 갑옷 입기를 강요한다. 물론 욕망은 내가 살기 위해 꼭 필요한 에너지 같은 것이다. 하지만 시간이 흐르면서 주객이 전도된다. 어느 사이 삶의 모든 것을 욕망에 바치며 살아가게 되는 것이다.

갑옷은 시간이 지나면서 조금씩 녹이 슨다. 갑옷의 무게에 몸은 짓눌리고 옥죄인다. 그러나 갑옷을 벗을 생각은 하지 못한다. 두렵기 때문이다. 갑옷이 없으면 어떻게 살아야 할지, 무슨 일을 해야 할지, 혹 사람들이 무시하지나 않을지 걱정스러울 뿐이다.

5년 전 한겨레신문사 김미경 기자는 미국으로 떠났다. 기자로서 차곡차곡 쌓아 온 이력을 멈추고 새로운 삶을 찾아 떠난 것이다. 계절로 치자면 막 삶의 열매를 따는 사십 대 중반에 새로 씨앗을 뿌린 셈이다. 적지 않은 나이에 생면부지의 낯선 땅으로 날아가 처음부터 다시 시작한 그 용기가 놀랍기만 한데, 그녀는 한 신문사와의 인터뷰에서 이렇게 말했다.

"인생이란 게 항상 맨땅에서 시작하는 거 아닌가. 전혀 새로운 땅에서 전혀 다른 삶을 한번 살아 보자고 생각했다."

그런 결정을 내린 데에는 내가 알지 못하는 이야기들이 있을 테지만, 그녀만의 '갑옷 벗기'를 행동으로 옮긴 것은 아닐는지. 낯선 미국에서는 그녀를 지금까지 설명해 주던 잘 나가는 신문사 기자와 같은 외형적

조건들이 아무짝에도 쓸모가 없었다. 그녀는 맨몸뚱이로 부딪혀야 했다. 서툰 영어로 좌충우돌하며 뉴욕 한국문화원에서 안내원으로 새 삶을 시작했다. 그녀는 "아무것도 아닌 존재가 되니 본래의 내가 살아났다", "실패와 성공의 잣대보다 스스로 얼마나 자유로워질 수 있는가의 잣대로 인생을 살아 보라"는 멋진 충고를 날렸다.

그렇다고 그이처럼 모든 걸 버리고 새로 시작하라는 것은 아니다. 다만 한 번뿐인 내 삶을 사랑한다면, 일상에 잠재되어 있는 나의 갑옷이 무언지 살펴볼 수는 있을 것이다. 온갖 물건으로 꽉 찬 방에서 가구를 들어내듯, 내가 가진 것을 하나씩 하나씩 내 삶에서 제외시켜 보는 것이다. 가구를 몽땅 들어내는 순간 방의 크기에 새삼 놀라는 것처럼 나라는 존재 역시 새롭게 다가온다.

'아무것도 아닌 존재로서의 나'는 텅 빈 방을 바라보듯, 진짜 나를 바라보라는 말이다. 물론 갑옷을 입지 않은 나를 똑바로 바라보는 것은 두렵다. 누구든, 진짜 '나'는 연약하고 초라하고 볼품없고 무엇 하나 내세울 게 없다고 생각한다. 하지만 이런 부속한 나를 스스로 인정하고 받아들이는 순간 어떻게 살아갈지 용기가 생긴다. 진짜 나로 살겠다고 마음먹는 순간 나는 강해진다. 무슨 일을 해도, 어떤 상황에 처하더라도 당당하게 맞설 수 있다. 다른 사람 눈치 따위는 보지 않으며 무엇에도 주눅 들지 않는다. 너무 많은 욕망들에서 자유로워지면 나를 위해 일하고 나를 위해 시간을 쓰게 된다. 지금 당장 내가 가진 모든 것이 사라져도 나는 무엇이든 다시 시작할 수 있는 것이다.

자기 자신에 대한 믿음이 있었기에 김미경 기자는 뉴욕으로 날아갔으며, 서툰 영어에도 한국문화원에서 안내원으로, 도서관 사서로 분투하며 살아갈 수 있지 않았을까. 있는 그대로의 나 자신이야말로 인생에서 가장 믿음직스러운 출발이다. 어떤 상황에 처하든 즐겁고 유쾌하게 비겁하지 않게 살 수 있다.

『마음의 녹슨 갑옷』에서 기사는 갑옷을 벗길 수 있는 유일한 사람이 바로 자신이라는 사실을 깨닫는다. 기사는 "나를 가두고 나를 지배할 수 있는 것은 세상에 아무것도 없네. 오직 나 자신만이 그렇게 할 수 있지. 나 자신을 더 잘 알아야 해. 그래야 진정한 나를 알 수 있고 진정한 내가 나를 지배할 수 있을 테니까"라고 말한다. 갑옷 속의 내가 누구인지를 알 때 나는 나를 지배할 힘을 가진다.

책 가운데 침묵의 성에서 만난 왕은 갑옷 입은 기사에게 묻는다. "우리 대부분은 마음속 깊은 곳에 자신의 갑옷을 두르고 살지. 때로는 그 갑옷을 입은 지도 모르는 채 말이야. 심지어 갑옷을 자랑하기에 바쁘고 진정한 자신이 아니라 갑옷만을 위해 살아가지. 자네는 자네인가? 아니면 갑옷인가?"

나는 나일까 갑옷일까. 늘 이 생각을 갖고 살아간다면 나를 잃어버린 채 헤매지 않을 것이다.

스·물·여·섯

늙지 않으려는 필사적인 노력은
허무할 뿐이다

여배우는 관 속에 누울 때까지 아름다워야 할까. 아니, 꼬부랑 할머니가 되어도 이십 대의 팽팽한 피부와 군살 없는 몸매를 간직해야 할까. 대만 여배우 임청하의 최근 모습을 두고 충격이니 굴욕이니 하며 과장하는 미디어를 보고 든 생각이다. 내가 기억하는 임청하는 영화 〈동사서독〉에 장국영과 함께 나왔을 때다. 사랑을 잃은 깊은 슬픔을 간식한 여자로 등장하는 임청하의 눈빛은 청순하면서도 강렬했다. 지금 그녀는 동글동글한 얼굴에 통통한 몸매를 한 중년 여인이다. 나와 전혀 상관없는 다른 나라 여배우지만, 친근한 그녀의 미소를 보고 별 걱정 없이 잘 사는구나 싶은 안도감마저 느껴졌다.

오십 대 여성이 이십 대 외모를 유지하는 것은 어떤 방부제로도 불가능하다. 그게 가능하다면 징그러울 것 같다. 수년이 지나도 썩지 않는 불량 햄버거에 끔찍해하듯이 말이다. 아름답고 매력적인 젊은 임청하와 그녀가 출연한 영화를 보고 우리의 한 시절이 즐겁고 따뜻하게 기억된다면 그것만으로 배우는 존중받아 마땅하다. 그런데도 나이 들고 주름 좀 늘었다고 굴욕이라느니 대실망이라느니 하며 마치 큰 잘못이라도 저지른 것처럼 몰아가는 것은 한 인간에 대한 폭력이 아닐까.

누구나 기억 속에 빙그레 웃음 짓게 하는 사람이 있다. 옛 직장 동료인 J가 그렇다. 우락부락한 그의 외모는 단연 눈에 띄었다. 그에게는 미안한 말이지만 외딴 골목에서 마주치면 슬그머니 겁이 날 외모였다. 입사하자마자 그는 물었다. "혹시 『수호지』에 나오는 '무대'라는 사람 알아요? 내 별명이 무대예요. 타이슨이라고 부르는 친구들도 있죠. 하하하." 맨손으로 호랑이를 때려잡은 무식하게 힘만 센 '무대'가 자기 별명이라니! 게다가 권투 선수 마이크 타이슨까지? 첫 출근 날 잘 보여야 할 동료들에게 외모에 빗댄 별명을 굳이 털어놓는 그를 보며 혹 여러 사람 힘들게 하는 고문관이 아닐까 경계했다. 그런데 내 예감이 틀렸다. 그는 다정다감하고 유쾌했다. 제일 먼저 출근해 동료들의 책상을 닦고 직원들이 들어올 때마다 "좋은 아침입니다!"를 외쳤다. 어떤 일이든 진심으로 했다. 포스트잇에 몇 글자를 적더라도 반듯하게 썼다. 무슨 부탁이건 일단 대답은 "오케이!"로 시작했다.

못난(?) 외모로 살아남으려는 생존 본능이라고 폄하지 마시라. 그는 자신의 외모에서 자유로웠다. 절대 스스로를 깎아내리지 않았다. "대학 동기들이 다들 저를 교수님으로 알았죠" 하는 식의 유머를 던질

만큼 여유로웠다. 그는 스스로를 존중했다. 언제나 빳빳하게 잘 다려 입은 와이셔츠와 반짝이는 구두, 상대를 똑바로 바라보는 당당한 눈빛, 그리고 작은 슈퍼마켓을 하는 부모님과 커튼 가게에서 일하는 동생을 자주 이야기했다. 자기에 대한 자신감이 없다면 가족을 그렇게 자랑스러워하지 않았으리라. 날마다 거울 속에서 마이크 타이슨을 만난다던 J, 그 자신감 덕분에 함께 일하는 동료들도 열린 마음으로 그를 대할 수 있었다. 마지막으로 그를 본 건 두 해 전이다. 어느 중견회사에서 중간관리자로 일하는 그는 해외로 발령을 받아 곧 식구들과 떠난다고 했다. 그를 세상에서 가장 잘생겼다고 칭찬해 준 여자를 만나 아기를 넷이나 낳았다며 웃었다. 나는 한 번도 본 적은 없지만 아내의 고백이 진심이었음을 안다. 언젠가 그가 "어떤 조직이든 가는 데마다 사람들이 나를 좋아하더라고요"라고 농담한 적이 있는데 그 말은 사실이었다.

외모가 재산이고 능력인 시대다. 잘생긴 얼굴이 취업이나 결혼, 승진과 인간관계에서 유리하다. 빼어난 미모 덕에 여자들은 인생 역전을 하고, 얼굴이 잘나면 노래를 못해도 가수를 할 수 있다. 같은 능력이라도 인물 좋은 사람이 더 인정받는다. 범죄자도 미남미녀면 주목을 끈다. '미운 아이 떡 하나 더 준다'는 것은 옛말, '못생긴 건 용서할 수 없다'고 한다. 여성에게만 들이대던 미모의 잣대는 이제 남녀평등(?)을 이루었다. 피부를 가꾸고 화장하는 일은 센스 있는 남자의 필수조건이다. 배에 왕王자를 새기려고 닭가슴살을 먹으며 피트니스 센터에서 구슬땀을 흘린다. 남녀 모두 좋은 외모를 가지려는 노력이 치열하다. 다이어트, 운동, 단식에 뼈를 깎는 수술도 불사한다. 그런데 나는 이런 세상이 살짝 못마땅하다. 외모를 가꾸는 데 너무 많은 시간과 에너지와 돈을 쏟아 붓는 것 같기 때문이다. 어쩌면 실력을 쌓는 게 힘들어서, 자신을 똑바로 바라보는 두려움을 피하고 싶어서 그리고 아름다움에 대한 그릇된 잣대가 외모를 최우선 가치로 만들고 있는 것은 아닌지 의심하게 되는 것이다.

얼마 전부터 나는 하루 밤샘도 버겁고 책을 볼 때 눈의 초점이 흔들린다. 바야흐로 이렇게 노화가 시작되는 것인지 감상에 젖었다. 그리고 새삼 40여 년 달려온 내 몸과 얼굴에 대해 진지하게 생각해 본 적이 없음을 알았다. 인생을 살아가는 에너지, 생명으로서의 몸을 느껴 보지 못했다. 오히려 나는 내 몸을 부끄러워했으며 무례했다. 작은 키에 눈코 입, 다 마음에 들지 않았다. 짝사랑에 가슴앓이하며 고백 한 번 못 해 본 것도 외모 탓이요, 나 좋다고 쫓아다니는 남자도 이해하지 못했으니 자격지심도 어지간했다. 많은 사람들 앞에 나서거나 주목받는 걸 싫어했던 이유 가운데 하나는 외모였을지 모른다. 한때는 화장이 지워질까 노심초사하며 민낯으로 다니는 걸 껄끄러워했다.

그런데 젊음은 꾸미지 않아도 충분히 아름답다는 투의 고루한 이야기를 내 입으로 할 줄은 몰랐다. 치장하지 않아도 싱싱하고 아름다운 시절에 나는 왜 그리 아이라인 그리는 데 집착하고 머리카락을 치렁하게 늘어뜨려 얼굴을 가리려 했는지, 생각하면 웃음이 난다. 화장이 짙을수록, 최신 유행을 어설프게 따라할수록 어색하고 밉살스럽다는 걸 아는 데도 한참이 걸렸다. 가꾸고 꾸밀수록 본래의 아름다움은 감춰지기 마련이다. 마치 장미꽃을 색색 리본으로 화려하게 꾸며 장미 본연의 아름다움을 죽이는 것처럼. 내 얼굴의 단점을 찾아내기 위해 거울을 들여다보기 전에 진심으로 나 자신과 마주하겠다는 마음으로 거울을 들여다보았다면 스스로를 비하하지 않았을 것이다.

젊음은 벚꽃처럼 금방 지나간다. 스콧 피츠제럴드의 단편소설 「벤자민 버튼의 시간은 거꾸로 간다」에서 주인공 벤자민은 늙은이로 태어나 점점 젊어져 마침내 아기가 되어 죽는다. 인생은 그와 반대다. 젊게 태어나 늙어 죽는다. 젊음이 인생의 앞부분에 있는 것은 세상에 대해 아무것도 모르더라도 젊음을 무기 삼아 하고 싶은 대로 살아 보라는 뜻이다. 아름다워지기 위한, 늙지 않으려는 피나는(?) 노력 대신 더 놀고 더 많은 책을 읽고 음악을 듣고 여행하고 더 많은 사람을 만나라는 것이다. 나 역시 그랬다면 지금 더 아름답고 매력적인 사람이 되어 있지 않았을까. 아름다움은 삶에서 나오는 것이지 내 몸이 아름답기 때문에 삶이 아름다워지는 것은 아니다. 외모는 밤하늘 별처럼 잠깐 빛날 뿐 영원히 나를 빛나게 하는 것은 자신감이다. 아름다운 외모를 위해서가 아니라 있는 그대로의 나를 사랑했다면 젊음을 더 즐겁고 재미있게 보냈을 것이다.

미국의 테니스 선수 세레나 윌리엄스를 볼 때마다 그녀의 카리스마 넘치는 몸매에 눈이 번쩍 뜨인다. 흑인인 데다 온몸이 근육질인 그녀의 몸매는 여자 맞나 싶을 정도다. 팔은 건장한 남자 못지않고 장딴지는 우람하다. S라인 몸매로 미인을 따지자면 그녀의 외모는 손 볼 데가 한두 군데가 아니다. 시쳇말로 견적이 안 나온다. 「하퍼스 바자」와의 인터뷰에서 세레나 윌리엄스는 말했다.

"예전엔 모델 같은 다리를 갖고 싶었지만 이젠 괜찮다. 내 몸매도 좋다. 다른 여자들과 다르다는 사실에 적응하는 데 꽤 오랜 시간이 걸렸지만, 다르다는 건 좋은 것이다. 내 팔의 근육은 너무 많다. 그래도 불평은 안 한다. 결국 돈 벌어다 주는 건 이 팔이다."

자기 몸에 대한 건강한 자부심과 자신감이 세레나를 어떤 미녀보다 더 아름답고 돋보이게 한다. 그녀는 강인하고 건강한 몸의 아름다움을 살린 패셔니스타로도 유명하다. 아름다움을 좇는 것은 본능이다. 꽃들도 새들도 저마다 화려한 색깔과 몸짓을 뽐낸다. 아름다움에 게으른 것도 어찌 보면 인간으로서 직무유기다. 그러나 몸의 아름다움이 전부가 되어서는 안 된다. 세계적인 메이크업 아티스트인 바비 브라운은 말했다.

"스스로가 사라지는 아름다움을 반대한다. 그저 조금만 더 아름다워지면 된다. 그것이 메이크업의 정도定道이다."

그렇다. 우리는 단지 조금만 아름다워지면 된다. 스무 살이면 스무 살의 아름다움을 만들어 가면 된다. 삶을 아름답게 살아가는 데 필요한 아름다움이면 족하다. 삼십 세에서 사십 세로 그리고 육십, 팔십 세가 되더라도 언제나 그 나이보다 조금 더 아름다워지려는 노력이면 충분하다.

살아갈수록 힘들어지는 것

1:: 옛 친구와 연락하기

직장인 대상으로 한 설문조사에서 나보다 잘나가는 친구와는 만나지 않는다고 답한 이들이 많았다. 굳이 출세를 따지지 않더라도 세월이 흐르는 동안 자연스럽게 멀어지는 인연들이 있다. 가끔 어떻게 살고 있을까 궁금하지만 선뜻 연락하기가 꺼려진다. 내 처지가 미욱하기 때문이다. 내가 먼저 전화하면 왠지 손해 보는 느낌이 든다. 그런데 불현듯 누군가를 생각하고 사심 없이 연락하는 게 뭐 그리 나쁜 일인가. 보험 권유나 자석 이불 사라는 부탁이 아니라면 그들도 내 목소리가 반갑지 않을까. 휴대전화에 저장된 수많은 번호들, 언제라도 누르면 반가운 목소리가 튀어나올 텐데 말이다.

2:: 가족에게 '미안하다'는 말하기

예전에 한 명문대생이 부모를 끔찍하게 살해한 일이 있었다. 어린 시절 부모에게 인격 모독적 교육을 받았던 그는 청년이 되어 엄마에게 그때 왜 그랬느냐고 물었다. 그러자 엄마는 되레 화를 냈고 청년은 분노했다. 나중에 그는 심리학자와의 면담에서 이렇게 말했다. "미안하다는 말이 그렇게 어려웠나요." 가족끼리는 이심전심 내 마음 알겠지, 가족이니까 봐주겠지 하는 마음으로 말하고 행동한다. 그런데 가족과 사이가 좋지 않고 아예 등지고 사는 이들이 생각보다 많다. 해결 방법은 간단하다. 먼저 "미안하다"고 말하는 것이다. 물론 쉽지 않다. 가족인데 미안하다는 걸 꼭 말로 해야 하나 싶다. 그러나 가족이니까 더 인격적으로 대해야 한다. 가족끼리 빚어지는 갈등과 오해는 사실 서로에 대한 사랑을 서툴게 표현한 데서 비롯되기 때문이다.

3 :: 도와달라는 말하기

친구가 일하는 동사무소에 중년 부인이 찾아와 대뜸 "자신 좀 살려 달라"고 했단다. 여자는 병석에 있던 남편과 사별하고 하나뿐인 딸마저 멀리 외국으로 시집가 혼자가 되었다. 오랜 병수발에 남은 재산도 없고 주위에 말동무할 이웃이나 친척도 없어 그동안 집안에 틀어박혀 지냈다. 그런데 이대로 있다가는 죽어 버릴지도 모른다는 두려움에 무작정 찾아왔다는 것이다. 여자가 말했다. "평생 한 번도 나쁜 짓 하지 않고 열심히 일하고 세금도 꼬박꼬박 냈으니 이제 나라가 나를 살려 주면 좋겠소." 나이 들면서 다른 사람에게 도움을 청하는 일이 점점 부끄러워진다. 체면, 자존심, 나에 대한 기대 때문이다. 때로는 당당한 도움 청하기가 내 인생을 구한다.

4 :: 어른 노릇 하기

열여섯에 나는 내가 다 컸다고 생각했다. 마흔이 넘은 지금 나는 십 대 어디쯤 머물러 있다고 생각한다. 미야자키 하야오 만화를 좋아하고 동방신기를 좋아한다. 치즈를 두 장씩 겹쳐 먹기도 하고 머리 감기 싫은 날도 있으며 양말을 이틀씩 신기도 한다. 엄숙하고 심각한 자리는 불편하고 많은 사람들 앞에 서는 건 영 어색하다. 누군가 충고하면 고마운 척하지만 속으로는 삐진다. 그러다 어디선가 글 한 편 써 달라는 부탁을 받으면 그날부터 심각하게(?) 고민한다. 인생이 뭔지 알다가도 모르겠고, 불안하고 부끄러울 때도 많다. 나잇값이 뭔지 점점, 자주 생각에 빠진다. 열여섯과 마흔 사이를 그네 타듯 오가는 나! 언제 어른이 되는 것일까?

5 :: 후회 안 하기

이십 대에 처음 다이어트를 시작했으니 지금까지 몇 번이나 했을까? 일 년에 서너 번이라 치면 한 40번? 단 한 번도 성공한 적이 없으니 매번 실패다. 그때마다 나를 자책했다. 왜 나는 번번이 실패할까, 좀 더 참아 볼 것을……. 그뿐만이 아니다. 살다 보면 지나간 날들을 곱씹으며 그때 그 말을 왜 했을까, 좀 서둘렀어야 했는데, 화내지 말 걸, 하면서 자책한다. 혹자는 인생의 백미러를 보지 말라고 했지만 자꾸만 힐끔힐끔 눈길이 간다. 이미 지나간 일에 기운 빼지 말아야 하는 거 잘 알지만, 쉽지 않다!

살아갈수록
쉬워지는 것

1∷ 삼손이 되어 간다

텔레비전에 가끔 괴력을 가진 기인들이 등장한다. 그들은 손가락으로 물구나무를 서고 비행기를 입으로 끈다. 괴력은 평범한 우리에게도 있다. 병석에 누운 거구의 남편을 업는 아내, 불속에 뛰어 들어가 사람을 구하는 소방관, 아기를 업고 양손에 무거운 물건을 들고 버스를 향해 뛰는 젊은 여자! 나 또한 결혼하고 아기 낳고 살림하면서 점점 힘이 세지는 것을 느낀다. 나에게 이런 힘이 있었나, 하고 놀라기도 한다. 안간힘, 온 힘, 젖 먹던 힘……, 삶은 아낌없이 힘을 쏟는 것이다. 그리고 살아갈수록 힘은 더 세진다.

2∷ 집에 있는 게 좋다

예전에는 집에 있는 걸 못 견뎌했다. 주말에도 일부러 약속을 만들었다. 한가한 시간을 스스로 용납할 수 없었다. 바쁜 게 정상이라고 생각했다. 화장실에 앉아서도 책을 펼쳤다. 넋 놓고 있는 시간은 무의미하게 느껴졌다. 그런데 지금은 넉넉해졌다. 시간에 조바심 내지 않는다. 적당하게 시간을 쪼개 쓰고 나를 위한 시간을 낼 줄 안다. 오늘 못한 일은 내일 하면 된다고 생각한다. 주말에 소파에 기대어 텔레비전을 보는 일도, 방바닥에 벌렁 누워 천장을 보는 일도 자연스럽다. 좀 게으르면 어때! 이젠 시끄러운 바깥보다 집에 있는 시간이 더 좋다.

3 :: 멋을 알아 가다

고인이 된 앙드레 김은 하얀색 옷을 고집했다. 소설가 마크 트웨인도 흰색 양복만 고집했는데 자칭 '순백&완벽' 협회의 회원이자 비서, 총무라고 말할 정도였다. 이들을 진짜 멋쟁이라 할 수 있을까? 마크 트웨인은 상투적인 유행을 좇지 않기 위해 흰옷을 입었다. 앙드레 김도 그랬을 것이다. 누가 뭐래도 포기하지 않는 자기만의 독특한 색깔! 다른 사람에게 보이기 위한 옷이 아니라 스스로 만족하며 입은 옷, 그래서 두 사람은 자기 삶을 더 겸손하고 충실하게 살았는지 모른다. 남 눈을 너무 의식하며 유행만 좇던 때가 있었지만, 이제는 내 몸에 맞는, 내가 좋아하는 옷을 입을 줄 안다.

4 :: 이런 정성이면 서울대 가고도 남았을 것을

회사에서 야근하고 들어와 밤샘까지 하는 나를 보고 남편은 종종 그 정성이면 서울대 가고 남았을 거라고 말한다. 학교 다닐 때는 왜 그리 공부하기가 싫고, 나는 안 된다고만 생각했는지 모르겠다. 부모님 밑에서 배

부르고 등 따스우니 별로 절박함을 몰랐던 것 같다. 사회에 나와 생업 전선에서 혼신을 다하는 나를 보면 세상에서 공부가 제일 쉬웠다는 말에 동의하게 된다. 이 정도 노력이면 뭘 못할까, 무엇이든 잘할 수 있을 것 같고 도전하고픈 마음이 솟는다.

5:: 화를 다스릴 줄 안다

화가 나면 제 풀에 넘어가 말을 제대로 못했다. 목소리를 심하게 떨기 일쑤였고 번번이 눈물을 쏟았다. 잡지사 근무할 때 말도 안 되는 이유로 독자와 싸운 적이 있다. 독자 왈, "너 그 자리에 꼼짝 말고 있어. 내가 지금 갈 거야" 하고 전화를 끊었는데 진짜 찾아오는 줄 알고 하루 종일 어찌나 마음을 졸였는지. 이제는 부당한 일, 말도 안 되는 일로 시비가 붙어도 조목조목 따진다. 목소리 높이지 않고, 감정에 휩쓸리지 않고 나를 지킬 줄 안다. 그래도 아직 조금 떨긴 한다.

스·물·일·곱

나의 단점과 열등감은
남에게 없는 나만의 재산이다

김포 가는 길에 유명한 가락국숫집이 있다. 2차선 길가에 자리한 낡은 한옥집에는 밤늦도록 손님이 줄을 서 있다. 식사 때는 한 시간은 기다려야 국수 맛을 볼 수 있다. 주인은 "단지 멸치와 다시마로 국물을 우려 냈을 뿐"이라는데 사람들은 집에서는 도저히 만들지 못하는 맛이라며 칭찬한다.

맞다. 사람들은 그 집과 똑같은 맛을 내지 못한다. 국숫집 국물에는 멸치와 다시마뿐 아니라 주인의 모든 것이 들어있다. 그 주인은 질 좋은 멸치와 다시마를 고르는 데 시간과 품을 들였을 테고 뜨거운 국물에 수없이 손을 댔을 것이다. 모르긴 해도 국수 한 대접에는 수많은 사연이 숨어 있으리라. 게다가 허름한 국숫집의 분위기가 옛 추억을 떠오르게 하여 투박한 맛을 더한다. 그러니 이런저런 국숫집의 모든 것이 어

우러진 국물 맛을 단지 '찬물에 멸치 몇 마리와 다시마를 넣고 푹 끓이세요'라는 레서피 몇 줄로 똑같이 만들지 못하는 게 당연하지 않은가.

자연요리가 산당 임지호 선생은 남들이 쓰지 않는 자연 재료로 요리하는 것으로 유명하다. 바위에 붙은 해초, 매미 껍질, 쉰 두부, 잡초……, '이런 것도 먹을 수 있을까?' 싶은 재료도 있다. 먹을거리로는 생각도 못한 재료를 색다른 요리로 창조한 그에게 사람들은 찬사를 보낸다. 그는 말한다.

"내 요리법은 오로지 두 손과 마음에 있다. 길을 걷다 보이는 것이 요리의 재료이고 나는 보이는 재료에 따라 요리할 뿐이다."

김포 가는 길의 국숫집과 산당 선생의 말을 정리하자면, 요리의 맛은 재료와 요리 도구가 결정하지 않는다는 것이다. 진정한 맛은 요리사가 주어진 재료로 최선을 다해 만들어 낸다. 최선은 요리사의 경험에서 나온 직관과 순발력이다. 그러고 보면 어떤 요리도 완벽한 레서피는 존재하지 않는다. 수많은 요리 블로그와 요리책에서 알려 주는 레서피는 사실 '나는 이런저런 재료로 이렇게 요리해 보았소!'라는 경험담이 아니던가.

그래서 같은 재료라도 누가 요리하느냐에 따라 요리 방법도 맛도 다르다. 하물며 우리 인생은 어떠랴. 펑펑 쏟아지는 눈송이는 같은 모양이 단 한 개도 없다고 한다. 대기의 기온과 수분이 눈의 형태를 결정짓기 때문이다. 눈송이처럼 우리도 저마다 다른 삶의 조건을 가지고 있다. 얼굴과 성격이 다르고 삶의 환경도 천차만별이다. 신이 인간을 제

각각 다른 삶의 조건에서 태어나도록 한 것은 각자에게 주어진 삶의 재료를 가지고 한 번 마음대로 살라는 뜻일 것이다. 하지만 내 삶의 재료는 늘 부족하고 다른 사람이 가진 것만 눈에 들어온다. 돈이 많았더라면, 얼굴이 예뻤더라면, 머리가 똑똑했더라면, 몸이 튼튼했더라면, 용감한 성격을 가졌더라면 등. 그러다 보니 '……더라면'이라는 생각을 얼마나 버리느냐에 따라 인생의 방향이 결정되기도 한다.

십 몇 년째 소설가를 지망하는 지인이 이렇게 투덜댄 일이 있다. "내가 불행했다면 어쩌면 좋은 소설을 썼을지도 몰라요." 누군가에게는 불행조차 부러움의 대상일 수 있다니, 인간은 어리석은 존재다. 내가 원하는 삶의 조건이 갖춰진다고 해서 내가 바라는 삶을 살 수 있는 것은 아니다. 아무리 재료가 완벽해도 그것이 맛까지 보장하지는 않듯, 산당 선생처럼 부족한 재료만으로도 훌륭한 성찬을 만들어 내는 요리사가 있다. 그러므로 내가 가지고 있는 재료를 최대한 살려 가장 맛있는 요리법을 찾아내야 한다.

우연히 여성지에서 화장품 브랜드 슈에무라의 창업주에 관한 글을 읽었다. 일본 남자 슈에무라는 어릴 때부터 병약했다. 그는 이십 대 초반을 병석에서 보냈다. 펄펄 날아도 시원찮을 청춘의 시기에 약한 체력은 많은 것을 포기하게 했다. 그는 침대에 누워 천장을 바라보며 스스로에게 질문을 던졌다. '약한 체력으로 할 수 있는 일은 무엇일까. 내 적성에도 맞고, 누구도 시도해 본 적이 없는 일은 무엇일까?'

그는 '미용'이라는 답을 얻었다. 그 뒤 그는 미용 분야에 꾸준한 관심을 가지고 정보를 모았다. 그러던 중 할리우드에서 일본말이 통하는 보조 미용인을 구한다는 소문을 듣게 되었다. 그는 주저하지 않고 기회를 잡았다. 남녀차별이 심하던 1960년대, 동양인 남자가 여자들의 얼굴을 매만지는 '미용'에 도전하는 것은 쉽지 않은 선택이었다.

슈에무라의 전설적 행보는 거기서부터 시작되었다. 할리우드에서 마릴린 먼로, 엘리자베스 테일러 등 유명 여배우의 얼굴을 책임지며 이름을 알렸다. 어떻게 하면 화장을 잘 지울까, 궁리하던 그는 1967년 클렌징 오일을 세계 최초로 탄생시켰다. 고체형 파운데이션, 인조 속눈썹도 모두 슈에무라의 작품이다. 또 지금은 너무나 흔한 메이크업 쇼 역시 슈에무라의 머리에서 나왔다. 1973년에는 세계 최초로 '메이크업 아티스트 콘테스트'를 개최하였다. 미용 역사에서 혁명으로 기록된 일이었다. 슈에무라는 분장 정도로 대우받던 메이크업을 예술의 경지로 끌어 올렸다. 오늘날 전 세계 여성들의 화장대에는 슈에무라가 만든 화장품이 놓여 있다. 하지만 젊은 날에 슈에무라가 병약한 몸을 탓하며 방에만 갇혀 있었다면 세계 굴지의 화장품 회사 대표로서의 그는 없었을 것이다.

슈에무라가 자신의 약점을 받아들인 반면 서머싯 몸의 소설 『인간의 굴레에서』의 주인공 필립 케어리는 절름발이인 자신의 다리를 낫게 해달라고 신에게 기도한다. 추운 날 밤, 좀 더 절박하게 보이기 위하여 알몸으로 엎드려 기도하는 필립, 그러나 다음날 아침 그의 다리에는 아무런 변화가 없었다. 기적이 일어난다는 부활절에도 그의 소원은 이뤄지지 않았다. 절름발이에 대한 열등감은 그의 인생에 굴레가 되었다. 그는 여러 직업을 전전했다. 연이어 사랑에도 실패하고 힘겹게 살아간다. 소설의 말미에서 필립은 '현재를 받아들이지 않고 이상만을 꿈꾼 자신의 모습'을 발견하고는 늦었지만 새로운 인생을 살게 된다. 신은 필립의 다리를 고쳐 주지 않았다. 신도 바꾸어 줄 수 없는 것을 바꾸어 준 이는 누구인가. 바로 필립 자신이었다.

나이가 젊을수록 "나는 가진 게 별로 없다"고 한탄한다. 나도 그랬다. 정도가 심한 사람은 '아무것도 가진 게 없다'고 불평한다. 그런데 정말 없는 것일까? 돌이켜보니 내가 열등감을 느끼던, 불완전하다고 믿었던 삶의 조건이야말로 신이 주신 선물이었을지도 모른다는 생각이 든다.

미래학자 롤프 옌센은 자기를 표현할 수 있는 이야기가 없는 사람은 가난한 사람이라고 했다. '그럼에도 불구하고 나는 이렇게 살아왔다'고 말할 줄 아는 사람이 인생의 부자라는 것이다. 대중의 인기를 먹고 사는 연예인, 스포츠인, 그리고 예술가들 가운데서도 남과 다른 삶의 이야기를 가진 이들이 더 뜨거운 박수를 받는다. 양발이 짝짝이인 마라토너 이봉주 선수는 이렇게 말했다. "발 크기요? 그런 거 일일이 신경 쓰다 보면 마라톤을 포기하고 싶었을지도 몰라요." 어릴 적 호르몬 이상으로 성장 장애를 앓은 축구 선수 리오넬 메시는 또 어떤가. 그는 "키가 작은 만큼 난 더 날쌨고 공을 절대 공중에 띄우지 않는 나만의 축구 기술을 터득했다"라고 말했다. 소아마비 장애인이었던 바이올리니스트 이자크 펄만은 더 극적이다. 뉴욕 링컨 센터 연주회에서 바이올린 줄이 끊어지는 상황에서도 그는 바이올린을 바꾸지 않은 채 세 줄로만 연주를 했다. 관중의 뜨거운 호응 속에 연주를 끝낸 이자크 펄만은 말했다.

"때로는 자신에게 남아 있는 것을 갖고 아름다운 작품을 창조하는 것이 바로 예술가가 하는 일입니다."

우리 집 베란다에는 갖가지 식물들이 자란다. 똑같은 조건 아래서도 어떤 녀석들은 잘 자라고 어떤 녀석들은 그렇지 못하다. 응달에서 더 많은 햇빛을 받으려고 이파리를 넓게 키운 화분에 나는 흙을 한 삽 더 부어 준다. '하느님이 너를 뿌려 주신 데서 꽃을 피우라'는 말이 있다. 지금 내가 서 있는 곳, 존재하는 그대로의 모습으로 삶의 이야기를 그리라는 말이다. 내가 가진 단점과 불행과 열등감은 남에게 없는 나만의 재산이다. 내가 가진 인생의 조건들로 최선의 맛을 내는 것, 최고의 사람이란 결국 최선을 다하는 사람이다.

스·물·여·덟

성공은
혼자 있는 시간을
어떻게 보내느냐에 달려 있다

이모는 삼십 대에 청상과부가 되어 평생 시골 마을에서 아들 하나를 키우며 살았다. 그 아들이 커서 취직을 하고 얼마 안 되어 이모는 호된 감기를 앓았다. 그리고 어느 날 갑자기 거짓말처럼 세상을 떠났다. 식구들은 이모가 평생 혼자 살았다는 걸 마음 아파했다. 이모의 삶은 불행하기만 했을까?

 그런데 고독이니 외로움이니 하는 주제로 글을 쓰는 중에 초등학생 때 이모의 시골집에 놀러간 일이 불현듯 떠올랐다. 이모는 마을에서 외딴 초가집에 살고 있었다. 마을에서 유일하게 전기가 들어오지 않는 집이었다. 초저녁잠이 많은 나는 언제 잠들었는지 세찬 빗소리에 잠이 깼다. 사방이 캄캄한 방에 나 혼자뿐이었다. 부모님은 잠든 나를 두고 언니와 동생을 데리고 외삼촌 댁으로 자러 간 것이다. 가슴이 더럭 내려

앉은 나는 밖으로 나왔다. 부엌에서 불빛이 새어나오기에 들여다보았다. 가마솥에서 김이 무럭무럭 피어오르고 이모는 호롱불빛 아래 쪼그린 채 성경을 읽고 있었다. 나는 기분이 이상했다. 그 이상한 기분이 무엇이었는지 나는 이모처럼 나이를 먹고서야 조금씩 알아 갔다.

하얀 김이 자욱한 부엌, 호롱불의 일렁거림, 그리고 성경을 읽는 이모의 안온한 얼굴……, 그날의 풍경은 이모가 결코 불행하지 않았을 거라 짐작게 했다. 한밤중에 깨어 성경을 읽는다는 건 혼자서 충일하게 시간을 보낼 줄 안다는 것이 아닐까. 그 하루만이 아니었을 것이다. 책을 보기에 충분한 호롱불빛처럼 이모는 혼자서 자기 삶의 어둠을 밝힐 줄 알았다고 나는 믿는다.

인간은 혼자다. 혼자 태어나 혼자 죽는다. 부모, 형제, 친구, 이웃들에 둘러싸여 살아가지만 누구나 혼자임을 느낄 때가 있고 언젠가는 결국 혼자 살아야 할 때를 만난다. 사람들은 '혼자'라는 것을 좋아하지 않는다. 혼자는 외롭다, 쓸쓸하다, 힘들다, 이기적이다, 부끄럽다, 무능력하다, 이런 생각이 혼자라는 걸 두렵게 만드는지 모른다. 확실히 혼자 있으면 사람의 마음은 약해진다. 신학자 마틴 루터는 말했다.

"인간은 홀로 있을 때 더 많이 또 더 무거운 죄를 짓는다. 이브는 혼자 있을 때 사탄의 유혹에 넘어갔다. 예수가 사탄의 시험에 빠진 것도 황야를 홀로 걸을 때였다. 나도 혼자 있을 때 커다란 괴로운 시련과 절망에 떨어진 때가 한두 번이 아니다."

혼자 있는 시간은 무겁고 그것을 견디는 나는 깃털처럼 가볍다. 인생의 성공은 혼자 있는 시간을 어떻게 보내느냐에 달려있는 것 같다. 혼자 무엇을 하느냐보다 중요한 것은 혼자 있을 수 있는 힘이 있느냐, 없느냐는 것이다. 『고독력』의 저자 다카나가 노부유키는 혼자 있을 수 있는 힘을 '고독력'이라고 했다. 고독력은 한 걸음 물러나 자신을 바라볼 수 있는 힘이다. 있는 그대로의 내 모습을 인정함으로써 타인에게 의존하지 않고 자신을 긍정적으로 믿는 힘이다. 고독력이 풍부하다면 혼자서도 어떤 상황이건 무슨 일이건 막막해하지 않으며 자연스럽게 할 줄 안다. 상황을 부정적으로 몰아가지 않는다. 외로움과 고독감을 나쁜 감정으로 받아들이지 않는다. 사실 외로움은 좋은 감정이다. 독일어로 외로움을 뜻하는 'Einsam'은 '자기 자신과 하나 되는 사람'을 의미한다고 한다. 외로움은 나 자신을 바라볼 기회를 준다.

막연히 혼자가 되는 것을 두려워하지만, 누구나 혼자 있을 때의 좋은 느낌을 알고 있다. 학창 시절 나는 혼자서 자주 남산도서관에 갔었다. 명동에서 남산으로 오르는 언덕에 가득했던 새벽 어스름과 서늘함이 좋았고, 겨울에는 솜이불을 깔아놓은 듯한 눈길을 몇 번이나 자빠지며 올랐다. 공부보다 혼자서 만끽하는 한적함이 좋아 뻔질나게 도서관에 다녔다. 소심했던 나는 친구들 사이에서 늘 위축되고 초라함을 느끼곤 했다. 언제나 친구들 하자는 대로 따라 하고, 싫은 내색을 하지 않았던 나는 일주일에 한 번 홀로 떠나는 도서관 순례에서 마음을 추슬렀다. 생각해 보면 오롯이 홀로 보낸 그 시간에 나 자신과 많은 이야기를 나눴던 것 같다. 걱정을 들어주고 답을 찾으며 내 자신이 친구가 되고 스승이 되고 멘토가 되었다. 들판의 벼이삭과 과수원의 열매가 뜨거운 햇살과 비바람을 맞으며 혼자 익어가듯 알게 모르게 나는 천천히 익어갔다. 인생은 혼자라도 나쁘지 않다는 걸 그때 깨달았는지 모르겠다.

혼자 살아가는 사람이 점점 늘어 간다. 자의든 타의든 결혼하지 않은 싱글도 주위에 흔하다. 멋지게 사는 싱글의 삶은 부러움의 대상이다. 삶의 목표로 삼는 이들도 있다. 무엇에도 구속되지 않고 다양한 문화생활을 즐기며 살아가는 이들은 일견 자유롭고 화려해 보인다. 그러나 '내 인생 내가 즐기겠다'는 마음으로 선택한 화려한 싱글은 잠깐이다. 일상은 지루하며 삶은 생각보다 길기 때문이다.

91세까지 아주 오래도록, 싱글로 멋지게 살다 간 여성을 알고 있다. 미국의 그림책 작가 타샤 튜더다. 타샤의 그림 같은 정원과 살림살이를 담은 책을 보고 있자면 '이런 데서 살고 싶다'는 생각이 든다. 그런데 내가 그녀를 좋아하는 이유는 아기자기한 살림 솜씨와 아름다운 정원에 있지 않다. 91세로 죽을 때까지 외딴 숲속에서 혼자 지낼 수 있었던 그 힘이 부럽다. 부모의 이혼으로 열다섯 살부터 혼자 살았던 타샤는 그녀 역시 이혼 뒤 아이 넷을 혼자 키웠다. 1960년대 싱글맘의 삶은 지금 못지않게 피곤하고 힘들었을 것이다. 타샤는 '집안일을 하느라 갈퀴손이 되었다'고 했다. 하지만 많은 사람들이 가난과 고단함이 아니라 자연스럽고 따뜻한 삶으로, 힘없는 노인이 아니라 멋진 삶을 살다 간 여성으로 기억하는 것은 혼자 살면서도 자신만의 당당한 삶의 철학이 있었기 때문이다. 그녀는 말했다.

"나는 다림질, 세탁, 설거지, 요리 같은 집안일을 하는 게 좋다. 직업을 묻는 질문을 받으면 늘 가정주부라고 적는다. 찬탄할 만한 직업인데 왜들 유감으로 여기는지 모르겠다. 가정주부라서 무식한 게 아닌데. 잼을 저으면서도 셰익스피어를 읽을 수 있는 것을."

'노동과 꿈'은 타샤가 혼자서도 오랫동안 행복하게 잘살 수 있었던 힘이다. 의식주에 쏟는 노동을 타샤는 삶을 아름답게 가꾸는 노동으로 바꾸었다. 불편함을 자청해, 전기 대신 등잔불을 켜고 베틀로 옷감을 짰으며 펌프로 물을 긷고 숲에서 땔감을 구했다. 그리고 철마다 새로운 꽃들이 피도록 정원을 가꾸었으니 그 부지런함을 짐작하고도 남는다. 또 '즐길 수 있는 일들이 일상에 지천'이라고 했던 타샤는 평생 수십 번 치렀을 추수감사절이나 성탄절 같은 절기도 매번 설레는 마음으로 새롭게 치러냈다. 대대로 물려 온 양철 구이통에서 칠면조를 굽는다거나, 크리스마스에 새들을 위한 도넛을 구워 나뭇가지에 걸어 두기도 했다.

그림을 그려 생계를 이은 타샤의 꿈은 모든 사람들이 깜짝 놀랄 작품을 그리는 것이었다. 70년 동안 100권이 넘는 그림책을 내놓았지만 자신 있게 내놓을 만한 그림은 고작 다섯 점밖에 되지 않는다고 했다. 그래서 밤에도 촛불을 켜고 침침한 눈을 비비며 그림을 그렸다. 대충 그리는 그림을 싫어한 타샤는 호숫가에서 죽은 청둥오리를 냉장고에 얼려 두었다가 수시로 꺼내 보면서 자세하게 묘사하기도 했다. 요리하고 빨래하고 꽃을 가꾸고 그림을 그리고, 이런 사소한 일상의 활동만으로 혼자서 행복을 만들 수 있음을 타샤는 보여 주었다.

타샤를 자기 욕망에만 충실한 자기도취적 삶을 살았다고 비판하는 이들도 있다. 하지만 자기 자신의 욕망이 무언지 모른 채 다른 사람의 욕망에 끌려 다니며 살아가는 삶은 불행하다. 인생에서 자기도취는 어느 정도 필요하다. 그건 내 욕망에 충실하다는 뜻이며, 혼자서도 풍요롭고 창조적인 인생을 만들어 가는 에너지가 된다. 혼자 사는 노인들에게 측은함을 느끼는 건 그들에게 욕망이 없어서다. 글을 쓰고, 그림을 그리고, 연구를 하고, 농사를 짓는 등 무언가 정신을 쏟으며 일하는 노인은 외로워 보이지 않는다.

내가 좋아하는 말 중에 '홀로움'이 있다. 사전에 없는 말이다. 황동규 시인의 시집 『버클리풍의 사랑 노래』에 나오는 이 말은 시인이 만든 조어다. 10년 전 시인을 만났을 때 '홀로움'은 '홀로+외로움'이며 '외로움을 통한 혼자 있음의 환희'라는 친절한 설명을 직접 들은 순간부터 머릿속에 박혀 있다. 인간은 홀로 태어나 홀로 세상을 떠난다. '홀로움'을 느끼며 살다 가는 존재다. 부모님의 사랑을 듬뿍 받고 누군가를 미치도록 사랑해도, 인간은 결국 '홀로운' 존재다. 아이가 혼자서 놀이에 푹 빠지는 것, 책읽기에 빠져 밤이 새는 줄 모르는 것, 몸살감기를 심하게 앓은 뒤 가벼워진 몸으로 일어나는 것⋯⋯, 그 모든 일에서 우리는 '홀로움다'. 인간은 그렇게 홀로움을 느끼며 들판의 꽃처럼 흔적도 없이 살다 가는 존재이지 싶다. 홀로운 존재로서의 인간임을 알면 혼자의 삶, 여럿이 어울리는 삶도 기껍지 않을까.

스·물·아·홉

걱정은
절실하게 고민하지 않았다는
반증이다

주머니 속에 동전이 달그락대면 떠오르는 이야기가 있다. 초등학교 때 책장이 너덜너덜해지도록 읽었던 명탐정 셜록 홈즈 시리즈 중 한 장면이다. 홈즈의 친구이자 조수인 왓슨은 오른쪽 어깨가 기울어진 채 걷는 습관이 있었다. 어느 날 홈즈는 왓슨에게 오른쪽 상의 주머니에 들어 있는 동전을 왼쪽 주머니에 똑같이 나눠 넣으라고 했다. 과연 홈즈의 말대로 오른쪽 주머니에만 동전이 들어 있었다. 한쪽으로 쏠린 동전의 무게 때문에 주머니가 늘어지고 어깨가 기울어져 보인 것이다.

왓슨은 어떻게 알았느냐고 신기해했지만 조금만 눈썰미가 있어도 해결할 수 있는 문제였다. 왓슨은 불편함을 느끼고도 원인을 찾으려 하지 않았을 뿐이다. 보통 사람들은 어떤 문제에 맞닥뜨렸을 때 올바른 관심을 갖고 관찰하기보다 당황한 채 걱정에만 빠져 있기 쉽다. 불교에서는 괴로움을 없애려면 괴로움의 근원을 보라고 하면서 개와 사자를 예로 든다. 개는 누군가 돌을 던지면 돌을 물어뜯는다. 반면 사자는 돌을 보지 않고 돌을 던진 사람을 공격한다. 눈앞에 벌어진 상황에만 빠져 있는 것은 개가 돌을 물어뜯는 것과 같다. 물론 원인을 안다고 하여 모든 문제를 해결할 수는 없다. 하지만 나에게 무슨 일이 일어났는지 상황을 정확하게 인식하고, 해결점을 찾으려 고민한다면 감정적으로 휘둘리지 않는다.

걱정은 아무 도움을 주지 않는다. 어쩌면 걱정은 정말 절실하게 고민하지 않았다는 반증이다. 진정한 고민은 어떻게 행동할지에 대한 자연스러운 답을 이끌어 내기 때문이다. 코미디 작가 윌 로저스는 "걱정은 흔들의자와 같다. 계속 움직이지만 아무데도 가지 않는다"고 했다. 걱정은 문제를 해결하지 못하고 오히려 무기력에 빠뜨린다. 결국 아무것도 하지 못하는 상황에 이르고 만다.

그래서 서스펜스 영화의 대가 알프레드 히치콕은 "나의 두려움을 없애는 유일한 방법은 그 두려움들에 대한 영화를 만드는 것이다"라고 말했다. 무엇이든 똑바로 마주하겠다는 다짐은 문제를 풀어 가는 중요한 열쇠다.

작가 수전 손택은 지난 2004년 12월 백혈병으로 세상을 떠났다. 그녀는 '뉴욕 지성계의 여왕'으로 불렸다. 문화평론가, 소설가, 연극 연출 등 문화 전 분야에서 활약한 그녀는 강대국이 주도하는 세계 질서를 비판한 열정적인 사회운동가이기도 하다. 『은유로서의 질병』, 『해석에 반대하다』, 『타인의 고통』 등 그녀의 저서는 우리가 보지 못한 세계를 날카롭게 지적한다.

앞머리만 백발인 독특한 헤어스타일과 날카로운 눈빛은 흡사 독수리를 닮았다. 그녀의 생애 역시 독수리처럼 위엄 있고 강렬했다. 말년에 백혈병으로 투병하는 손택을 아들 데이비드 리프가 추억하며 펴낸 책 『어머니의 죽음』에서 그녀는 죽음을 앞둔 환자라고는 믿기지 않는 열정적이고 강한 모습을 보여 준다.

손택은 평생 세 번의 암을 '겪었다'. 사십 대에 유방암 4기, 오십 대에 자궁암을 선고받았다. 암, 하면 누구나 죽음을 생각한다. 의사들은 앞으로 남은 삶이 몇 개월이고 생존율이 얼마인지를 말한다. 환자는 극도의 공포와 절망에 빠진다. 그러나 손택의 반응은 담담했다. 그녀는 의사가 말해 주는 생존 확률에 주목했다. 적어도 0퍼센트는 아니잖은가! 손택은 눈물을 흘리는 대신 직접 암에 관한 수많은 자료와 논문을 뒤지며 공부했다. 자신의 몸을 의사보다 더 잘 알아야 된다고 생각해 의사에게 수없이 질문을 던졌다. 주치의도 모르는 새로운 수술법과 신약을 찾아냈고 그 의사를 찾아가 직접 치료를 의뢰했다. 손택은 아무것도 하지 않은 채 '살 수 있다, 이겨낼 것이다' 라며 거짓 희망에 빠져 있는 무기력한 환자가 아니었던 것이다. 그녀의 아들은 말한다.

"어머니는 정보를 독실한 신앙처럼 생각했다. 어머니의 뿌리 깊은 자기 확신(자기가 있는 그대로의 사실을 받아들이고 이해하며 직면할 수 있는 사람이라는 믿음)은 거기서 나왔다. 이런 의식은…… 두 번의 암을 이기는 데 도움이 되었다."

두 번이나 암을 극복한 손택은 자신이 입버릇처럼 말한 대로 "불리한 확률을 뒤집는 사람"이었다. 그리고 칠십 대에 다시 혈액암 선고를 받았다. 이번에도 그녀는 적극적으로 맞섰다. 손택은 모든 것을 알고 싶어 하고 배우려는 자신의 장점이 암에 대해서도 능동적으로 대처할 수 있으리라 믿었다. 삶이란 어차피 죽음을 조금씩 뒤로 미룬 것에 불과하므로, 조금씩 조금씩 삶을 연장하면 된다고 생각했다. 그렇게 연장한 시간에 손택은 한 줄의 글이라도 더 쓰려고 했다.

여기까지 보면 손택은 대단히 긍정적이고 낙관적인 사람이라고 생각하겠지만 오히려 그 반대였다. 그녀는 "언제나 우울함과 싸워야 했으며 잠에서 깨면 곧바로 의기소침한 상태를 털어 없애려고 아무 얘기고 맹렬한 속도"로 이야기하거나 글을 썼다고 한다. 그녀는 스스로를 무기력하게 놔두지 않았다. 그녀가 투병 중에 남긴 일기의 한 대목이다.

"명랑하라. 그리고 감정에 휘말리지 말라. 차분하라. 슬픔의 골짜기에 이르렀을 때는 날개를 펼쳐라."

무슨 일이 있더라도 감정에 휘말리지 말고 차분하게 대처하되 나중에는 슬픔마저 껴안으라는 것. 이성과 과학을 존중했던 손택은 죽음의 그림자가 가까이 왔을 때조차 자신을 객관화하여 바라보았다. 죽음을 기다리지 않고, 자신이 할 수 있는 일을 하려고 했다. 그녀는 끝내 죽음을 맞았지만 결코 암에 굴복한 것은 아니다. 그녀는 끝까지 삶을 살려고 했기 때문이다.

심리학에서 쓰는 용어 중에 '인지적 구두쇠'라는 말이 있다. 어떤 판단을 내릴 때 합리적 논리적으로 생각하기보다 되도록 심적인 노력을 덜 들이고 절약한다는 것이다. 즉 익숙한 쪽으로, 관습대로, 전에 알고 있던 대로 판단을 내리고 믿는다.

예를 들어 얼굴을 그리라고 하면 대부분 앞모습만 그린다. 옆에서 뒤에서 바라보는 얼굴은 상상하지 못한다. 왜 앞모습만 그렸느냐고 물으면 한결같이 그리기 쉬워서, 라고 말한다. '암은 곧 죽음'이라는 등식이 반드시 성립하지 않음에도 우리가 그렇게 연결 짓는 이유도 관습이 앞서기 때문이다. 손택은 암이 곧 죽음이라는 등식을 받아들이지 않았다. 대신 생존 확률 30퍼센트에 자신의 목숨을 걸었다.

박문열 자물쇠 장인이 들려 준 이야기가 생각난다. 우리 전통 자물쇠는 서양 자물쇠와는 달라서 열쇠가 있어도 여는 방법을 모르면 열지 못한다. 장인은 일곱 번의 과정을 거쳐야 열리는 '7단 자물쇠'가 있다는 말을 듣고 수소문해 찾아갔다. 귀한 자물쇠인 만큼 똑같이 재현해 보고 싶었다. 그러나 소장자가 사진도 스케치도 안 된다고 했다. 그는 앉은 자리에서 자물쇠를 열었다, 끼웠다 반복하며 머릿속에 자물쇠 열쇠의 구조를 차근차근 입력했다. 그 길로 터미널로 달려가 버스 안에서 기억을 되살려 그림을 그렸다. 그리고 7단 자물쇠를 똑같이 만들어냈다.

7단 자물쇠도 차근차근 머리로 더듬으면 풀리는 것처럼 인생도 이성적인 판단이 절실하게 필요한 순간이 있다. '왜 이렇게 일이 잘 풀리지 않을까' 한탄하기 전에 '어떻게 하면 풀릴까' 고민해야 할 때가 있다.

인간은 책상에 앉아서도 먼 우주 밖의 일을 상상할 만큼 무한한 능력을 가지고 있지만, 대부분 일상에서는 좁은 생각에 갇혀 있다. 7단 자물쇠를 연다는 심정으로, 얼굴을 앞모습뿐만 아니라 옆에서 위에서 밑에서 보겠다는 사고의 힘으로 얽히고 꼬인 고민들을 새롭게 바라본다면 인생의 문제들이 막막하게 느껴지지만은 않을 것이다. 그리고 그처럼 절실하게 고민한다면 적어도 걱정하느라 시간을 낭비하는 일은 없을 것이다.

서 • 른

가족은
기대는 존재가 아니다

오랜만에 언니에게서 휴대전화 문자가 왔다. 고작 몇 글자일 뿐이지만 힘든 기운이 전해졌다. 그즈음 스트레스 받는 일이 있다는 건 알았지만 나도 일상에 치여 아는 체하지 못했다. 전화로 하면 이야기가 길어질 것 같아 문자로 답했다.

"인생은 다들 저마다의 숙제를 해결해 가는 과정인 것 같아. 엄마도 아버지도 언니도 나도 모두 각자의 짐을 진 채 가고 있을 뿐이야. 이렇게 말하면 너무 야박한가? 하지만 가끔은 서로 위로해 주면 좋을 텐데……. 그것마저 쉽지 않아. 미안해. 잘 지내."

언니에게서 바로 답이 왔다.

"서로에게 미안해하는 것만으로도 고마운 일이다. 고마워."

옹졸한 동생의 답을 언니는 고마워했다. 수십 년 동안 한 집에서 살

부비며 살아가는 가족은 언제나 기대고 싶은 존재다. 그런데 결혼하고 아이를 낳고 살면서 가족이란 늘 서로를 받아들이고 이해해 주는 만만한 존재가 아니라는 걸 깨달았다. 가족이기 때문에 당연하게 요구했던 일들이 전혀 당연하지 않았다. 특히 어머니가 그랬다. 아이를 키우며 나는 종종 내 모성을 의심했다. 낮밤이 바뀐 아이와 씨름하느라 밤을 꼬박 새우면서 어느 결에 아이를 미워하고 있는 나를 발견했다. 어미가 제 자식을 원망하고 미워할 수 있다는 사실에 나는 깜짝 놀랐다. 최근에 출산한 친구는 아이를 기르면서 자기 안의 숨겨진 폭력성을 발견하고 충격을 받았다고 했다.

  프랑스의 작가 장루이 푸르니에도 지체장애아인 두 아들을 보며 이렇게 말했다. "장애아가 하느님의 선물이라면 그 선물을 사양하고 싶었다", "도대체 왜 자식을 낳으려 했는가!", "아이들 머릿속엔 지푸라기가 들었나 보다". 장애를 가진 자식에 대한 푸념을 공개적으로 늘어놓는 아버지의 모습이 처음에는 당황스러웠다. 그 솔직한 고백은 자식을 있는 그대로 받아들이기 위한 과정이었지만, 맹목적이라고 믿는 부모의 사랑 속엔 부모 자신만이 아는 수없는 인간적인 고뇌와 갈등이 얽혀 있음을 비로소 알았다.

  나는 왜 부모의 사랑을 당연하게 받아들였을까. 그 당연한 기대가 어머니 아버지에게는 보이지 않는 족쇄가 된 것은 아닐까. 나는 내 어머니 아버지가 그랬던 것처럼 자식 때문에 많은 것을 포기하고 그것이 인생이라고 말하지 말자고 다짐했다. 물론 아이가 중학생인 지금도 아이

보다 '나'를 먼저 생각할라치면 좀 미안해지곤 한다. 그런 미안함조차 모성의 한 부분이라고 여유 있게 넘기게 된 것은, 아이에게 엄마가 언제나 너를 위해 희생할 거라 기대하지 말라고 미리 말해 두었기 때문이다.

"너에게 최선을 다하겠지만 가끔은 엄마도 힘들다. 그러니 완벽한 엄마의 모습을 기대하지 마라. 있는 그대로의 엄마를 봐주렴."

내 말에 아이는 고개를 끄덕였다. 아이는 이제 엄마 자신부터 먼저 챙기라는 잔소리를 할 만큼 마음이 자랐다. 그때마다 잊지 않고 말한다.

"너도 너를 스스로 잘 챙겨라. 힘들 때는 언제든 말하는 거 잊지 말고 말이야."

부모는 분명히 자식을 사랑하고 자식은 부모를 사랑한다. 형제자매 모두 서로를 사랑한다고 말한다. 그러면서도 모든 식구들이 행복하지 않다. 가족은 서로에게 무엇이든 해 줘야 한다고 생각하기 때문이다. 그러니까 내가 주는 만큼 가족에게서 똑같이 받지 못한다고 느끼는 순간 가족은 서로를 미워하고 짐이 되는 것이다. 일본의 영화배우이자 감독인 기타노 다케시는 "가족이란 남이 보지 않을 때 내다 버리고 싶은 존재다"라고 말했다. 가족이기 때문에 이러지도 저러지도 못하는 인간적 갈등이 배어나는 이 말은 섬뜩하리만치 맞는 표현이다. 가족이 언제나 희망과 위로가 되는 것은 아니다. 인생의 방해꾼이자 걸림돌이 되기도 한다. 그렇다면 진정한 가족은, 가족이라는 이유로 서로에게 사랑을 강요하지 않는 것에서 시작해야 옳다. 역설적이게도 '가족은 아무 대가 없이 사랑한다'는 말을 실천할 때 비로소 가족에게서 자유로울 수 있다.

내가 사는 아파트 근처에 1킬로미터에 달하는 조깅 코스가 있다. 시간 날 때마다 가서 걷는데 나도 모르게 엿듣게 되는 주부들의 수다에서 인생의 지혜를 전수받는 일이 종종 있다. 그날도 뒤에서 따라오는 두 중년 부인의 이야기를 듣게 되었다.

"이 나이 되어 보니 자식도 남편도 소용없더라고. 어디가 좀 아프다고 하면 뉘 집 개가 짖나 하며 시큰둥이 병원 가라고만 하네. 그게 얼마나 서운한지 몰라. 눈물이 다 난다니까. 겨우 병원 한 번 같이 가 주고 나서는 그걸로 다 나은 줄 알고 좀 어떠냐, 묻지도 않고……. 우리 남편은 왜 그렇게 쌀쌀맞은지 몰라."

그러자 다른 아주머니가 말을 이어받았다.

"그래 맞아. 그래서 나는 내 몸 내가 챙겨. 내가 좋아하는 거 해 먹고 운동도 열심히 하고 병원도 알아서 내 발로 가고 말이야. 남편하고 아이에게 쏟은 에너지 이제 나한테 써야지. 남편도 힘들고 자식도 사느라 정신없는데 거기다 대고 내가 아프다 어쩐다, 나 좀 봐달라, 하면 반갑겠어? 괜히 나만 서운하고 속상하기나 하지. 내가 상처받을 일을 왜 스스로 만들어! 내가 다리가 없나? 입이 없나? 알아서 병원가고 안 아프도록 해야지. 나에게 잘하는 게 알고 보면 자식 위하고 남편 위하는 거야. 그게 내가 살 길이야!"

내 몸을 스스로 돌보는 것이 가족을 사랑하는 길이라는 아주머니의 말에 나는 동감했다. 건강뿐이 아니다. 가족은 혈연으로 맺어졌지만 그 전에 각자 1인분의 삶을 살아가는 개별화된 존재다. 내 인생은 누구도 대신해 줄 수 없다. 나 스스로 욕구를 충족하고 문제를 해결하며, 그렇게 인생을 완성해 간다. 그 과정에서 겪는 기쁨도 불행도 희망도 절망도 모두 내 몫이다. 더구나 인생의 짐은 누구와도 나눠 질 수 없다. 가족이니까 나의 짐을 나눠 지도록 강요한다거나 내 짐이 얼마나 무거운지 알아주지 않는다고 하여 서운해하고 미워한다면 결국 가족 모두 불행하게 된다.

험한 세상을 건너가는 우리에게 가족은 '피붙이'라는 이유만으로 더없이 위로가 되는 존재다. 늦은 밤 귀가하는 어두운 골목길을 비추는 가로등처럼. 식구들에게 아무것도 바라지 않고 지켜봐 주는 것만으로도 고마움을 느낀다면, 비로소 무엇이든 서로를 위해 나눌 수도 있을 것이다. 그게 돈이건 물질이건 사랑이건 관심이건 간에.

근무력증을 앓는 열여덟 살 소녀의 이야기를 듣고 가족의 고단한 관계와 거기서 피어나는 희망을 뭉클하게 지켜본 일이 있다. 근무력증은 온몸의 근육이 점점 빠져나가 결국 죽음에 이르는 병이다. 소녀는 부모 없이 조부모 손에서 자랐다. 그런데 휠체어를 탈 만큼 병이 깊어진 소녀를 조부모가 돌보기는 무리였다. 조부모도 연로하여 몸이 자주 아팠다. 어느 날 할아버지는 손녀를 앉혀 놓고 말했다.

"우리도 아프고 병들어 너를 돌봐 줄 수 없다. 그러니 너 스스로 방도를 찾아라."

보호 시설로 보내겠다는 말이다. 그 순간 내가 다 서운해 눈물이 날 것 같았다. 소녀의 눈에서도 눈물이 툭 떨어졌다. 열여덟 살, 예쁘고 좋은 것만 보고 생각할 나이다. 하지만 소녀는 부모 없이 자랐고 죽음보다 더 깊은 병을 앓고 있다. 게다가 이제 마지막 버팀목이었던 할머니 할아버지마저 끈을 놓으려 하고 있었다. 어린 소녀가 견디기엔 너무 가혹한 시련이었다. 소녀는 이 난국을 어떻게 풀어 갈까.

소녀는 보호 시설로 들어갔다. 서운하긴 했지만 조부모를 원망하지 않았다. 보호 시설에 들어간 첫날, 다리를 쓰지 못하는 젊은 여자가 소녀에게 다가왔다. 여자는 대학에 다니던 중 교통사고를 당했고 지금은 가족과 떨어져 시설에서 지내고 있었다. 그녀는 여대생 사진을 보여 주며 자신이라고 소개했다. 그러고는 낯설어하는 소녀에게 말했다.

"얘, 괜찮아. 너만 좋다면 여기서는 웃을 일밖에 없을 거야."

소녀의 얼굴이 조금 밝아졌다. 시설로 오기 전까지 왜 나만 불행하냐고 눈물을 쏟던 소녀의 얼굴에 희미한 웃음이 번졌다. 조부모에게서 독립한 소녀는 처음으로 자신의 장애를 마주한 것일지도 모른다. 어려서부터 조부모의 걱정과 탄식을 들으며 자란 소녀는 자신의 존재 자체를 늘 미안하게 생각했다. 조부모와 소녀는 서로의 고통을 마주하며 애틋해하고 불쌍해했지만 거기서 벗어나지 못했다.

소녀는 이제 조부모와 떨어져 살면서 죄책감에서 벗어나게 되었다. 자신의 운명을 다른 시선으로 바라볼 수 있게 되었다. 절망도 희망도 오롯이 소녀가 만들어 가야 한다. 소녀 혼자 그려 가야 할 인생의 그림이 펼쳐진 것이다. 어디에도 기댈 수 없으므로 한없이 휘청거리겠지만, 소녀는 분명히 자유를 얻었다. 매니큐어를 곱게 칠한 소녀의 손톱이 그

걸 말해 주었다.

조부모의 결정에도 따뜻한 박수를 보내고 싶다. 자신들의 안위를 위해 그런 아픈 결정을 내린 것은 아닐 게다. 오히려 자신들을 위해서였다면 끝까지 손녀를 품속에 안고 살며 견뎠을 것이다. 조부모는 소녀가 홀로 삶을 감당하고, 스스로 삶을 사랑할 기회를 준 것이라고 나는 믿는다.

김승희 시인의 '배꼽을 위한 연가5'에 묘사된 심청이의 독백이 떠오른다. '공양미 삼백 석을 구하지 못하여 당신이 평생 어둡더라도 결코 인당수에는 빠지지 않겠다, 나는 책을 읽고 시를 쓰겠다, 아버지에게도 점자책을 사 주겠으니 책을 읽어라'는 내용이다. '책'이 말하는 것은 자각이요, 자기 삶에 대한 사랑이다.

함께 어울려 기뻐하고 절망하고 위로하며 살아가는 것도 가족이다. 또 각자의 삶을 스스로 열심히, 치열하게 살면서 서로에게서 자유로울 수 있는 것, 그리고 서로에게 그 자유를 허락하며 응원하는 것도 가족이다.

서 • 른 • 하 • 나

직장인으로 끝까지 남는 것도
의미 있는 일이다

겨울 어느 날, 산사에 내린 눈을 쓸던 원철스님이 서산대사의 선시를 읊조렸다. 백범 김구 선생의 좌우명으로 더 잘 알려진 시다. "눈 덮인 길 걸어갈 때 그 걸음 어지럽게 하지 마라. 오늘 내가 남긴 발자국은 마침내 뒷사람의 이정표가 되리니."

 누구나 이 시를 읽으면 자신이 살아온 삶에 대해 골똘히 생각하게 된다. 원철스님은 시를 읊다가 생각했다. '사실 그냥 당신 갈 길만 유유히 바르게 가기만 하면 될 일이다. 따를 것인가 말 것인가 하는 판단은 뒷사람의 몫이다. 설령 앞사람의 발자국을 똑같이 그대로 따라간다고 할지라도 그건 같은 길이 아니라 뒷사람이 새로 가는 길일 뿐이다.'

 나는 이 시를 들을 때마다 왠지 모르게 부담스러웠다. 그런데 원철스님의 글을 읽고 무거운 마음이 한결 가벼워졌다. 누구나 다른 사람의 인정을 받고 싶어 한다. 대단한 사람처럼 보이고 싶은 마음도 있다. 그래서 끊임없이 다른 사람을 의식한다. 그들 눈에 비치는 나의 모습을 상상한다. 뒷사람 옆 사람 눈치 보며 불편한 걸음을 참는다. 정작 그들은 나에게 아무 관심도 없는데 말이다. 그 생각이 지나치면 나 자신을 속이기도 한다. 모르는 내용도 아는 척하며 내가 가진 것보다 더 능력 있어 보이기를 바란다. 소심하고 나약한 모습은 감추고 당당하고 결단력 넘치는 사람처럼 보이고 싶어 한다. 나보다 뛰어난 경쟁자들은 인정하기 싫다. 직장 생활이 길어질수록 조바심이 난다. 누군가에게 밀리는 기분이다. 월급쟁이로 끝나기는 억울하다는 생각이 든다. '여기를 박차고 나가 내 사업이라도 해야 하지 않겠어?' 어느 날부터 이런 속삭임이 계속 들려온다.

내가 직장을 그만두고 창업을 하게 된 데는 이런 이유도 없진 않았다. 그 뒤 정말 머리카락이 한 움큼 빠지도록 힘겨운 시간을 보내고 난 뒤에야 직장인으로 끝까지 남는 것도 의미 있는 일이란 것을 알았다. 실패하고 나니까 옛날이 좋았다는 식으로 말하는 것은 아니다. 직장인이라면 열심히 일하면 될 터이고 독립해서 새로운 일을 시작했다면 원하는 것을 이룰 때까지 최선을 다하면 된다. 문제는 갈팡질팡 '이직을 할까 말까', '회사를 그만둘까 말까', '이 일을 해볼까, 저 일을 해볼까' 갈등만 오래 하는 것이다.

직장에서 벗어나고 싶은 생각을 마음에 품고 있는 것은 누구 밑에서 일한다고 생각하는 노예근성 때문인지도 모른다. 하루빨리 벗어나 독립해야 한다는 자의식이 쉴 새 없이 속삭이는 것이다. 그러나 직장은 내 능력을 주고 대가를 받는 철저한 '기브 앤 테이크'다. 능력껏 일하고 급여를 받는 데 별 불만이 없고, 더구나 일에 만족한다면 정년까지 가 보는 것도 괜찮지 않을까.

영화 〈시네마 천국〉의 주인공 토토는 또랑또랑한 눈동자가 인상적인 소년이다. 때때로 토토는 지금 어떻게 살고 있을까 궁금했다. 우연히 알게 된 그의 근황에 놀랐다. 토토의 본명은 살바토레 카스치오, 어느덧 서른이 가까운 청년이다. 토토는 영화의 배경이 되기도 했던 고향 마을에서 슈퍼마켓을 하고 있었다!

영화가 만들어진 지 20여 년, 영화가 성공하면서 화려한 스포트라이트를 받았지만 토토는 어릴 적 뛰어놀던 시칠리아 섬 벽촌을 떠나지 않았다. 토토는 키 큰 친구들과 하릴없이 맥줏집에서 수다를 떨다 카메라를 향해 수줍게 웃어 보였다. 때 묻지 않은 소년의 얼굴이 남아 있었다. 토토가 할리우드 배우로 활동하고 있어도 나쁘지는 않았을 것이다. 그러나 슈퍼마켓 주인으로 살아가는 지금의 모습이 더 믿음직스러웠다. 훌륭한 청년으로 자랐구나, 대견스러웠다. 젊은 나이에 많은 사람들의 선망을 받고 싶은 야망이 왜 없었을까. 정글 같은 할리우드에서 수없이 좌절하고 극복하면서 유명 배우로 성공할 수도 있었을 것이다. 하지만 토토가 그리는 성공의 모습은 그게 아니었나 보다. 영화에서 알프레도 할아버지는 영화에 푹 빠진 어린 토토에게 말했다.

"토토. 네가 영사실 일을 사랑했던 것처럼 무슨 일을 하든 네 일을 사랑하렴."

슈퍼마켓 주인 토토는 알프레도 할아버지의 말을 기억하고 있을 것이다. 누구나 다른 사람들이 우러러보는 삶을 살고 싶어 한다. 1등을 하고 리더가 되어 주목받는 삶을 상상한다. 그 욕망을 받아들이고 목표를 향해 돌진하는 삶이 있는 반면 어떤 일을 끝까지 해내며 평범하게 노동하는 삶도 존재한다. 영화배우 니콜라스 케이지는 "유명해지고 싶으면 바퀴벌레를 씹어 먹으면 된다"고 했다. 허명虛名과 진정한 성공을 구분하라는 말이다.

정말 뛰어난 실력으로 최고의 자리에 오른 사람도 있고, 유명해지기 위해 수단과 방법을 가리지 않은 사람도 있고, 반짝 유명세를 떨치다 끝나는 사람도 있다. 또 재능은 있지만 불운 때문에 시쳇말로 뜨지 못하는 사람도 있다. 어떤 분야에서 최고의 자리에 오른 사람들이 다 그만한 실력을 가졌다고 나는 생각하지 않는다. 반대로 눈에 띄지 않게 살아가는 사람들 중에는 1등보다 더 뛰어난 능력을 가진 이들도 많다. 중요한 것은 허명을 쫓지 않고 나름대로 삶의 가치를 찾아가는 것이다.

가수 예민은 10여 년 전부터 '분교 음악회'를 열어 왔다. 일주일에 한 번 전국의 초등 분교를 찾아가 음악회를 한다. 학생 이래 봤자 많아야 열댓 명이다. 어느 때는 딱 한 명의 어린이 앞에서 노래를 하고 마술을 했다. 그는 이 무대에서 가장 긴장하고 떨었던 것으로 기억한다. 산골 학교라지만 아이들은 텔레비전과 인터넷으로 유명 가수의 노래를 듣고 춤을 따라 한다. 화려한 가수의 모습에 익숙한 아이들은 예민에게 이따금 묻는다. "아저씨 가수 맞아요?" 곧 사라질 학교에서 고작 몇 명의 아이들을 위해 자기의 모든 걸 펼쳐 보이는 공연이 도대체 무슨 의미가 있느냐는 물음인 것이다.

"먼 훗날 아이들이 어린 시절을 더듬어 보다가, '아! 그때 그 가수가 왜 작은 시골 학교에 와서 공연을 했지?' 하고 의문을 가진다면 그걸로 만족한답니다."

아이들이 어른이 된 어느 날 문득 가수 예민의 공연을 생각하며 삶에 대한 질문을 던지고 자기 삶을 돌아본다면 그것만으로도 성공이라는 것이다. 반짝이는 조명 아래 군중의 환호를 받으며 만족하는 가수도 있지만 소박한 무대에 진심을 다하면서 황홀해하는 가수도 있는 것이다. 어느 삶이 좋다거나 옳다고 나는 가를 수 없다.

한 직장에서 오래 일하며 차곡차곡 월급을 모아 꿈을 만들어 가는 사람, 1년 365일 같은 일을 반복하면서도 지겨워하지 않고 행복해하는 사람, 태어난 고향을 떠나지 않고 평생 사는 사람, 최고의 국수를 만들겠다는 소박한 꿈을 가진 사람, 물 위를 걷는 신발을 만들겠다는 무모한 도전을 하는 사람……. 이들은 과연 무능하고 세상 물정 모르는 사람일까. 능력 없는 유명인도 있으며, 2인자 아니 5인자 9인자 자리에 있으면서도 만족하며 최선을 다하는 삶도 있다. 어느 삶도 함부로 말할 수는 없지만 이것만은 확실하다.

강한 사람이 오래 살아남는 게 아니라 오래 살아남는 사람이 강하다는 말. 나는 1인자, 1등, 최고라는 명성을 얻으려 노력하는 사람도 멋지지만 고민하면서 자기 갈 길을 찾는 사람들, 내가 하는 일이 너무 작아 눈에 띄지 않더라도 그 일을 사랑하는 사람들, 그런 사람들의 아름다운 이야기에 마음이 기운다.

서 • 른 • 둘

인격이야말로
나를 살리는 밥줄이다

공원에서 싸움이 났다. 원인은 개똥이다. 삼십 대로 보이는 여자가 강아지 똥을 하수구에 발로 차서 밀어 넣으려는 것을 마침 지나던 노인이 목격한 것이다. 노인은 대뜸 호통을 쳤다.

"이봐요! 지금 뭐하는 거요! 당신 개가 눈 똥은 당신이 치워야지."

지나가던 사람들의 시선이 일제히 여자 쪽을 향했다. 얼굴이 빨개진 여자가 받아쳤다.

"어차피 하수도인데 무슨 상관이에요? 그리고 할아버지가 뭔데 이래라저래라 해요."

"뭐? 여기는 공중 공간이야! 말하는 본새하고는……, 당신 몇 살이야?"

우리나라 사람들은 일단 나이 얘기가 나오면 싸움이 커진다. 그날도 그랬다. 나이 운운하다가 교양과 집안 교육 문제로 번졌다. 개똥은 더 이상 문제가 되지 않았다. 싸움을 말리거나 지켜보는 사람들도 잘잘못을 떠나 두 사람의 막말에 얼굴을 찌푸릴 뿐이었다. 그 사이에서 강아지만 캉캉 짖어댔다.

나이 들면서 인간답게 사는 것이 어렵다는 걸 자주 느낀다. 인간답다는 것은 무엇인가. 어떤 순간에도 사람 된 바탕을 잃지 않는 것, 그러니까 인격을 잃어버리지 않는 것이라고 생각한다. 철학자 헤겔이 말했다. "인격이란 높은 것과 아주 낮은 것이 하나가 된 것이다. 인격의 높이란 이 모순을 갖고 견디는 일이다." 말이 안 되는 일, 머리로는 도저히 이해할 수 없는, 모순되는 상황을 얼마나 잘 견디느냐에 따라 인격이 높다 낮다 말할 수 있다는 뜻이다. 이를테면 자신의 가족을 죽인 살인자를 용서한 남자가 있다고 하자. 똑같이 되갚아 주어도 분이 풀리지 않을진대, 살인자가 왜 사람을 죽일 수밖에 없었는지 그 마음을 헤아리고 용서한 남자는 훌륭한 인품이라고 칭송받지 않는가.

굳이 살인범까지 용서하지 않아도 된다. 인격은 일상에서 오가는 사소한 말과 행동만으로도 충분히 드러난다. 여자가 공원에서, 그것도 먹는 물을 모아두는 배수지 공원 하수도에 개똥을 버리는 행동이야 백번 지탄받아야 마땅하다. 하지만 노인 또한 지적받는 여자가 얼마나 당황할지 짐작했다면 동네방네 광고하듯 버럭대지는 않았을 것이다. 결국 두 사람 덕에 휴일 오후 한가로움을 만끽하던 사람들만 불쾌해지고 말았다. 그러고 보면 인격은 타인을 대할 때 드러나는 내 마음의 상태다.

상대의 마음을 읽는 능력이자 배려할 줄 아는 마음이다.

　직장인 시절 새 상관이 외부에서 부임해 왔다. 워낙 부침이 심한 자리여서 '저 사람은 또 몇 달이나 견딜까?' 싶은 눈길로 쳐다보았다. 그래서 그가 개인 짐을 담은 상자를 들고 들어설 때 직원 가운데 누구도 출입문을 잡아 준다거나 하는 친절을 베풀지 않았다. 점심식사 때도 직원들끼리 우르르 나가 버렸다. 나도 동조했다. 그 뒤 상사와는 원만하지 않았다. 직원들은 모였다 하면 뒷담화를 했고, 상사는 경영자 편만 들며 직원들을 눌렀다.

　그런데 훗날 우연히 상사에게서 "첫 출근 날 안 그래도 멋쩍은데 아무도 짐 나르는 걸 도와주지 않더라. 참 섭섭했다"는 말을 들었다. 그 순간 얼굴이 화끈거렸다. 그때 나는 옹졸했다. 사정이야 어떻든 낯선 회사에 첫 출근한 이에게 고작 상자 하나 들어줄 만큼의 너그러움도 없는 속 좁은 인간이었다. 어쩌면 상사와의 지루했던 신경전은 그런 작은 친절을 서로에게 베풀지 못하면서 서서히 깊어 간 것인지도 몰랐다.

　인간에 대한 이런 작은 예의도 없으면서 누군가의 마음을 들여다보고 글을 쓴다고 하다니! 그날 나는 반성했다. 글을 쓰는 일만이 아니다. 매일 먹는 밥과 빵, 라디오에서 흐르는 노래 하나도 인간을 생각하고 만든 것들이 안전하고 맛있고 아름답고 좋다. 우리는 그것을 '품질'이라고 말한다. 성공한 사람들이 털어놓는 성공 비결에는 반드시 '돈보다 사람이 먼저였다'거나, '내 가족이라 생각했다'는 비슷한 말들이 빠지지 않는다.

반대로 사람에 대한 존중이 없다면 그게 무엇이든 옳은 방향으로 가지 않는다. 개인이 겪는 상처와 불화, 나아가 인류를 불행에 빠뜨린 수많은 사건의 원인은 인간에 대한 배려가 부족했기 때문일 경우가 많다.

영화 배트맨 시리즈 중 〈다크 나이트〉에는 악당 조커가 인간을 실험하는 장면이 나온다. 폭탄이 실린 두 척의 배에 각각 평범한 시민과 범죄자들이 타고 있다. 배에는 상대편 배를 폭파시키는 기폭장치가 있다. 조커는 버튼을 먼저 누르는 배만 살 수 있다고 협박한다. 내가 살아남기 위해 다른 사람을 죽여야 하는 상황이었다. 주어진 10분 동안 시민들은 투표를 했다. 기폭장치를 누르자는 의견이 많았다. 그러나 끝내 누르지 못한다. 범죄자들은 이 사실을 모르지만, 역시 같은 마음으로 기폭장치를 배 밖으로 던져 버린다. 결국 폭발은 일어나지 않았다. 두 배 모두 무사했으며 아무도 죽지 않았다. 다른 사람이 죽지 않기를 바라는 마음이 결국 모두를 살린 것이다.

이 기막힌 설정을 통해 자연계에서 유일하게 문명을 발전시킨 종種이 왜 인간인지 새삼 알 것 같다. 인간만이 가지는 인간성, 즉 인격이 있기 때문이다. 인격은 나도 살리고 다른 사람도 살린다. 산에서 농사지으며 사는 작가 최성현은 잘살기 위해서 무엇이 필요한지 자문하며 이렇게 말했다.

"누구나 잘살기를 꿈꾼다. 그러자면 무엇이 필요할까? 건강, 마음에 드는 직장, 사랑을 나눌 수 있는 배우자, 좋은 친구, 품위를 유지해 갈 수 있는 경제력, 좋은 주거 환경, 살기 좋은 사회구조……. 그 중에서 딱 하나를 택하라면 나는 '인격'을 고르겠다. 나에게 그리고 우리에게 가장 필요한 것은 '인격을 성장시키는 일'이다. 그것을 위해 힘쓰는 일이다. 인격이 밥 먹여 주느냐고 말하지 말자. 밥 정도가 아니다. 인격은 우리가 진정으로 원하는 것은 무엇이든지 다 준다. 개인의 행복, 화목한 가정, 주위 사람들에게서 존경받기, 세계 평화에 이르기까지. 물건조차 격이 있으면 굳게 닫힌 돈지갑을 열지 않는가. 하물며 사람이랴!"

어떤 인격을 가졌느냐에 따라 내가 겪는 세상은 달라진다. 좋은 사람이 되기 위해 애쓰는 사람, 아니 나쁜 사람이 되지 않으려 노력하는 사람은 매사에 감사하고 만족하고 노력하며 그 속에서 기쁨을 느낀다. 그렇지 못한 사람은 불평과 불만으로 가득 차 세상과 부딪힐 일만 생긴다. 그러므로 내 삶을 변화시킬 수 있는 것은 지식도 돈도 직업도 능력도 아니다. 인격을 갖추는 것이다. 의사나 변호사처럼 선망하는 직업을 가진 이들이나 뛰어난 학식을 가진 학자라도 "저이는 인간성이 글렀어" 이 한 마디로 그 사람의 모든 것이 규정되지 않던가.

내가 아는 꽤 규모 있는 기업 대표는 신입 직원을 뽑을 때 흔히 말하는 빵빵한 스펙보다 눈빛이나 심성을 본다고 한다. 과학적인 방법은 아니지만 경험상 제아무리 능력이 뛰어나도 결국 인간됨과 품성이 일을 좌우한다고 했다. 장례식장에서 문상객들은 망자의 직업이 뭐고 무슨 일을 했고 일생동안 어떤 업적을 쌓았느냐보다 인품이나 됨됨이를 회자한다. 망자와 있었던 사소한 일들, 대개는 사소한 친절을 고해성사처럼 털어놓는다. 호랑이는 죽어서 가죽을 남기지만 사람은 죽어서 '사람됨'을 남긴다는 말을 실감하는 순간이다.

확실한 것은 내가 세상을 바꿀 수 없다는 것이다. 암 치료제를 개발한다거나 지구 평화에 혁혁한 공을 세운다거나 하는, 인류를 위해 뭔가 해낼 능력이 전무하다. 하물며 글로 먹고 사는 나는 명문장으로 사람들을 감동시킬 가능성도 지금으로서는 없어 보인다. 고작 내 한 몸, 내 입 살이하기에도 바쁘다. 그러나 나의 인격을 갈고 닦아 주위에 좋은 영향을 미칠 수는 있을 것이다. 세상에 이름난 유명한 사람들보다 장사가 잘 되나 못 되나 한결같이 친절한 동네 구멍가게 아저씨의 인품에 더 감동받고 기분이 좋아지는 것처럼 말이다.

시어머니는 올해 여든다섯이다. 결혼한 지 14년이 지났지만 어머님에게서 허리가 아프다, 다리가 쑤신다는 말을 들어 보지 못했다. 늙으면 아픈 게 당연한데 뻔한 불평으로 왜 자식들 걱정시키느냐는 것이다. 까닭 없이 남을 탓하거나 화를 내는 일도 없다. 다른 사람이 들어서 나쁜 말은 당신 입에 담지 않겠다는 것이다. 당신 손으로 거둔 쌀이며 보리, 감자, 옥수수 같은 곡식을 자식들에게 부쳐 주는 일이 어머님의 유일한 기쁨이다. 고생 그만하시고 서울에서 같이 살자고 했을 때도 어머님은 일언지하 거절했다.

"죽을 날 다 되어 남한테 물 한 잔 얻어먹는 것도 조심스럽다. 물 한 잔이라도 못 갚고 죽으면 어쩌겠나? 자식도 마찬가지다. 나는 잘 있다. 니들 걱정이나 해라."

남에게 폐를 끼치기 싫다는 말이다. 어머님이 이 말을 할 때마다 나도 말년에는 어머님처럼 살아야지 결심한다. 절에 다니시는 어머님은 당신이 받은 것은 꼭 다른 사람에게 베풀어야 속이 풀렸다. 이웃에게 콩 한 쪽 얻어먹으면 콩 한 말로 되돌려 주는 식이었다. 무심코 내쉬는 한숨도 옆 사람 기운 빠지게 한다고 삼갔다. 날아가는 새들이나 산고양이들이 목 축이고 가라고 마당 대야에는 늘 물을 그득 담아 두었다. 평생 자신의 존재가 다른 사람에게 해가 되지 않기를 바라며 살아온 삶이다. 어머님은 소학교를 졸업했을 뿐이지만 세상에 어떤 가르침이 이보다 훌륭할까.

내 어머님처럼 주위의 단 몇 사람에게라도 좋은 영향을 끼치는 삶이라면 충분히 좋은 인생이라 할 만하다. 세상에 욕심낼 일이 많지만 인간됨, 인격을 갖추겠다는 욕심을 가진다면 좋겠다. 그것만으로도 존재 이유는 충분하지 않을까.

서·른·셋

삶은 원래 힘든 것이다,
엄살떨지 마라

봉사 모임 취재하면서 한 소녀 가장을 만났다. 열일곱 살 소녀는 아픈 할머니를 모시고 두 동생과 살고 있었다. 소녀의 부모는 소녀가 초등학교 저학년일 때 교통사고로 죽었다. 누군가에게서 보호받아야 할 어린 나이에 가장이 된 것이다. 혹 소녀에게 상처 주는 말을 하게 될까 조심스러웠는데 생각보다 소녀는 씩씩했다.

"사람들은 왜 나를 불쌍하게 바라보는지 모르겠어요. 나는 불행하지 않거든요. 웃음이 너무 많아 탈인데……. 부모님이 안 계셔서요? 그런데 나에겐 분명히 어머니 아버지가 있어요. 하늘에 계시다는 게 다를 뿐이죠. 다들 내가 불쌍하다는 얼굴로 혼자여서 힘들지 않느냐고 묻는데 저 혼자 아니거든요. 동생도 할머니도 있어요."

소녀의 웃음에 그만 머쓱해졌다. 어쩌면 우리는 '소년소녀 가장'이라고 이름 붙인 그들에게 불행과 절망, 우울의 이미지까지 강요하는 것인지도 모른다는 생각이 들었다. 부모가 없어서, 가난해서 힘들고 괴로울 것이라는 시선이야말로 그들을 불행하게 만든다. 그날 소녀를 바라보는 내 얼굴이 어둡지는 않았는지 마음에 걸렸다.

그런데 평소 나는 나를 어떤 얼굴로 바리 볼까? 주위를 살펴보면 아무런 문제없이 잘 사는 사람은 거의 없는 것 같다. 누구나 한두 가지씩 크고 작은 삶의 문제를 갖고 살아간다. 그들 중에는 힘들어 죽겠다, 어렵다, 불행하다는 말을 입에 달고 사는 이들도 있다. 자청해서 스스로를 힘든 지경으로 내몬다고 할까.

낮잠을 자던 딸아이가 울면서 일어났다. 꿈을 꿨나 보다. 눈물을 닦아 주며 다독였는데도 좀체 울음을 그치지 않았다. 화가 나서 그만 울라고 큰소리를 냈더니 아이는 손가락으로 제 눈을 가리키며 말했다.

"눈물이 계속 나와요…… 안 멈춰져요……."

그만 울고 싶은데 눈물이 자동으로 나온다는 말이었다. 아이는 제 눈물 좀 보라며 양 볼에서 손가락을 떼지 않았다. 그 모습이 귀엽고 예뻐서 웃음이 터졌다. 나는 아이를 꼭 안아 주며 말했다.

"눈물을 멈출 수 있는 사람은 너뿐이야."

그날 저녁 아이는 깜찍하게도 식탁에 거울을 갖다 놓고 밥을 먹었다. 왜 그러냐고 했더니 "눈이 울까 봐 감시하겠다"는 것이었다. 소설가 마루야마 겐지는 스님처럼 빡빡 깎은 머리에 강렬한 눈빛을 가졌다. 벽촌에 스스로를 유폐하다시피 한 그는 매일 아침 소설가로서의 각오를 다지며 면도칼로 머리를 민다. 그는 전파고교를 졸업하고 취업한 무역회사가 망하자 생활고를 해결하기 위해 소설을 쓰기 시작했다. 원고지를 몇 번이고 내던져 버리고 싶을 만큼 자괴감에 젖어 완성한 소설로 그해 신인문학상과 아쿠타가와상을 수상했다.

겐지의 문학적 성취 뒤에는 칼날 같은 자기관리와 자의식이 숨어 있다. 에세이집 『소설가의 각오』, 『산 자의 길』은 읽고 나면 누군가에게서 엉덩이를 세게 걷어차인 것처럼 얼얼하다. 특히 『산 자의 길』은 덜컹거리는 가슴을 쓸어내리며 읽었다. 그것은 치열하게 살지 못한 삶에 대한 반성이자, 기껏 접시 물에 코 박고 죽을 것처럼 엄살을 부렸던 지난날에 대한 부끄러움이다.

살아 있다는 것, 산 자란 무엇인가? 겐지는 어떤 상황에 처하든 '최후의 최후까지 스스로의 힘으로 헤쳐 나가려 발버둥치는 자야말로 진짜 살아 있는 자'라고 말했다. 그의 눈에 현대인은 한없이 나약하며 일평생 엄살만 부리다가 죽는 '사이비 산 자'다. 겐지는 모든 것이 풍요로운 시대, 치열하게 살지 않아도 대충 생계가 해결되는 환경에서 인간은 '기를 쓰고 살아가는 재미'마저 빼앗겼다고 한탄한다. 그다지 가혹하지도 않은 현실로부터 줄곧 눈을 돌리고 별다른 노력도 하지 않은 채 온갖 핑계를 대며 살아가는 이들, 이들이 귀 기울이는 것은 고작 자신들의 처지를 어루만져 주는 부드러운 위안의 말일 뿐이다. 좀 더 게으름을 피우며 살라거나, 사랑만 있으면 무슨 수가 날 것이라거나, 염려를 내려놓으라는, 나중에 알고 보면 해악만 끼치는 황당한 말에 위로받으며 안도한다는 것이다.

"자립을 기피하는 사람들은 거친 파도라고 할 수 없는 세상살이의 별 것 아닌 물결에 밀려 빠진 척한다. 그들이 환영하는 것은 지푸라기라도 던져 주는 사람이거나 함께 빠져 죽어 줄 듯한 사람일 뿐, '빠진 척하고 놀지 말라' 던가 '사실은 헤엄칠 체력과 기력을 지닌 주제에 뭐하는 짓인가' 하고 야단치는 사람이 아니다. 그들이 바라는 것은 어린아이가 어머니에게 기대하는 것과 같은 겉으로 상냥한 태도만이다."

겐지의 호통은 벼락같다. 전심전력하지 않는 사람은 인간이라는 존재의 참된 재미와 이 세상에서 자기만의 의미를 만들어 내는 희열의 감동을 모른 채 그저 조촐하게 살다 갈 뿐이다. 그러니 비겁하게 인생을 마감하지 말라고 일갈한다. 지금 나를 힘들게 하고 고통을 주는 여러 상황들이 정말 가혹하고 부당한가? 어려움을 무릅쓰지 않기 위해 힘들다는 변명을 늘어놓고 있는 건 아닌가? 나는 이 일을 정말 견딜 수 없는 것인지 스스로에게 진심으로 물어보기는 했는가? 우리는 이미 그 답을 알고 있으면서 모른 척 시치미를 떼고, 투정하는 데만 인생의 에너지를 낭비하고 있는 것인지도 모른다. 미국의 여류 화가 조지아 오키프에게 한 기자가 요즘 여자들은 경력을 쌓는 데 너무 힘들어한다고 하자 오키프는 이렇게 쏘아붙였다.

"그들은 너무 많은 불평을 쏟아내고 너무 적은 노력을 하죠."

우리나라 보험업계에서 전설적인 세일즈맨으로 알려진 조용모 소장, 그의 별명은 '외다리 보험맨' 이다. 이십 대에 야학 교사로 밤늦게 수업을 마치고 돌아가던 중 뺑소니를 당해 한쪽 다리를 잃었다. 주경야독하며 대학원을 졸업하고, 없는 시간을 쪼개 봉사하던 그다. 누구보다 착하게 살아 온 그에게서 신은 다리를 빼앗고 대신 목발 하나를 던져 주었다. 세상을 증오하며 복수를 꿈꾸던 그를 되살린 사람은 월남전에서 돌아온 친구였다. 사고로 두 팔과 두 다리를 잃고 몸뚱이로만 살고 있던 친구는 그에게 이렇게 말했다.

"용모야, 하마터면 나 죽을 뻔했지 뭐냐. 폭탄이 떨어져서 서른 명 가운데 겨우 나만 살아남은 거야!"

사지육신이 잘려 나간 엄청난 불행을 무릎이 까진 것처럼 대수롭지 않게 이야기하는 친구를 껴안고 그는 펑펑 울었다. 그리고 이제 그만 절망해야겠다고 다짐했다. 보험인으로서의 성공 신화는 그렇게 시작되었다. 조용모 소장이 감내한 절망의 깊이는 누구도 알 수 없다. 그가 절망의 나락에서 벗어나 세상에 조금씩 다가가며 느꼈던 기쁨과 희망 역시 모른다. 익숙지 않은 목발에 고꾸라지기를 수백 번, 한쪽 다리로 자유롭게 자전거를 타게 된 지금까지 절망과 희망, 눈물과 웃음, 그 진폭의 차이에서 오는 희열과 감동은 오로지 조용모, 그 사람의 것이다. 그래서 인터뷰하겠다고 찾아간 내 앞에서 아무렇지도 않게 힘없는 다리를 자전거에 올려놓는 그를 나는 똑바로 보지 못했다. 목발을 실은 그의 자전거가 사람들을 하나둘 제치고 쭉쭉 앞으로 나아가는 것을 바라보기만 했다.

누구나 성장기에 인간은 왜 태어나는가에 대한 질문을 던진다. '잠

취이' 라는 별명이 붙을 만큼 잠 많던 나도 한때 그 고민을 하며 밤잠을 설쳤다. 그즈음 1999년에 지구가 망할 거라는 노스트라다무스의 예언이 대유행했는데, 지구가 망한 뒤 인간이라는 존재 없이 흘러 갈 시간의 공백을 더듬다가 문득 두려웠다. 고민은 흐지부지되었지만 밤하늘을 볼 때면 간간이 떠올랐다. 그리고 어느 날 문득 결론을 내려 버렸다. 한 마디로 인간이 왜 태어났는지는 내가 알 바가 아니라는 것이다. 그 고민은 신의 영역이다. 신의 고민을 내가 왜? 나에게 주어진 인생을 살기에도 바쁜데 말이다. 어떤 스님이 열반에 들기 직전 "한바탕 잘 자고 일어난 것 같구나" 하고 말했단다. 인생이 마치 한밤의 꿈처럼 쏜살같이 흘러갔다는 것이다. 꿈처럼 짧은 인생을 나는 할 수 없다고, 못한다고, 힘들다고 징징대다가 끝내 버린다면 억울하다. 스무 살과 서른, 그 젊은 날 나는 나 자신을 너무 과소평가했다는 사실이 안타깝다. 내 수첩에는 알프레드 테니슨이 쓴 시가 적혀 있다. 자칫 불평만 쏟아내다 끝내는 그런 따분한 인생은 되지 말자는 다짐이다.

얼마나 따분한가

멈춰 서는 것,

끝내는 것,

닳지 않고 녹스는 것,

사용하지 않아 빛을 내지 못하는 것.

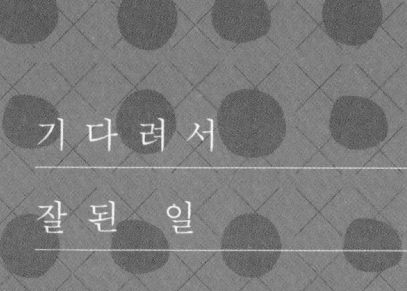

기다려서 잘된 일

1 :: 세상 모든 일에는 썩는 것과 익는 것이 있다

오해 때문에 한 친구와 몇 년 동안 만나지 않았다. 적극적으로 내 사정을 설명하고 이해시킬 수 있었지만 그런다고 예전처럼 좋아질 것 같지 않았다. 그런 방관적 태도가 더 오해를 쌓았겠지만 그냥 내버려 두었다. 그런데 3년 만에 우연히 시청역 지하철에서 만났을 때 우리는 웃고 있었다. 시간이 다 잊게 하고 좋은 기억만 남게 했던 것이다. 내가 서른 넘어 깨달은 게 있다면, 세상 모든 일에는 썩는 것과 익는 것이 있으며 이는 세월이 결정한다는 것이다. 아무리 조바심을 쳐도 일정한 세월이 지나야만 알 수 있는 것. 그 친구와 나의 관계가 그랬다. 비록 3년 동안 얼굴을 보지 않았어도 세월이 오해를 풀게 하고 어쩌면 더 깊은 믿음을 갖게 했는지도 모르겠다.

2 :: 사랑이 오기는 정말 올까?

내가 정말 좋아하는 친구는 아직 싱글이다. 가끔 내 결혼 생활이 힘들면 결혼하지 말라고 하고, 내가 별일 없이 행복할 때는 남자 다 똑같으니 결혼하라고 다그친다. 이렇게 왔다갔다 마음대로 지껄이는 내가 너무 무례한 것 같기도 하다. 물론 내가 팥으로 메주를 쑨다고 해도 콩으로 알아들을 만큼 지혜로운 친구이므로 별 걱정은 안 하지만 말이다. 결혼 아니 사랑하는 사람을 기다리는 건 평생이 걸린다 해도 가치가 있는 일이다. 소중한 것은 끝까지 기다려야 맞다. 설령 만나지 못하더라도 말이다. 그렇다고 무작정 기다리면 안 된다. 사랑을 만나는 건 우연이 아닌 경우도 많다! 집에만 있으면서 좋은 남자가 찾아오길 바라는 건 이상하지 않나?

3∷ 왜 나에게는 아무 재주가 없을까?

소질이 없어 하던 일을 그만두겠다는 이가 있다. 또 재주는 없지만 해보고 싶다는 이들도 있다. 청년 시절에는 재주가 있고 없음을 까다롭게 따졌다. 왜 나에게는 재주가 없는지 화를 내기도 했다. 그런데 세월이 흐르면서 알았다. 삶이란 재주 없음을 인내하면서 조금씩 나아가는 것임을. 주위 사람들에게는 재능보다 해보려는 의지가 더 중요하다고 충고하지만, 정작 자신에게는 완벽함을 요구하는 우리다! 지금도 나는 능력 부족을 절감할 때가 많다. 그래도 아주 조금씩 앞으로 나아가고 있음을 느낀다.

4∷ 멋있는 은발을 위하여

얼마 전부터 은발의 로망이 생겼다. 백발이 어딘가 노인의 냄새가 난다면 은발은 잘 늙어가는 사람의 머리 빛깔이다. 은발을 휘날리는 노작가들의 여유와 포용, 긍정이 나는 좋다. 그건 세월이 만들어 낸다. 새파란 젊음은 도저히 모방할 수 없다. 나는 그 중간에 서 있다. 확실히 내 목소리는 낮아졌다. 그러나 더 분명해졌다. 가질 수 없는 것은 포기할 줄 알지만 내가 가진 것에 깊이를 더하고 싶다는 생각이 든다. 늙는다는 것은 더 부드러워지고 더 낮아지는 것. 그렇게 조금씩 조금씩 나이 들고 싶다.

5 :: 인생에는 기다려야 할 때가 꼭 온다

얼마 전 칠레 산호세 광산 붕괴사고로 매몰된 33명의 광부가 69일 만에 기적적으로 구조되었다. 지하 700미터 갱도에서 하루 한 스푼의 참치를 먹으며 연명했던 광부들, 이들이 느낀 가장 큰 두려움은 배고픔이나 죽음이 아닌 자포자기였다. 나이가 제일 어린 광부 지미 산체스는 구조된 후 이렇게 말했다. "나는 신과 악마 사이에서 싸웠고, 결국 신의 손을 잡았다. 신이 항상 우리를 꺼내 줄 것으로 믿었다." 인생에는 반드시 기다려야 할 때가 온다. 기다림을 믿어야 할 때가 있다. 산호세 광부들처럼 그 시절을 겪은 수많은 사람들이 이를 증명한다.

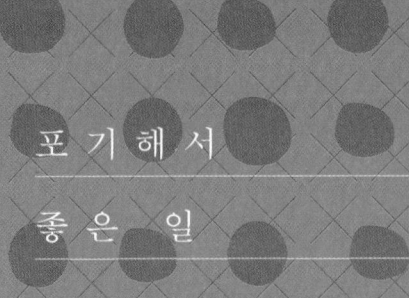

포기해서
좋은 일

1 :: 행운

나는 아이에게 길에 떨어진 돈을 절대 줍지 못하게 한다. 아이가 초등학교 1학년 때 하루는 길에서 천 원짜리를 보고 주울까 말까 망설이다 그냥 왔다고 자랑스럽게 말해 한껏 칭찬해 주었다. 길에 떨어진 돈은 내 돈이 아니다. 세상에 공짜는 없다는 걸 아이가 알았으면 하는 바람이다. 그래야 인생을 정직하게 살 수 있을 것이다. 엄청난 행운은 나와 먼 이야기다. 만약 누군가에게 큰 행운이 떨어졌다면 전생에 좋은 일을 많이 했던가, 아니면 이승의 삶을 시험해 보려는 신의 음모(?)다. 마치 독약이 든 성배라고 할까.

2 :: 설거지

내가 남편에게 고마워하는 것 중 하나가 설거지를 쌓아 둬도 싫은 소리 하지 않는 것이다. 기분이 내키면 남편이 슬그머니 고무장갑을 끼고 설거지를 한다. 나도 처음에는 강박적으로 설거지하고 청소하곤 했다. 그런데 어차피 평생 할 일인데 하기 싫은 날은 좀 미루면 어떤가. 설거지 늦게 한다고 누가 벌주는 것도 아닌데 말이다. 설거지뿐만 아니다. 살림에 대한 기준을 느슨하게 하면서 마음이 여유로워졌다. 책 읽는 시간, 식구들과 함께 하는 시간이 조금 더 늘었다. 인생에서 꼭 해야만 한다고 생각하는 원칙, 몇 가지를 지워 보라. 훨씬 편하고 즐거워진다!

3 :: '거절하면 어떡하지?' 하는 두려움

부탁은 어렵다. 잡지사에서 일할 때 원고 청탁을 하거나 인터뷰 허락을 구할 일이 있으면 나는 마음속으로 수백 번 시뮬레이션을 했다. 그러고도 아침에는 아직 안 일어나셨을 거야 하면서 미루고 점심에는 식사 때라 미루고 그러다 마지못해 수화기를 들곤 했다. 팀원들은 어쩜 그렇게 자신감 있게 통화하느냐 부러워했지만 전혀 아니었던 것이다. 그건 거절당할까 두려웠기 때문이다. 어느 순간부터 나는 거절을 당연하게 생각하기로 했다. 원고를 써 줄 거라 기대하지 않기로 했다. 뜬금없이 전화해서 원고 내놓으라고 하면 나라도 거절하지 않을까. 그러고 나니 마음이 편해졌다. 원고 쓰겠다는 작가들이 나타날 때까지 열심히 전화번호를 눌렀다.

4 :: 가장 귀한 것

별만 찍는 김상구 사진작가는 고등학생 때 2년 동안 아르바이트해 번 돈으로 망원경을 샀다. 그런데 그 소중한 망원경을 뜯어 보고 해체하고 개

조했다. 좋은 사진을 찍기 위해서였다. 망원경은 부품 몇 개만 남았지만 그는 행복하다고 말한다. 소중한 무엇을 고이 모셔 놓는 이가 있으면 열심히 쓰고 바꾸는 이들도 있다. 아끼고 귀하게 여기는 것이라도 위험을 무릅쓰고 도전하고 변화시켜야 더 좋을 때도 있는 것이다.

5 :: 감정 청소가 필요하다

주식투자를 하는 사람들은 정기적으로 '윈도드레싱 Window Dressing'을 한다. 오랫동안 움직이지 않는 주식들을 팔아 정리하고 그 돈으로 잘나가는 회사 주식을 구입하는 것이다. 불평과 후회는 습관적이다. 내가 하는 후회와 불평은 이미 일어난 일, 해 버린 일들에 대한 것이 많다. 돌이킬 수 없는 일, 포기하는 게 나은 일, 내 노력만으로 안 되는 일에 매어 있느라 감정을 낭비하지 말자. 그보다 하지 못한 일, 할 수 있는 일에 대한 고민을 하면 어떨까. 한 달에 한 번이라도 내 마음 안의 감정들을 '윈도드레싱' 해보라.

서·른·넷

세상에 태어나 가장 잘한 일은
아이를 낳은 것이다

    자고로 산고에 대해서는 말하지 말라고 했다. 듣는 상대가 남자라면 이해 못할 테고 여자라면 열에 예닐곱은 겪는 일이니 새삼스러울 것도 없다. 게다가 이야기는 부풀려지기 일쑤다. 엄청난 모험담인 양 혼자 심취한 모습을 보노라면 듣는 이는 말리지도 못한 채 고개를 주억거려야 한다. 그 고통도 애 낳는 진통에 못지않을 것이다.
    여하튼 나도 애 낳은 이야기를 하련다. 결혼하고 남편과 나는 애를 낳지 말자고 했다. 둘이 사는 인생만 생각했다. 결혼했다고 반드시 아이를 낳아야 한다고 생각하지 않았다. 험한 세상에 또 한 생명 태어나게 하여 고생시키지 말자고도 했다. 솔직히 출산이 두려운 마음도 없지 않았다. 수없이 들었던 아이 낳는 무용담에 나까지 거들고 싶지 않았다. 그러나 세상일은 자주 계획과 무관하게 흘러가는 법, 임신을 했다.

분만예정일이 보름을 넘어서자 나는 은근히 제왕절개수술을 바랐다. 마취주사 한 대 맞고 한숨 자고 일어나면 배가 푹 꺼져 있겠지, 그러면 얼마나 간단하고 깔끔할까. 그런데 담당의사는 기다리자고 했다. 마침내 진통이 시작되었다. 입술을 사리물고 팔목이 뒤틀리도록 고통을 참아 내는 내가 딱했는지 간호사가 무통 분민을 하겠냐고 물었다. 나는 '무통'이라는 말에 얼씨구나 고개를 끄덕였다. 그러나 무통 주사를 놔주겠다던 간호사는 다시 나타나지 않았다. 나는 간호사를 원망했다. "휴. 휴. 휴." 저절로 입술 사이를 비집고 나오는 웅얼거림을 반복하면서, 수행자들이 신을 부르는 주문 만트라가 이렇듯 진지할까 싶었다.

   막바지 진통은 거대한 파도처럼 닥쳤다. 그에 대항하듯 나도 모르게 엄청난 힘이 주어졌다. 일시에 둑이 터지고 물이 쏜살같이 빠져나가는 느낌이 들었다. 순간 거짓말처럼 고통이 사라졌다. 어둠 속에 딸각, 형광등 스위치를 올리듯 말이다. 신기했다. 신비했다. 내 주위를 에워싸는 따뜻한 고요함 속에 나는 아득하게 녹아떨어졌다. 출산 선배들은 왜 이런 신비한 느낌을 말해 주지 않았을까. 얼마나 아픈지만 설파하고 아이 낳는 순간에 대해서는 왜 섬세하게 말하지 않았을까.

   나중에 애를 낳고 회복실에 와서 들어 보니, 무통 분만에는 보호자 동의가 필요한데 마침 남편이 병원 밖으로 나가고 없었다는 말을 들었다. 보호지 동의를 받아야 하는 서면 무통 분만이 자연 분만 못지않게 위험하다는 얘기다. 고통을 감수하는 것보다 고통을 없애는 것이 때로는 더 위험하다는 사실이 예사롭지 않게 다가왔다. 우리나라에서 자연 분만율이 가장 높은 병원으로 선정되었던 은혜산부인과 장부용 원장이 이런 말을 했다.

"아기가 태어나자마자 엄마 젖을 바로 무는 것처럼 여성도 아기를 낳는 지식과 기술을 본능적으로 알고 있어요. 20년 넘게 아이를 받다 보니 자연 분만이야말로 가장 쉽고 안전하게 아이를 낳는 법이라는 걸 알았어요."

진통을 고스란히 받아들이고 온전히 느끼는 것이 가장 안전한 출산이라는 것이다. 장부용 원장은 오랜 진통 끝에 결국 수술을 받아야 하는 산모도 있는데, 이때는 번번이 "왜 진작 수술해 주지 않았느냐"는 타박을 듣는다고 했다. 그녀는 '산고는 돈 주고도 사지 못하는 아주 특별한 고생'이라며, 설사 수술로 아기를 낳을지언정 마지막까지 오롯이 고통을 받아들이는 것도 충분히 가치 있는 일이 아니냐고 되물었다.

그렇게 아이는 나에게 '고통의 의미'를 새롭게 깨우쳐 주며 내 품으로 왔다. 아이가 나에게 던진 물음은 거기서 끝나지 않았다. 아이를 키우는 내내 나 자신에게 '왜?', '어떻게?'라는 질문을 던져야 했으며, 그 답을 찾기 위해 싸워야만 했다. 내 안의 모성과 그것을 거부할 수밖에 없는 현실과의 싸움이었다. 전업주부였던 내 어머니 세대가 아이를 낳고 모성을 따르며 온전히 육아에만 전념했다면, 나는 일과 육아, 아이와 나 사이에서 갈등하며 우왕좌왕했다. 아이가 태어나자마자 아이를 어디에 맡겨야 할지부터가 고민이었다. 갓난아기 보육시설이 충분한 시절이 아니었다. 시댁 쪽에서는 아이를 키울 여건이 되지 않았다.

친정엄마는 조카를 수년째 봐주고 있었던 터라 내 아이까지 부탁드리기엔 염치가 없었다. 그러나 아무리 궁리해도 친정엄마밖에 떠오르지 않았다. 엄마는 "나는 네 아이 못 키운다" 하고 거절했다. 엄마 마음을 이해하면서도 서운함은 어쩔 수가 없었다. 결국 엄마는 딸의 눈물 앞에 아이를 데려오라고 했다. 내가 지금껏 살면서 가장 잘못한 일은 친정엄마에게 아이를 맡긴 것이리라.

친정엄마가 아이를 키워 주긴 했지만, 나는 친정엄마와 아이 모두에게 죄책감을 느꼈다. 아이 때문에 잠을 못 자 입술에 물집이 잡힌 엄마를 보면서 몰래 울었고, 나를 알아보지 못하는 아이 때문에 속이 상했다. 그때 나는 아이를 향한 모성을 어떻게 조율할지 몰랐다. 아이는 엄마가 키워야 하는데, 아이와 더 많이 함께 해야 하는데……, 하는 조바심에 어찌할 바를 모르며 아이에게 미안해하기만 했다.

한편으로는 점점 나 자신에 소홀해지는 것이 못마땅하기도 했다. 아이에게 좋은 것만 해 주고 싶어 하면서도 정작 나를 위한 일에는 대충 넘어갔다. 오죽하면 남편이 나에게 "애를 위해 살면 나중에 후회한다"고 충고했을까. 남편이 많이 도와주긴 했지만 차라리 내가 하는 게 속이 편했다. 회사일이 늦어져 아이를 어린이집에서 제때 데려오지 못해 안달이 날 때는 내가 왜 이런 생고생을 하는지 한숨이 나왔다. 애 엄마라 일 못한다는 말 듣지 않으려고 회사 일을 집에 가져와 주말이고 밤이고 코피 터지게 일하면서 문득문득 이게 뭔가 싶었다. 아이를 낳기 전에는 내가 하고 싶은 일에만 충실하면 되었다. 나와 남편 그리고 몇 몇 인간관계에만 정성을 쏟으면 되었다. 그러나 아이를 낳으면서 모든 게 얼크러졌다. 무엇 하나 제대로 하는 것이 없었다. 그 한숨이 쌓이면서 어느 순간 나는 아이 탓을 하고 있었다.

생각해 보니 나는 스스로에게 완벽한 모성을 강요하고 있었다. 아이에게 무조건 줘야 한다는 맹목적인 모성에 나를 가두고 있었다. 가정과 일, 모두 잘할 수 없다는 걸 이론적으로야 알았지만 나는 해내려고 했다. 해낼 수 있다고 생각했다. 왜 그리 자신만만했을까. 내가 할 수 있는 만큼 내 처지에 맞는 모성으로 다듬어 가야 옳았다. 아이에게 좀 더 담대한 엄마가 되어야 했다. 그것이 나와 아이 모두 행복해지는 길이었다.

엄마는 아이에게 무엇이든 다 해 주어야 하고, 늘 사랑해야 한다는 환상을 버리면서 나는 자유로워질 수 있었다. 아이와 얼마나 오래 함께 있느냐보다 함께 있는 시간에 최선을 다하려고 했다. 아이와 나, 남편과 친정엄마 모두가 행복한 육아를 위해 그 균형점을 찾으려 애썼다. 진정한 사랑은 모두가 행복해지는 것이라고 생각하자 육아에 대한 시야가 넓어졌다. 어쩌면 모성은 자연스러운 본능에 머무를 것이 아니라 스스로 공부하며 만들어 가야 하는 것인지도 모른다.

한편 나는 아이를 낳고 키우면서 지난 내 삶의 역사와 자주 만났다. 어린 시절 내가 이해하지 못했던 여러 상황이 자주 겹쳐 떠올랐다. '그때 엄마가 나에게 왜 그랬을까', '아버지의 그 말은 이런 뜻이었구나' 하고 서운하게 남아 있던 과거 속의 부모와 화해했다. 초라하고 실수투성이였던 못난 내 모습도 너그럽게 봐주었다. 스스로도 용서가 안 되었던 어느 날의 내 실수도 이제 그만 봐주기로 했다. 엄마가 되어 인생이 복잡해졌다고 생각했지만 그게 아니었다. 오히려 모성이 내 삶의 중심이 되면서 과거와 현재, 미래를 이어가는 실마리가 되었다.

출산과 육아의 험난한 터널을 나는 무사히 지나왔다. 돌이켜 보면, 출산의 공포보다 더 무서운 것은 아무 준비 없이 아기를 낳는 일이었던 것 같다. 남편과 함께 부모가 될 마음의 준비를 했다면 좀 더 신나고 즐겁게 아이를 키울 수 있었을 것이다. 누군가 살면서 가장 잘한 일에 대해 물으면 나는 아이를 낳은 일을 꼽는다. 아이를 낳으면서 이제까지 한 번도 생각해 보지 않았던 생명의 의미 그리고 가족, 인생, 나에 대해 새롭게 깨우쳤다. 아이를 키우는 동안 몸과 마음으로 겪은 그 모든 일들이 쌓여, 낙엽이 나무의 좋은 영양분이 되어 주듯 한 인간으로 깊어지고 성장했다고 믿는다.

물론 출산과 육아를 경험해야 인간적으로 성숙해진다는 말은 아니다. 인간은 저마다 처해진 환경이 다르고 고유한 경험을 한다. 이를 통해 스스로를 성찰하고 자기 그릇의 크기를 넓혀 갈 뿐이다. 나에게는 출산과 육아가 특별한 경험이자 기회였던 셈이다.

엄마가 되어야 할지 말지는 오직 내가 선택해야 할 문제다. 여성이기 전에 인간의 삶이 먼저이기 때문이다. 그 고민의 답을 성실하게 얻은 뒤에야 어머니로서 인간으로서 자유로운 삶을 살 수 있다. 무엇보다 아이에게 행복한 엄마가 되어 줄 수 있다.

서·른·다·섯

불평불만은
그 즉시 해결하려고
노력했어야 했다

우리말에 '오만 가지 생각'이라는 낱말이 있다. 연구에 따르면 인간이 하루 동안 떠올리는 생각의 가짓수가 약 5~6만 개라고 한다. 옛사람들은 과학적으로 산출할 방법이 없었을 텐데 어떻게 딱 알아맞혔는지 신기하다. 그런데 5~6만 개 중에서 85퍼센트가 부정적인 생각이고 15퍼센트만이 긍정적인 생각이란다.

그러니까 우리가 넋 놓고 앉아 있으면 나도 모르게 부정적인 생각에 빠질 가능성이 더 높다는 것이다. 다른 말로 긍정적인 생각을 하려면 의식적으로 노력해야 한다는 것을 뜻한다. 어릴 때 어른들이 종종 "정신 차려라. 넋 놓고 있지 말고!"라고 잔소리하는데 다 일리 있는 말이다. 떠도는 혼백이 정신 놓고 있는 사람 몸속에 들어가 주인인 양 행세한다고도 하지 않은가.

그런데 85퍼센트의 부정적인 생각을 들여다보면 늘 같은 불만과 불평이 대부분이다. 날마다 새로운 해가 뜨지만 재생버튼을 누른 듯 어제와 똑같이 불만을 되풀이한다. 시간이 왜 이렇게 빠르게 지나가지? 내일이 또 월요일이야! 우리 집 유전자는 어쩔 수 없어! 나는 왜 이럴까? 내가 하는 일이 그렇지 뭐. 그때 내가 왜 그랬을까……와 같은 불평들. 이런 불평은 나도 모르는 사이 몸에 밴다는 점에서 무섭다. 불평은 내 삶에 한 삽 한 삽씩 어두운 구멍을 파는 것이라고 한다.

우리 집은 오래된 복도식 아파트다. 일주일에 한 번 청소 아주머니가 복도를 쓸고 물걸레질을 한다. 그런데 아주머니가 볼멘소리를 하며 청소하는 모습을 몇 번 보게 되었는데 늘 똑같은 말이었다. "아이고, 힘들어. 아무리 쓸고 닦아도 티가 안 나네. 사람들도 참 쓰레기 좀 흘리지 말지……." 한번은 남편과 내가 탄 엘리베이터에 청소 아주머니가 탔다. 아주머니는 들고 있던 대걸레를 이리저리 움직이며 같은 말을 중얼거렸다. "어휴, 어쩜 이렇게 지저분한지 원." 그러자 남편이 한마디했다. "아주머니, 지저분하니까 아주머니에게 청소를 부탁한 거 아닙니까. 하기 싫으면 그만하세요."

아주머니는 안색이 확 바뀐 채 내렸다. 좀 참지 그랬냐고 하자 남편은 옆에서 말해 주지 않으면 본인도 무슨 말을 하는지 모른다고 했다. 불평불만이 습관적으로 계속 되다 보면 결국 자기 자신에 대해, 자기가 하는 모든 일에 만족하지 못한다. 결국 나는 되는 일도 없고 운도 없는 사람이라 여기고 스스로를 불행에 빠뜨리고 만다.

과학 저술가인 리처드 로빈슨은 "우리 뇌는 부정적인 상황을 더 잘 기억한다"고 말한다. 뇌는 사물의 환경을 인식하고 정보를 처리하는 과정에서 착각, 착시, 왜곡, 망각을 일으키는데 여기에 심리적인 요인이 더해져 어떤 상황을 부정적인 것으로 인식할 확률이 높아지는 것이다. 이러한 뇌의 생리를 알면 삶의 통찰력을 얻을 수 있다. 부정적인 상황에 처하면 우선 뇌의 스위치를 긍정의 방향으로 찰칵 돌려놓아야 한다.

19세기 프랑스의 약제사 에밀 쿠에는 환자에게 포도당으로 만든 가짜 약을 처방한 후 병이 나았다는 말을 듣고, 긍정적인 상상이 긍정적인 상황을 만들어 낸다는 것을 알게 되었다. 그는 '암시요법'으로 병을 치료하는 시술소를 세웠다. 치료법이라야 환자들에게 아침저녁으로 스무 번씩 '나는 날마다 모든 면에서, 점점 더 좋아지고 있다 Day by day, in Everyway, I am getting better and better'를 외우는 게 전부였다. 그런데 그의 암시요법은 효과를 거두었다. 불면증, 정신질환, 관절염 환자들의 병이 나았던 것이다.

그러나 모든 상황을 긍정적으로 보려는 태도가 옳은 것만은 아니다. 점점 뜨거워지는 물속에서는 '뜨겁지 않다, 뜨겁지 않다……' 고만 주문을 외울 것이 아니라 빨리 물통을 뛰쳐나가는 게 맞다.

불평은 나 아니면 주위에 문제가 생겼다는 신호다. 직장에서 집에서 친구 관계에서 쌓이는 불평의 내용을 잘 살피면 지금 나에게 어떤 문제가 있는지 찾을 수 있다. 그걸 해결하려고 노력해야만 삶은 좀 더 나은 방향으로 흘러간다. '필요가 발명의 어머니라면 불평은 진보의 아버지' 라고 했듯이 불평불만이 인생에 꼭 나쁜 영향을 주는 것만은 아니다.

바꿀 수 있는 불평은 바꾸고 쓸데없는 불평은 버리면 된다. 일상의 사소한 불평이라도 투덜거리지만 말고 해결하자. '내일 또 월요일이야!' 라고 탄식하기보다 월요일 아침에 10분 일찍 출근하여 빈 사무실의 여유를 즐긴다면 한 주를 기분 좋게 시작할 수 있지 않을까. 직장에서 너무 스트레스를 받는다고만 하지 말자. 스트레스가 없다면 그건 죽은 삶이다. '다른 사람과 결혼했다면 이렇게 살고 있지는 않을 거다' 라고 말하는 대신 당장 이혼하고 다른 사람과 살아 보던가 아니면 배우자에게 솔직하게 불만을 털어놓는 게 두 사람이 행복해지는 길이다. 청바지 살 때마다 매번 작은 사이즈를 입고서 투덜대지 말고 원래 맞는 사이즈의 옷부터 입어 보자. 단지 바지가 내 몸에 맞지 않을 뿐이지 내 몸이 잘못된 것은 아니니까 말이다.

수년 전 부서장인 나를 찾아와 온갖 불평을 쏟아냈던 신입사원이 있었다. 그녀는 자신에게 업무 지시를 내리는 직속 선배에 대해 뒷담화를 늘어놓았다. 합리적인 비판이 아니었다. 얘기인즉 자기는 신입이고 부서에서 막내인데 선배들이 챙겨 주지 않는다는 어리광이었다. 사람들이 모두 자기 일에만 빠진 채 상대를 배려하지 않으며 이기적이라고, 그래서 힘들다고 했다. 나는 따끔하게 충고했다. 그럼 네가 한 번 부서 분위기를 바꿔 보는 게 어떠냐고, 네가 먼저 선배들에게 자판기 커피라도 한 잔 사면서 말 좀 붙여 보라고 했다. 그러면 선배들도 너의 존재를 의식하지 않겠느냐고 했다. 회사에 들고나는 사람이 한둘이 아닌데 새 사람 올 때마다 플래카드라도 걸고 대환영해야 하는 건 아니라고 했다. 그러나 샐쭉한 표정을 짓던 그 친구는 수습 3개월을 채우지 못하고 퇴사하고 말았다. 가끔 그 친구가 생각난다. 어디서 밉상으로 구박받지나 않는지, 이제는 어느 자리에 있건 환경에 자기를 맡기기보다 스스로 환경을 바꾸는 그런 멋진 사람이 되어 있지 않을까 기대해 보기도 한다.

자기암시법의 창시자 쿠에는 "'무엇이 보이는가'보다 '어떻게 보이는가'가 더 중요하다'"고 말했다. '어떻게'는 나의 의지에 달렸다. 불평불만은 그 자리에서 해결하려고 애쓰고, 주어진 상황을 긍정적으로 보려고 애쓴다면 인생은 달라지고 세상은 내가 원하는 대로 움직일 것이다. 모든 불만은 결국 나에게서 시작되는 것이므로.

서 · 른 · 여 · 섯

내 삶을 구조할
유일한 사람은 바로 나다

생텍쥐페리의 소설 『야간비행』에는 사막에 불시착한 비행기 조종사 이야기가 나온다. 조종사는 마실 물도 식량도 없었다. 할 수 있는 일이라곤 구조대가 오기만을 기다리는 것뿐이다. 그런데 본부에서 추락 사실을 알고 있는지의 여부도 모르는 상황이다. 조종사는 갈등했다. 구조대가 반드시 온다고 확신할 수 없기 때문이다. 그는 사막으로 나가기로 결심한다. 사막에 어떤 위험이 도사리고 있을지 아무도 모르지만 무작정 구조대를 기다리는 것보다는 낫다고 생각했다. 그는 비행기를 버리고 황량한 사막으로 나간다. 그러고는 스스로에게 이렇게 말한다. "구조대는 오지 않는다. 내가 바로 구조대다."

    갈증과 더위에 허덕이며 며칠을 걸었다. 그는 멀리 지나가는 낙타 무리를 발견한다. 사막을 지나가는 대상隊商이었다. 조종사는 살 수 있게 되었다. 그의 말대로 스스로 구조대가 되어 자신의 목숨을 구한 것이다.

'하늘은 스스로 돕는 자를 돕는다'는 말이 있다. 진부하기조차 한 그 말을 나는 여러 사람들의 삶을 통해 실감하곤 했다. 잡지기자 시절에 내가 만난 사람들은 '성공'한 이들이었다. 돈을 많이 벌거나 명예와 권력을 얻는 등 사회에서 알아주는 1등은 아니었다. 내가 그들에게서 발견한 '성공'은 주어진 환경을 극복하고 인생을 한 단계 끌어올리며, 자기 한계를 넓히는 데 있었다.

그들에게서 공통점을 꼽으라면 인생에는 변화를 가져오는 결정적인 순간이 있는데, 그 순간을 스스로 만들었다는 것이다. 흔히들 스스로를 변화시킬 어떤 기회를 바깥에서 찾는다. '내가 원하는 때가 오겠지', '나를 알아봐 줄 사람을 만날 수 있을 거야', '언젠가 기회가 올 거야……, 하며 기다린다. 그러다가 시간은 속절없이 흐르고 나를 알아주지 않는 세상에 대한 원망과 질투로 점점 지쳐 간다.

기회란 내가 원하는 상황이나 일 또는 사람이 나에게 찾아오는 것이 아니다. 어느 날 문득, 내 머릿속에 '~하면 되지 않을까?' 하는 영감이 떠오르고 그 생각을 행동으로 옮겼을 때 비로소 기회는 만들어진다.

월간 「서울 아트가이드」는 우리나라 미술전시 정보를 담은 잡지다. 창간한 지 몇 해 되지 않았지만 미술계에서 독보적인 존재로 평가받는다. 이 특별한 잡지는 김달진 발행인이 소년 시절이었을 때 이미 싹을 틔웠다. 소년 김달진은 잡지에서 르누아르와 다빈치의 그림을 보고 한눈에 반했다. 잡지에 실린 명화를 가위로 오려 수집하기 시작했다. 청계천 헌책방에서 철 지난 잡지를 사다가 밤낮없이 그림을 오리는 이 수집광을 가족들은 걱정스럽게 바라보았다. 수집은 고등학교 졸업 뒤에도 계속되었다. 그는 어느 날 생각했다. "내가 하는 이 일을 평생 계속할 수는 없을까?"

그는 어린 시절부터 해 온 일을 글로 정리해 우리나라 잡지사와 미술평론가들에게 보냈다. 기대에 부풀었지만 누구도 답장을 보내지 않았다. 딱 한 곳, 어느 잡지사 편집장이 답장했는데 '그 일을 직업으로 삼을 수는 없을 것 같다'는 절망적인 내용이었다. 그들 눈에는 시골 청년의 시시한 취미로밖에 보이지 않았던 것이다. 그는 낙담했다. 그러나 포기하지는 않았다. "편지로 안 된다면 그 다음은 어떻게 할까?"

그는 자신에게 길을 열어 줄 사람을 직접 찾아 나서기로 했다. 스크랩한 자료를 보자기에 몽땅 싸 들고 당시 홍익대 박물관장인 故이경성 선생을 찾아갔다. 이경성 선생은 난데없이 찾아온 낯선 청년을 어떻게 받아들였을까. 더구나 청년은 고졸 출신에다 미술에는 문외한이었다. 놀랍게도 이경성 선생은 김달진의 성실함에 감동하여 이렇게 격려했다. "참 훌륭한 일을 하고 있다. 계속 한 번 해보라."

그 인연으로 4년 뒤 그는 현대미술관 자료실에서 일하게 되었다. 일당 4500원의 임시직이었지만 행복했다. 수집은 더욱 부지런히 했다. 주말마다 인사동 사간동 화랑가를 순례하며 도록과 팸플릿을 모았다. 미술에 관한 신문 기사는 단 몇 줄이라도 오려 두었다. 반응은 차가웠다. 전시회가 끝나면 쓰레기에 불과한데 그걸 모아 무엇에 쓰겠느냐는 것이다.

그러나 그렇게 모은 자료를 토대로 2001년 '김달진 미술연구소'를 열었다. 어느 해에 어떤 전시회가 열렸고 미술계에 무슨 일이 있었는지, 작가의 약력과 경력, 작품 경향 등 우리나라 근현대 미술사가 그의 손으로 정확하게 다시 쓰이게 된 것이다. 스크랩하기를 좋아하고 그 일을 평생 하고 싶다고 꿈꾼 시골 소년은 이제 우리나라 미술계의 중요 인사다. 그이 덕분에 이름 없이 사라질 뻔한 무명작가들의 흔적이 우리 미술사에 영원히 남게 되었다.

잡지에 실린 명화 한 장에서 시작된 꿈은 기적처럼 이루어졌다. 소탈하고 부끄럼 많은 김달진 발행인을 만날 때마다 그 작은 몸집에서 어떻게 그런 용기가 나왔는지 신기했는데, 그는 젊은 시절부터 책상에 붙여 놓고 읽는다는 글귀를 소개해 주었다.

"꿈을 이루겠다면 발돋움하여 대담하게 뛰어올라라. 하늘로 떠오르면 날개가 돋아나고 당신에게 관심을 보이는 누군가를 만나게 될 것이다."

『맹꽁이 서당』을 그린 역사만화가 윤승운 화백도 청년 시절 '꺼벙이' 길창덕 선생에게 편지를 띄우면서 만화가의 길을 시작했다. 편지에 적은 내용은 아주 단순했다. 도대체 만화는 뭐로 그리느냐는 것이었다. 열아홉 살이었던 그는 만화를 어떤 펜으로 그리는지조차 몰랐다. 그 궁금증을 풀려고 당대 최고 인기 만화가에게 과감하게 편지를 보낸 것이다.

길창덕 화백에게서 열심히 그리고 또 그리라는 답장을 받은 그는 일간 신문 독자만화에 그림을 투고했다. 수백 장 그려야 겨우 한 번 실릴까 말까, 5년 동안 고작 열 개도 안 실렸다. 하지만 그는 사람들이 알아볼 때까지 그렸다. 줄기차게 기회를 만들었다. 훗날 만화가로 성공한 그는 길창덕 선생과 선후배로 알고 지내게 되었다. 그런데 우연히 길창덕 선생이 자신의 빛바랜 편지를 간직하고 있음을 알았다. 길창덕 선생에게서 그 편지를 건네받은 윤 화백은 눈시울이 뜨거웠다. 막막하기만 한 꿈을 어떻게든 실현해 보려고 기를 쓰며 고심하던 청년 시절이 떠올랐던 것이다.

스스로 기회를 만든 또 한 사람은 바로 수전 보일이다. 지난해만 해도 그녀는 스코틀랜드 시골구석에 사는 쉰 살에 가까운 노처녀였다. 우연히 장기를 겨루는 텔레비전 프로그램에 출연해 우승하면서 세계인의 주목을 받기 시작했다. 태어나 한 번도 고향 마을에서 벗어나 본 적이 없는 그녀가 어떻게 텔레비전 쇼에 나갈 생각을 했을까. 그녀의 말이다.

"열두 살 때까지 교회 성가대를 했어요. 그게 음악 활동의 전부예요. 가수가 되고 싶었지만 엄마 때문에 접었어요. 방송에 나간 건 2년 전 엄마가 세상을 떠나면서 '모험을 하라'고 부탁하셨기 때문이에요. 하늘에 있는 어머니에게 나도 무엇인가 할 수 있다는 것을 보여 드리고 싶었기든요."

딸의 손을 잡고 "모험을 하라"고 당부하는 어머니의 심정이 절절하다. 자신을 돌보느라 결혼도 못 한 채 늙어 버린 딸에게 어머니는 가장

큰 선물을 주고 세상을 떠난 것이다. 기회는 예기치 않은 순간에 온다고 한다. 언제가 될지 아무도 모르니 평소 열심히 준비하라고 한다. 하지만 기회는 언제나 내 곁에 있다. 단지 내가 알아보지 못하는 것일 뿐이다. 카피라이터 여훈은 『최고의 선물』에서 '기회는 시내버스보다 자주 온다'고 재치 있게 빗대면서 이렇게 말했다.

"기회가 없다고 말하지 마라. 다만 보지 못할 뿐이다. 기회를 놓쳤다고 아쉬워하지 마라. 기회는 시내버스보다 자주 온다. 남들이 기회를 모두 차지해 버렸다고 억울해 하지도 마라. 내가 찾는 한 그것은 고갈되지 않는다. 시험에 붙은 것도 기회지만 떨어진 것 또한 기회다. 승진도 기회지만 유급도 기회다. 돈이 많은 것도 기회지만 돈이 없는 것도 기회다. 세상 모든 것이 기회다. 살면서 세 번의 기회가 찾아온다고 믿고 기다리는 사람에겐 딱 세 번의 기회가 오지만, 널린 게 기회라고 생각하는 사람에게는 하루에도 몇 번씩 기회가 찾아온다."

세월이 지나고 나서야 그때 그것이 기회였음을 깨닫기 마련이다. 뒤늦게 할까 말까 망설이다 놓쳐 버린 기회들을 헤아리며 후회한다. 우리가 망설이고 주저한 까닭은 결과에 대한 의심과 수줍음 때문이다. 수줍음은 인생에 별 도움이 안 되는 감정이다. 수줍음을 핑계로 하지 못한 일이 얼마나 많은가. 늘 완벽한 타이밍을 기다리며, 결과가 확실하게 보장될 때 움직인다면 이미 늦는다. 완벽한 때를 기다리는 것은 날아가는 새가 내 팔에 내려앉기를 바라는 것과 같다. 수줍음에서 벗어나는 길은 일단 행동하는 것이다. 결과에 대해 의심하며 끝없이 망설이는 것보다 좋은 것은 저질러 보는 것이다. 뭐든 해보지 않으면 기회는 사라지므로. 미국의 유명한 록 가수 본 조비가 말했다.

"이건 내 인생이다. 지금 아니면 기회가 없다! 나는 영원히 살지는 못할 테니까!"

서·른·일·곱

진정한 삶의 스타일은
어려울 때 만들어진다

어머니는 살림 솜씨가 훌륭했다. 알루미늄 솥을 어찌나 반짝반짝하게 닦았는지 부엌에 들어서면 눈이 부셨다. 폭 삶아 빨랫줄에 널어놓은 걸레를 수건으로 알고 얼굴을 닦기도 했다. 어린 내 눈에도 어머니의 부지런함이 좋고 자랑하고 싶어 내 방도 없는 집에 친구를 데려왔다. 결혼하고 고작 나와 남편, 두 몫의 살림을 하면서 나는 뒤늦게 어머니의 살림에 깃든 노동과 정성에 놀랐다. 아무리 가난한 집이라도 깨끗이 치우고 가꾸면 빛이 난다고 했던 어머니의 그 말이 무엇을 뜻하는지 새삼 깨달았다.

　어머니의 살림에는 어머니만의 독특한 무엇이 있었다. 요즘 말로 하면 스타일이다. 스타일은 소설가와 시인이 가진 자신만의 문체, 화가의 화풍, 작곡가의 악풍과 비슷하다. 인생의 스타일은 삶을 대하는 방식이자 태도다. 그것은 모르는 사이 몸과 마음에 스며들어 일상에서 말 한마디와 몸짓으로 드러나고, 그 사람만의 고유한 분위기를 만든다. 화가 조지아 오키프가 이런 말을 했다.

"당신이 되고 싶은 사람이 어떤 사람인가를 결정하면 당신은 그 사람에 이릅니다. 그건 깔끔함이 몸에 배는 것과 같은 거예요."

환경과 습관, 본능이 생각하는 방식과 태도에 영향을 미치는 것은 분명하지만, 그런 외적인 조건보다 내가 어떤 삶을 살겠다는 내적인 의지가 더 중요하다는 말이다. 그러니까 삶의 스타일이란 무수히 변화하는, 나를 둘러싼 환경에 휩쓸리지 않고 자신만의 방법으로 삶을 다스리고 가꾸면서 만들어지는 '어떤 것' 이다.

어머니의 살림 스타일은 가난과 부족함 속에서 만들어졌다. 어린 시절 넉넉하지 않은 형편에 크레파스를 남매가 같이 썼는데 동생과 내가 동시에 미술 수업이 든 날은 서로 눈치를 살폈다. 이런 몇 번의 난감한 경험을 제외하면 나는 우리 집의 형편에 대해 무심했다. 어머니 덕분이었다. 만약 어머니가 빠듯한 형편을 부끄러워하거나 불만을 가졌다면, 손수 재봉틀로 커튼을 박음질해 창문에 달고 아이들의 구멍 난 스웨터에 곰 무늬로 된 천을 덧대거나, 문풍지에 나팔꽃을 넣어 바르는 일 따위는 하지 않았을 것이다. 불평과 불만으로 힘겹게 하루하루를 버텼을 테고 어머니의 딸인 나도 가난과 결핍에 대한 상처를 갖게 되었을 것이다. 한번은 어머니가 담장 위 피튜니아 화분을 탐스러운 꽃이 바깥쪽으로 향하도록 돌려놓기에 왜 그러냐고 물었다.

"지나가는 사람들이 더 예쁜 꽃을 보면 좋잖아? 그럼 엄마도 좋고……."

어린 나에게 그 말은 꽤 인상 깊었던가 보다. 수십 년이 지난 지금 그 순간이 붉은 피튜니아 꽃과 더불어 정지된 화면처럼 또렷하게 떠오른다. 사람들이 좋아하면 나도 좋다고 한 어머니. 단순한 배려로 기쁨을 두 배로 늘일 줄 아는 여유가 어머니 삶의 방식이었다.

지금도 간혹 어머니는 지난 시절을 회상하며 "그때 어떻게 살았는지 모르겠다"고 말한다. 그러나 어머니는 모르지 않는다. 어머니는 당신만의 삶의 스타일로 가난하지만 가난하지 않게, 부족하지만 부족하지 않게 살았다. 형편이 좋아진 뒤에도 어머니 방식은 변하지 않았고, 칠순을 훌쩍 넘긴 지금도 검박하고 깔끔한 살림 솜씨는 여전하다.

인생에 결정적인 영향을 끼치는 것은 좋은 일보다 나쁜 일인 경우가 더 많다. 불행은 그 그림자를 오랫동안 남기며 인생 전체를 흔들어 놓는다. 반대로 불행과 위기, 어려움을 잘 받아들이고 넘기면 그 다음 이어지는 삶은 좀 쉽게 풀린다.

오프라 윈프리가 2008년 스탠포드 대학교 졸업식에서 강연한 내용 중에 '인생의 재수강'이란 대목이 있다. 인생은 누구나 고난을 맞으며 비틀거리는 순간이 있다. 그때 그 고난에서 무언가를 배웠다면 그 고난은 이수된 것이며, 나음에는 재수강할 필요가 없다. 그러나 아무것도 깨닫지 못하거나 거부하고 억울해한다면 다음 인생의 길목에서 똑같은 문제를 만나 더 큰 어려움을 겪게 된다는 것이다.

'순돌이 아빠' 임현식은 너무나도 유명한 배우다. 그에게도 오랜 무명시절이 있었다. 대학을 졸업하고 탤런트 시험에 합격하지만 영광은 잠시였다. 포졸 F로 시작한 그의 연기 생활은 행인, 머슴, 도둑과 같은 단역에 그쳤다. 대학 후배였던 조경환이 〈수사반장〉에서 형사로 인기를 모을 때 그는 소매치기로 등장해 조 형사에게 목덜미를 붙잡히는 수모를 당했다. 그때 속마음은 죽고 싶을 만큼 쓰렸지만 임현식은 웃음으로 넘겼다. 사극 촬영장에서 만난 그는 그 시절을 이렇게 회상했다.

"나에게 주연이냐, 조연이냐는 중요하지 않았어요. 카메라 앞에서는 누구나 주인공이죠. 나는 늘 '임현식을 쓰면 뭔가 다르다'는 말을 들어야겠다고 생각했습니다. 그래서 나를 미워하는 프로듀서들도 어쩔 수 없이 임현식이란 배우를 출연시킬 수밖에 없는 그런 경지에까지 나 자신을 끌어 올리자고 생각했죠."

그는 범죄자건 지나가는 행인이건, 어떤 배역도 거절하지 않았다. 장장 9년 동안 단역을 한 끝에 맡은 역할이 바로 〈암행어사〉의 포교 '갑봉이'였다. 처음에는 별 비중이 없는 역할이었지만 임현식만의 갑봉이로 새롭게 태어나며 인기를 끌었다. 어사보다 인기가 더 좋자 갑봉이의 출연 비중은 점점 늘어났다. 갑봉이 덕에 드라마는 4년이나 연장했다. 순돌이 아빠로 출연한 〈한 지붕 세 가족〉도 6년 7개월을 늘여 방송했다. 〈허준〉에서 열연한 '임오근'은 초반에 사라질 예정이었지만 시청자들의 열렬한 지지에 주인공 허준보다 더 오래 살아남았다. 국민드라마 열풍을 몰고 왔던 드라마의 마지막 장면은 임현식의 단독 신이었다.

45년 연기 생활 동안 600여 편의 드라마에 출연한 그는 주연을 맡아 본 일이 거의 없다. 그러나 단 한 해도 연기를 쉰 적이 없는 놀라운 기록을 갖고 있다. 주연보다 주목받는 조연, 말이 안 되는 이 명제는 임현식에게서 비롯되었다. 임현식, 하면 떠오르는 익살스러우면서도 진솔하고 따뜻한 이미지는 하루아침에 만들어지지 않았다. 무명시절 무슨 역이든 마다하지 않았던 성실함이 그의 평생 연기 생활에 밑불이 되었다. 드라마 〈타짜〉에서 '계동춘' 역을 맡은 배우 장원영도 배역이 없어 낙담하고 곤궁했던 시절이 있었다.

　"오디션에 떨어져 5개월 동안 돈 한 푼 못 벌었죠. 처음엔 집에서 웅크리고만 있었어요. 그럴 때 저에게 연기를 가르쳐 주셨던 대학 선생님의 전화가 큰 힘이 됐어요. '배우는 연기할 때보다 연기하고 있지 않을 때가 더 중요하다. 일 없다고 낙심하지 말고 활동적으로 다녀라.'"

　'연기할 때보다 연기하고 있지 않을 때가 더 중요하다'는 말은 '삶에서 진짜 중요한 시기는 밝을 때보다 어두울 때, 부족하기만 하고 끝이 보이지 않을 때'라는 말이다. 어려운 시기를 어떻게 보냈느냐에 따라 사람마다 살아가는 방식이 달라진다. 가난한 화가가 몇 개의 물감만으로 아름다운 그림을 그리는 법을 터득하듯, 어려울 때 비로소 삶을 풀어 가는 나만의 방식이 만들어진다.

　인생의 10퍼센트는 나에게 일어나는 일들로 이루어지고 나머지 90퍼센트는 그 일들에 대한 나의 반응으로 이루어진다고 한다. 어떤 일이 일어났는가보다 그 일에 대한 태도가 앞으로의 삶을 결정한다. 소소한 어려움과 불행 속에서도 자신만의 스타일로 인생을 가치 있게 만드는 것이야말로 우리가 살아가는 진짜 이유가 아닐는지.

경제학자 피터 드러커는 어릴 때 선생님에게서 받은 질문을 평생 기억하며 살았다. 선생님은 아이들에게 "너는 무엇으로 기억되기를 바라느냐"고 물었다. 아이들이 대답을 하지 못하면 선생님이 웃으면서 말했다. "지금 대답하지 못해도 괜찮다. 하지만 오십 살이 되어서도 대답하지 못한다면 그건 네 삶을 낭비했다는 뜻이란다."

무엇으로 기억된다는 것은 삶을 풀어 가는 방식이다. 나는 어떤 사람으로 기억될까. 나는 어떤 스타일로 나의 삶을 빛내며 살고 있는가.

서·른·여·덟

어떤 경우에도
미루지 말아야 할 것은
행복뿐이다

바나나를 보면 나도 모르게 몇 개 달렸는지 세어 보는 버릇이 있다. 초등학생 때 과일가게 앞을 지날 때면 대롱대롱 줄에 매달린 바나나에서 눈을 떼지 못했다. 샛노란 껍질을 벗겨 한 입 베어 물면 어떤 맛일까. 만화 속 악당들은 꼭 바나나 껍질에 엉덩방아를 찧던데 도대체 얼마나 미끄러울까 궁금했다. 우리 집 형편에 바나나를 맛보기란 어려워 궁금증은 풀리지 않았다. 그런데 내가 아파서 병원에 다닐 즈음 엄마가 의사에게 바나나를 선물하는 걸 진료실 문틈으로 목격했다. 잘 봐달라는 인사였다. 나는 놀라고 실망했다. 엄마가 마음만 먹으면 바나나 한 송이를 살 수 있을 정도의 형편은 된다는 걸 눈치챈 것이다.

아끼느라 사 먹지 못하는 바나나와 아픈 자식을 위해 의사에게 선물한 바나나가 다르다는 걸 모르지 않는다. 그렇지만 간절하게 먹고플 때

맛보았다면 아침식사를 바나나로 때울 만큼 흔해진 지금과는 그 맛이 달랐으리라. 바나나 한 개 값보다 더 큰 기쁨과 즐거움을 저축해 놓고 두고두고 추억할 수도 있지 않았을까. 이제 와서 얼토당토않은 투정을 해보는 건 행복은 미뤄서는 안 된다는 것을 살면서 자주 느끼기 때문이다.

모든 사람들이 행복해지고 싶어 한다. 블레즈 파스칼은 스스로 목매달아 죽는 사람도 행복을 추구했다는 점에서 같다고 했다. 그러고 보면 스스로 죽음을 선택한 이들을 지탄만 해서는 안 될 것 같다. 결국 그들도 온통 고통만 주는 현실에서 벗어나 편안해지고 싶은 소망을 실천했을 뿐이다. 행복, 지금은 커피 한 잔 마시듯 편안하게 쓰지만 예전에는 흔하게 주고받는 말이 아니었다. 초등학교 때 유치환의 시 '행복'을 처음 읽고 행복이 무슨 뜻인지 골똘히 생각에 빠진 적이 있다. 고등학생 오빠를 꾸짖는 아버지의 단골 레퍼토리는 "네 목표가 뭐냐? 목표를 세워라! 그래야 행복하게 살 수 있다"였다. 행복은 어떤 목표를 이룬 다음에 찾아오며, 쟁취해야 하는 그 무엇이었다. 다들 힘들게 살던 시절이었다. 내 아버지의 생각은 당연하고 장려되어야 할 보편적 가치였다. 삶의 목표를 먼 미래에 두고 좋은 시절이 오기를 기다리는 것. 그래서 나는 현실을 부족하고 불만족스러우며 극복해야만 하는 것으로 이해했다. 나는 내가 내성적이라고만 생각했는데, 간혹 이런 부정적인 현실 인식 때문에 자주 우울하고 의기소침한 것은 아닌지 짐작한다.

여하튼 아이 때는 어른이 되면, 대학에 입학하면 행복할 거라 생각한다. 학위나 자격증을 따고 좋은 직장에 들어가고 좋은 사람과 연애하기를 바란다. 결혼을 하고 집을 사고 자동차를 바꾸고 집을 늘리고……, 행복해지기 위한 목표는 쉼 없이 이어진다. 지금보다 나중에 더 잘살면 그게 진짜 행복이다. 역사적 위인들의 죽음을 다룬 미셸 슈나이더의 저서 『죽음을 그리다』에 철학자 칸트의 이야기가 나온다. 칸트는 하인을 자주 불러 귀찮게 했다. "커피! 커피!" 하인이 곧 커피를 가지고 오겠다고 대답하면 칸트는 심술궂은 표정으로 이렇게 말하곤 했다.

"곧 하겠다? 바로 그것 때문이야. 곧 하겠단 말. 그래서 인간은 행복하지 않은 거야. 곧 행복해질 거라고 하니까."

나중에, 다음에, 언젠가 행복해지기를 바랐으니 행복은 언제나 뒤로 미뤄질 뿐이다. 내가 행복은 지금 여기에 있다는 사실을 절감한 것은 아이를 낳으면서다. 아이를 친정엄마에게 맡기고 주말에만 집으로 데려왔다. 그런데 간혹 평일 퇴근길에 들르면 엄마는 기다렸다는 듯 나에게 아기를 안겨 주며 우유를 먹이게 하고 기저귀를 갈게 했다. 피곤에 지친 나는 마지못해 아이를 안았다. 아버지는 "일하고 온 사람한테 애 보라고 하면 어쩌느냐"고 말렸다. 그때 엄마가 대꾸했던 말을 잊지 못한다.

"애 자라는 거 한 순간이에요. 지금 하루 종일 애를 안고 물고 빨고 해도 조금 큰 뒤에는 많이 안아 주지 못했다고 후회하는 게 어미 마음인데, 애는 만날 새끼랑 떨어져서는 나중에 얼마나 속상해하려고……. 너 몸 좀 힘들고 피곤해도 애랑 눈 한 번 더 맞추고 자꾸 안아 줘라. 얼마나 예쁠 때인데, 네 눈에 그걸 많이 담아 놔야지!"

나는 육아에 서툴렀다. 세상에 이보다 더한 노동은 없었다. 엄마가 키워 주니 내심 편하고 좋았다. 그래서 아이가 한참 성장한 뒤에야 엄마의 말이 무슨 뜻인지 알았다. 엄마 말이 맞았다. 아이를 키울 때는 재우고 놀아 주고 먹이는 일이 힘들어 무자식 상팔자니 하는 말을 함부로 내뱉었다. 다른 집 아기들은 쑥쑥 잘 크는데 우리 애는 아직도 15개월, 20개월이네, 언제 기저귀 떼려나, 밥 좀 흘리지 않고 먹을 날이 올까, 초등학교 입학하면 한숨 좀 돌리겠지……, 나는 콩나물에 물 주듯 아이가 어서어서 크기만을 바랐다. 전쟁 치르듯 흘려 보낸 시간 속에 보석처럼 빛나는 행복이 숨어 있다는 걸 알지 못한 채 말이다. 몇 해 전 친정엄마가 이사하면서 보낸 옷 보따리를 뒤늦게 풀어 보다가 펑펑 울었다. 아이가 입던 배냇저고리와 턱받이, 내복, 침을 닦던 손수건까지. 삶아도 지지 않는 배내옷의 얼룩을 보니 육아를 귀찮고 힘들게 여기던 내 모습이 떠올랐다. 그때 아이를 더 힘껏 사랑해 주고 더 많이 기뻐하고 즐거워하려 애쓰지 않은 세 후회스러웠다. 훌쩍이는 나에게 다가와 '왜 그러우?' 묻는 아이는 지금 중학생이다.

행복은 무엇일까. 저마다 기준이 다르겠지만 내가 생각하는 행복은 '기쁨'이다. 기분이 좋고 마음이 편안해지고 웃음이 날 때 문득 이런 게 행복이구나 하고 느낀다. 그러나 하루 종일 웃으면 바보가 되듯 언제나 행복할 수 없다. 행복하게 보이는 사람도 속사정을 들여다보면 삶의 고민을 백만 자루는 짊어지고 산다. 불행 속에도 섬광처럼 행복한 순간은 있고 괴롭기만 한 시절에도 웃을 일은 있다. 울다 웃으면 엉덩이에 털 난다고 하지만 울다가도 웃을 수 있다. 행복의 반대말은 불행이 아니라 냉소, 포기, 게으름, 자책과 같은 낱말이다.

농구선수와 코치로 활약하다 루게릭병으로 코트를 떠난 박승일 선수의 근황을 텔레비전에서 보았다. 온몸이 굳어 가는 그는 이제 말을 하지 못한다. 여자 친구가 그의 곁을 지키고 있었다. 연인은 눈 깜박임으로 소통했다. 그녀가 한글 자음 모음을 가리키면 그가 눈을 깜박여 의사를 전달하는 식이었다. 문장 하나를 완성하는 데 오랜 시간이 걸렸다. 그녀는 끈기 있게 글자를 만들어 갔다. 무슨 말인지 알겠다는 듯 "아~" 하고 고개를 끄덕이는 순간 그녀의 얼굴이 환해졌다. 그 짧은 시간, 외람되지만 나는 두 사람 사이에 흐르는 행복을 보았다. 아픈 연인을 바라보는 그녀의 마음은 얼마나 슬프고 아프겠는가. 그러나 그녀는 남자 친구의 목에 연결된 튜브에서 가래를 빼며 이렇게 말했다.

"내가 해 줄 수 있는 건 이거밖에 없지만…… 그래서 행복한 거 같아요."

해 줄 수 있는 일이 있어 행복하다는 그녀의 말은 나를 부끄럽게 했다. 그 작은 행복이 말로 표현 못 할 슬픔과 고통을 견디는 힘이 되지 않을까. 어떤 큰일, 굉장히 멋지고 신나는 일이 행복을 불러오지 않는다. 모래알 같은 일상의 작은 기쁨들이 모이고 쌓이면 내일도 행복할 수 있게 되는 것 같다. 그러니 오늘 행복하지 않으면 내일도 행복할 수 없다. 부부지간 부모 자식 간의 불행도 일상에서 소소한 행복을 쌓아가지 않기 때문이다. 아버지가 뼈 빠지게 일해 돈을 벌어다 주어도 아이들이 아버지를 어려워하고 심지어 싫다고 하는 것은 아버지와 나눈 기쁨이 많지 않기 때문이라는 글을 어디선가 읽었다.

　미래학자 롤프 옌센은 젊은이들에게 '무엇을 할 것인가, 무엇을 공부할 것인가'를 묻기 전에 인생에서 자기 삶의 방식을 찾아내라고 충고한다. '무엇이 나를 행복하게 해 줄 것인가'를 고민하고 행동하라는 것이다. 자신의 삶에 대한 책임감을 지닌다는 것은 곧 자기 행복을 스스로 찾고 만들어 간다는 뜻이다. 누구, 무엇 때문에 행복한 것이 아니라 스스로 행복할 수 있는 능력, 누구나 갖고 있다는 이 능력을 평소에 단련시킨다면 바로 오늘이 인생에서 가장 행복한 날이지 않을까.

서 • 른 • 아 • 홉

잘하지 못해도
하고 싶으면 하는 게 맞다

소설가 정이현은 하루에 다섯, 여섯 시간을 꼬박 책상 앞에 앉아 원고지 10매씩 글을 쓴다고 말했다. 그녀는 노력형 소설가다. 어느 겨울날, 온기가 없는 오피스텔에서 밤을 새우며 연재소설을 마감하던 그녀는 문득 이런 생각이 들었다. "아무도 강요하지 않은 이 일을 왜 선택했을까?" 누가 시키지도 않은 일을 하느라 왜 사서 고생하고 있을까, 하고 반문한 것이다. 그녀는 왜 소설을 쓰고 있을까? 그것은 정이현, 그녀가 원했기 때문이다.

넬리 블라이. 생소한 이름의 미국 여기자는 1873년 일간지에 연재된 쥘 베른의 『80일간의 세계일주』를 읽고 세계 여행길에 올라 72일 만에 여행을 마친 대단한 여자다. 신사들의 에스코트 없이, 치렁치렁한 긴 치마를 입고, 말 한 마디 통하지 않은 낯선 땅을 인력거, 낙타, 배, 기차 모든 교통수단을 동원하여 세계를 누비는 그녀를 상상해 보라. 드레스를 입고 오후의 홍차를 홀짝이거나 멋진 신사들 틈에서 사교춤을 배우거나 하는 또래 여자와는 다른 삶을 살았던 넬리, 그녀는 말했다. "그 일을 원하기만 한다면 당신은 할 수 있다." 내가 간직하고만 있는 꿈이 있다면 정말 내가 그 일을 원하지 않고 있는 것이다.

꿈은 뭘까. 거창한 걸 생각하지만 꿈은 지금 당장 하기 어려운 일, 그러나 하고 싶은 일이다. 하면 즐겁고 신이 나고 평생 매달리고 싶은 일이다. 꿈은 완성되지 않는다. 삶이 끝날 때 마침표를 찍을 뿐이다. 씨앗이 아름드리나무로 자라듯 평생이 걸려 자란다. 아직 살아 있다는 것은 꿈을 키워 갈 기회가 남았다는 말이다. 누구나 꿈을 이뤄가는 여정에 서 있을 뿐이다. 그런데 할까 말까 생각하는 데만 세월을 보낸다. 주저하는 이유를 대라면 아마도 백 가지는 더 말할 수 있을 것이다. 그 가운데 잘할 수 있을지, 과연 능력이 되는지에 대한 걱정이 가장 크다.

하고 싶은 일이 잘하는 일이라면 참 좋을 것이다. 재주를 타고 난 사람은 부럽다. 천재적 음악가 모차르트를 질투한 살리에리는 음악에 대한 사랑만큼 뛰어나지 못한 자신의 재능을 저주하며 신을 원망했다. 그러면서도 살리에리는 음악을 포기하지 않았다. 잘하지 못해도 하고 싶다면 하는 게 맞다. 꿈은 '적은 재능'과 '긴 시간'이 만나서 이루어진다. 젊은 친구들은 자신의 실력을 한탄하며 조바심을 낸다. 하지만 하늘이 내린 천재가 아니고서는 실력이 모자라는 것은 당연하다. 시간과 경험이 주는 성숙함이라는 질료가 없기 때문이다. 그걸 채우면서 완성해 나가는 것이 꿈의 다른 모습이다.

'재능'은 작은 씨앗에 불과하다. 천재라고 분류되는 이들의 삶도 자세히 들여다보면 그들만의 치열한 싸움이 숨어 있다. 아인슈타인이 죽자 과학자들은 그의 뇌를 수백 개로 조각내 연구했다. 그 결과 아인슈타인의 뇌는 보통 사람보다 두정엽이 15퍼센트 정도 넓다는 사실이 밝혀졌다. 즉 생각하는 능력이 뛰어나다는 것이다. 그러나 아인슈타인이 넓은 두정엽을 타고 났는지, 후천적으로 생각을 많이 해서 자연스럽게 커진 것인지는 밝혀지지 않았다. 그의 천재성의 비밀은 뇌 속에 없었다. 그 비밀은 "상상은 지식보다 중요하다. 상상은 우주를 아우른다"고 한 그의 말에서 찾을 수 있다. 아인슈타인은 누구보다 상상하고 생각하기를 좋아했던 것이다. 그의 상상력이 두정엽을 키웠다는 데 나는 한 표를 걸고 싶다.

불멸의 화가 고흐도 처음부터 화가를 꿈꾸지 않았다. 화랑 점원, 전도사를 전전하던 그는 이십 대 중반이 되어서야 화가가 되고 싶다고 생각했다. 화가가 되겠다고 하는 순간 원근법과 해부학을 공부하며 기초부터 시작해야 하는 긴 여정이 펼쳐졌다. 밀레의 그림을 모사하고 수많은 데생을 하면서 실력을 쌓아갔다. 그러면서도 그는 자신에게 소질이 없다며 의심했다. 마음속에서 끊임없이 "내가 그림을 어떻게 그려?" 하는 소리가 메아리쳤다. 그때마다 고흐는 붓을 들었다. 그림에 흠뻑 빠져 있는 동안에는 자책하는 소리가 들리지 않았다. 고흐는 동생 테오에게 보내는 편지에 이렇게 썼다.

"삶이 어떤 식으로 전개되든 난 거기서 무엇인가를 발견할 테고 또 최선을 다할 거야."

하고 싶은 일을 선택하지 못하는 또 하나의 이유는 그 일로 먹고 살 수 있을지 염려하기 때문이다. "먹고 사는 것만 해결된다면 그 일을 했을 텐데……" 하고 망설인다. 그런데 '먹고 살 만한' 이란 경제력의 기준이 참으로 애매하다. 꿈은 튼튼한 경제력 위에서 만들어지는 것이 아니다. 단지 적당히 노력하면서 적당히 원하는 것을 가지려 하기 때문에 하고 싶은 일을 시작할 수 없는 것인지도 모른다.

꿈이 없다고 말하는 이들이 있다. 꿈이 없다는 게 잘못은 아니다. 자신도 모르는 사이 꿈을 지나쳐 버렸거나 아직 발견하지 못했을 수 있다. 중고등학교 때 꿈을 결정하고 그에 맞는 대학에 가야 꿈을 이룰 수 있는 건 아니다. 살면서, 천천히 나에게 맞는 일을 찾아내거나 그 일이 나에게 다가오기를 기다리는 것도 방법이다. 사회에 나와 다양한 일을 경험하고 여러 사람을 만나 자극을 받으며 뒤늦게 하고 싶은 일을 발견하는 이들도 많다. 꿈은 멀리 있지 않다. 일상에 있다. 지금까지 살면서 어떤 일을 하면서 기쁨을 느끼고 행복했다면 거기서 꿈의 단서를 찾으면 된다.

비비안 토머스는 존스홉킨스 의대를 빛낸 사람으로 추앙받는다. 그는 의과대학을 나오지 않은 흑인이다. 우연히 존스홉킨스 의대의 백인 의사 연구실에서 허드렛일을 하다가 의학자의 길을 걷게 되었다. 목수인 아버지의 솜씨를 물려받은 그는 신기에 가까운 수술 솜씨를 가졌다.

백인 교수가 심장병 수술에 혁명적인 성과를 거두는 데는 비비안의 공이 절대적이었다. 그러나 자신이 흑인이고 의과대학을 나오지 않았다는 이유로 무시당하는 기분이 들어 연구실을 그만둔다. 한동안 제약회사 세일즈맨으로 일하지만 병원 일이 너무나 그리웠다. 이를 눈치 챈 아내가 말한다.

"당신이 그 일을 정말 하고 싶어 하는군요. 그럼 그 다음에 어떻게 행동해야 할지 당신이 알잖아요."

비비안은 다시 병원으로 돌아갔다. 그리고 백인 교수와 죽을 때까지 존스홉킨스 병원에서 연구를 계속한다. 하고 싶은 일을 할 수만 있다면 차별과 수모를 견디겠다는 것이었다.

좋아하는 일을 발견하는 시기는 사람마다 다르다. 일찍 꿈을 발견하지 못했다는 사실이 불리한 것만은 아니다. 그때 그 꿈을 시작할 수 있는 용기를 가지는 것이 더 중요하다. 『아티스트 웨이』를 쓴 줄리아 카메론에게 한 중년 여인이 피아노를 배우고 싶지만 나이 때문에 고민이라고 털어놓았다.

"제가 피아노를 잘 칠 때 즈음이면 몇 살이나 되는지 아세요?"

그러자 카메론이 대답했다.

"물론 알고 있어요. 하지만 그것을 배우지 않아도 그 나이를 먹는 것은 마찬가지죠."

과거는 지나갔고 내일은 오지 않았다. '현재'라는 시간만이 누구에게나 공평하게 주어진다. 저축해 두었다가 나중에 쓸 수 없다. 지금 바

로 시간을 사용하는 것이 가장 값지게 시간을 쓰는 법이다. 무슨 일이든 시작이 없으면 이룰 수 없다. 그런데 우리는 이 사실을 종종 잊어버리고 시작도 않고 그냥 안 될 거라고 단정한다.

조지 도슨은 평생 문맹이었다. 부끄러움에 자신을 속이며 살다가 98세에 알파벳을 외웠다. '시간이 너무 없어서' 날마다 열심히 공부한 끝에 101세에 『인생은 아름다워』라는 책을 펴냈다. 지난해 100세 할머니 해리엇 앰스는 평생소원이던 교육학 석사를 땄고 이튿날 지병으로 숨을 거두었다. 꿈을 찾아 열정적인 삶을 살아가는 이들에게는 늦고 빠름이 없으며, 시간은 고려 대상이 아니었다. 행동으로 옮기는 것이 먼저였다.

우리에게는 못한 일보다 앞으로 할 수 있는 일이 더 많다. 미국의 작곡가 유비 블레이크는 마지막 숨을 거두며 이렇게 말했다. "이렇게 오래 살 줄 알았더라면 내 자신에 좀 더 신경 썼을 텐데……." 하고 싶은 일이 있다는 것은 내가 행복하다는 증거다. 무언가를 시작하기에 시간은 언제나 충분하다.

마·흔

반성과 결심만 백만 번, 변하지 않는 나를 용서하라

우리 집 아이의 초등시절 일기는 언제나 '참 즐거웠다', '참 재미있었다', '참 좋았다'로 끝이 났다. 내 어린 시절과는 많이 다르다. 내 일기는 거의 '친구와 싸우지 않겠다', '엄마 말씀 잘 듣겠다', '울지 않겠다'는 식의 반성과 다짐으로 끝을 맺었던 것 같다. 아예 일기장에는 '오늘의 반성할 것', '내일의 계획' 꼭지가 따로 있었다. 매일 그 칸을 채우는 것도 고역이었다. 어린 아이가 고작 하루 동안 뭐 그리 반성할 일을 저질렀겠는가. 그런데도 나는 기필코 찾아냈다. 없으면 만들어서라도 적었다. 그때 〈뽀빠이〉 만화가 인기였는데 만화가 끝날 때마다 뽀빠이가 충고 한 마디를 했다. 사탕은 조금만 먹어요, 아침엔 일찍 일어나요, 하는 식이었다. 그걸 커닝해서 칸을 채우기도 했다.

김영승 시인은 '반성'의 시를 주로 쓴다. 인간은 태어나면서부터 죄를 짓는 존재. 먹고 자고 옷을 입고, 생존을 위한 모든 행동이 누군가에게 폐를 끼치는 것이다. 자연과 가족, 남모르는 이의 수고로움에 철저히 기대어 산다. 그래서일까. 시인은 살면서 계속 시를 통해 반성하기로 했나 보다. '반성1'에서 시작하여 5백 번 대까지 번호를 붙인 시들을 본 기억이 난다. 그 중 '반성 16'을 보자.

술에 취하여
나는 수첩에다가 뭐라고 써 놓았다.
술이 깨니까
나는 그 글씨를 알아볼 수가 없었다.
세 병쯤 소주를 마시니까
다시는 술 마시자 말자
고 써 있는 그 글씨가 보였다.

이 시를 읽으면 웃음이 난다. 그리고 또 어느새 '반성' 하는 나를 발견한다. 반성을 못 지킨 데 대한 반성이다. 반성을 잊고 또 반성하는 게 '반성의 속성'임을 시가 말해 주는 것 같다. 공부도 중간, 키도 작고, 집안 형편도 그럭저럭, 여러 가지 열등감이 있는 내가 제일 잘할 수 있었던 것은 반성이었다. 그게 버릇이 된 나는 후회와 결심이 익숙하다. 반성할 게 많다는 것은 내가 허술하고 부족하기도 하지만 나에 대해 별로 만족하지 못한다는 뜻이다. 자책에 가까운 반성인 것이다. 지금은 일기장에 따로 반성하는 글을 적지 않는다. 다만 혼자 지하철을 타러 가는 길에, 카페에서 누군가를 기다리는 사이 속으로 중얼중얼 어느새 뭔가를 후회하는 나를 발견한다. '그때 내가 왜 그랬을까', '그 말은 하지 말았어야 했는데……' 하면서 오래된 과거의 잘못까지 속속 불러온다.

 나의 반성 중 주요 레퍼토리는 속물근성이 드러날 때다. 아버지가 간암 판정을 받았을 때 통곡하면서 앞으로 정말 잘해 드리겠다고 해 놓고 의사의 오진임이 드러나자 안부 전화 한 통 거는 것도 내일로 미루기 일쑤다. 환경 운동에 동참하고자 자동차 대신 대중교통을 이용하거나 웬만한 거리는 걸어 다니지만 가끔은 BMW 자동차를 몰아 보고 싶은 생각이 든다. 성형수술을 한 연예인 얼굴을 보고 자기에 대한 자신감이 더 중요하다고 점잖게 말해 놓고는 뒤돌아 내 코를 높이면 어떻게 변할까 궁금해지기도 한다. 노점 할머니 채소 값 몇 백 원 깎으면서 몇 만 원 식사비는 품위 유지비로 아무렇지 않게 쓴다. 결혼을 잘했다고 생각하지만 가끔은 아쉬울 때가 있다.

 여기서 끝이 아니다. 만나는 이들에게 세상 통달한 것처럼 충고를 늘어놓지만 어디선가 읽은 전문가 칼럼에서 빌려온 생각일 때가 많다. 아이에게는 무슨 일이든 긍정적으로 생각하라고 일갈하면서 나는 자주 우울감에 젖는다. 자애롭고 합리적인 엄마인 척하다가 한 번씩 화가 폭발할 때면 정말이지 나는 대책 없는 인간이구나 싶다. 내 인생이니까 하고 싶은 대로 하고 살면서 정작 나는 두렵기만 하다. 나이가 무슨 상관이냐고, 무슨 일을 하던 용기 내라고 하면서도 "이 나이에……" 하면서 접은 일이 있다. 사람들이 나의 이런 실체를 알면 다 도망갈 거야, 실망할 거야, 라고 생각한 적이 한두 번이 아니다. 나는 왜 이럴까, 어제 했던 반성을 또 하고 있는 나다. 그렇게 반성하고 후회하며 여기까지 왔다.

수많은 반성에도 불구하고 나는 여전히 불완전하다. 지금 내 모습은 예전과 크게 달라지지 않았다. 외모 말고 생각의 수준 말이다. 다른 사람은 어떤지 모르겠지만 나는 청소년 시기, 여고 시절 딱 그만큼에서 생각의 수준이 머물러 있는 것 같다. 소녀적이고 소심하고 겁 많고 가끔 쩨쩨하기도 한 모습 그대로다. 서른을 지나 마흔이 되면 더 원숙해지고 성숙한 눈으로 세상을 바라볼 줄 알았는데 그다지 변하지 않았다. 이래서 어른 되기가 힘들다고 하는가 보다.

그러나 한편으로는 잘 버텨 왔다는 생각이 든다. 그 반성과 결심이 내 삶의 보이지 않는 버팀목이 되었는지도 모른다. 삶은 어느 날 복병처럼 내 뒤통수를 치고 간다. 내가 원하지 않던 어떤 곳으로 나를 데려가는 것이다. 누구나 그런 때가 있다. 그 흐름에 몸을 맡기지 않고 견뎌 낼 수 있었던 힘은 평소 일상의 크고 작은 반성에 단련되었기 때문이라고 믿는다. 반성하고 후회하는 마음에는 좀 더 나은 인간으로 살겠다는 의지가 담겨 있다. 그러나 나에 대해 너무 엄격한 잣대로 바라보는 것은 아닌지 살펴야 한다. 다른 사람의 잘못과 실수에 대해서는 넉넉하게 바라보면서 나에게만 지나치게 엄격한 기준을 들이대는 것은 아닌지, 모든 걸 내 잘못으로 돌리며 생긴 자책이 아닌지 구분할 줄 알아야 한다. 다른 사람이 나에게 이유 없이 화를 내는 건 참는다. 그러나 내가 다른 사람에게 화낸 것을 두고 오랫동안 마음에 담고 후회한다면? 나에 대한 반성의 기준도 더 너그러워져야 한다. 나에게 상처만 주는 후회는 그쯤하면 되었다.

야마모토 후미오는 『내 나이 서른하나』에서 말했다. "싫은 것은 싫다. 싫은 사람도 싫다. 내 성격이 그러니까 봐달라고 하지는 않는다. 다른 사람들 덕분에 사는 것도 아니고 다른 사람들을 위해서 사는 것도 아니다. 나는 재미있을 때만 웃고 재미없을 때는 웃지 않겠다. 사는 건 이렇게 간단한 일이 아닌가?"

완벽한 사람은 세상에 없다. 나 또한 지극히 평범하다. 나에게는 무언가를 끝까지 물고 늘어지는 근성이 없다. 그러나 소소한 반성을 하면서 조금씩 성장해 가고 있다고 믿는다. 열심히 살다가 반성하고 그러다 다시 예전의 나로 돌아가더라도 또 반성하고 그렇게 반복하며 살아간다. 작심삼일을 사흘마다 반복하면 아니 결심한 것보다 낫지 않은가. 이슬비도 모이면 씨앗을 터트릴 만큼 충분하다. 나약하지만 이런 내 모습을 인정하고 오늘 또 새로운 결심을 해본다.

서른 살엔 미처 몰랐던 것들

초판 1쇄 발행 2010년 11월 18일
56쇄 발행 2023년 5월 22일

지은이 김선경

발행인 이재진
단행본사업본부장 신동해
편집장 조한나
마케팅 최혜진 최지은
홍보 반여진 허지호 정지연
국제업무 김은정 김지민
제작 정석훈

디자인 한혜진
일러스트 백두리
캘리그라피 한아롱

브랜드 걷는나무
주소 경기도 파주시 회동길 20
문의전화 031-956-7208(편집) 031-956 7127(마케팅)
홈페이지 http://www.wjbooks.co.kr
인스타그램 www.instagram.com/woongjin_readers
페이스북 https://www.facebook.com/woongjinreaders
블로그 blog.naver.com/wj_booking

발행처 ㈜웅진씽크빅
출판신고 1980년 3월 29일 제 406-2007-000046호

ⓒ 김선경 2010 (저작권자와 맺은 특약에 따라 검인을 생략합니다.)
ISBN 978-89-01-11463-7 (03810)

걷는나무는 ㈜웅진씽크빅 단행본사업본부의 브랜드입니다.
이 책은 저작권법에 따라 보호받는 저작물이므로 무단 전재와 무단 복제를 금지하며, 이 책 내용의 전부 또는 일부를 이용하려면 반드시 저작권자와 ㈜웅진씽크빅의 서면동의를 받아야 합니다.

· 잘못된 책은 구입하신 곳에서 바꾸어 드립니다.
· 책값은 뒤표지에 있습니다.